공법기록형
기출문제·실전답안

정 형 근

PUBLIC LAW
PROCEDURE

박영사

이 책은 지금껏 출제된 모의고사와 변호사시험의 공법기록형 문제와 해답을 포함하고 있다. 그리고 변호사시험에 응시한 수험생들이 사용하는 시험지 양식에 해답의 내용을 간결하게 적은 「실전답안」을 포함하고 있다. 실전답안 형식으로 해답을 기재함으로써 답안의 내용과 분량이 어느 정도여야 하는지를 알게 하였다. 저자가 변호사시험의 출제위원과 채점을 하면서 느낀 바는 대부분의 수험생들이 고득점할 수 있는 답안작성을 어려워하고 있다는 점이다. 배점이 적은 논점을 필요 이상으로 많은 분량을 할애하거나 그 반대의 경우는 좋은 점수를 받기 어렵다. 이 책은 이 같은 점을 도와주기 위하여 상세한 내용의 해답을 변호사시험에서 요구하는 수준의 답안으로 제시하고 있다. 이를 통하여 법학답안 작성이 낯선 수험생에게 작성방식을 알게 하고, 논점별로 분량도 조절하여 기술할 수 있는 안목을 갖도록 하였다. 따라서 이 책은 변호사시험의 공법기록형 준비서로서는 충분하지 않다. 오로지 출제경향의 파악과 실전답안의 작성에 도움을 주는 역할을 할 수 있을 것으로 기대하고 있다.

공법기록형 문제는 헌법재판과 행정소송 및 행정심판에 관련된 서면작성에 관한 것이다. 제3회 변호사시험에 이르기까지 출제된 문제는 헌법소원심판청구서와 소장 작성이 주류를 이루고 있었다. 그러나 시험이 거듭될수록 헌법재판 분야에서는 위헌법률심판제청신청, 헌법소원심판청구에 대한 의견서 등과 같은 다양한 종류의 서면작성을 요구하는 문제가 출제될 것이다. 행정쟁송 분야에서는 소장은 물론 답변서, 집행정지신청서와 행정심판청구서의 작성을 요구할 것으로 보인다. 이미 법학전문대학원 협의회 모의고사에서는 이와 같은 서면작성 문제를 출제한 바 있다. 그 때문에 변호사시험에서도 주저함 없이 각종 서면작성 문제가 출제될 것이므로 수험생 입장에서는 이에 관한 각별한 대비가 필요하다.

저자는 법학전문대학원의 출범과 더불어 공법소송실무에 관한 각종 기록을 만들어 왔다. 수업시간에 기록을 읽고 작성하는 서면은 두 가지 유형으로 분류할 수 있다. 첫째는 기록이 요구하는 서면을 법원이나 헌법재판소에 실제로 제출하는 것을 염두에 두고 작성하는 경우이다. 이때는 실제로 사건을 수임한 변호사의 입장에서 실무에서 사용하는 분량과 수준이어야 한다. 평소의 수업시간에 이 유형에 해당되는 서면을 작성할 수 있어야만 온전한 실무교육이라 할 수 있다. 둘째는 변호사시험이 요구하는 분량과 수준에 맞춰 작성하는 경우이다. 이때는 2시간 동안 기록을 읽고 8면의 시험지에 기록해야 한다. 사실 이런 형식의 테스트는 실제 실무현실과 차이가 있지만 제한된 시간 안에 그 실력을 검증해야 하는 시험제도상 불가피하다 할 수 있다.

교수로서 연구에 전념하며 필요한 글과 저서를 내는 것은 큰 기쁨이며 보람이다. 변호사를 휴업하고 로스쿨의 실무교수로 온 이후 필요한 교재개발에 노력해 왔다. 현실에 안주하지 않고 날마다 달려 나갈 새로운 뜻과 지혜와 건강을 주신 하나님께 감사를 드린다. 경희대학교 법학전문대학원 3기로 졸업하고 변호사시험을 마친 후 법무법인에 취업하여 근무 중에 이 책의 원고정리로 수고해 준 한새봄 (예비)변호사와 재판연구원으로 가게 될 박예지 졸업생에게 감사의 마음을 전하며, 법조인으로서의 앞날에 큰 발전이 있기를 기원한다.

이번에도 새로운 책으로 출간을 허락해 주신 박영사의 안종만 회장님께 감사의 말씀을 드린다. 안 회장님의 섬김과 격려로 저자로서의 책임감과 함께 더욱 정진해야 한다는 다짐을 하게 되었다. 이 책의 출간을 기획해 주시고 배려해 주신 조성호 부장님께도 고마움의 인사를 드리고 싶다. 아울러 신학기의 바쁜 중에도 적절한 시기에 편집작업이 진행되도록 배려해 주신 김선민 부장님과 섬세하고 꼼꼼하게 원고를 읽어주시고 좋은 책으로 나올 수 있도록 수고해 주신 배우리 선생님에게도 고마움의 인사를 드린다. 그리고 여러 가지로 수고해 주신 박영사 관계자 여러분께도 감사의 인사를 드린다.

2014. 4. 1.

경희대학교 법학전문대학원

저자 정 형 근 씀

이 책의 차례

공법기록형 기출문제 · 실전답안

■ 본서에 제시된 문제해결을 돕기 위해 첨부합니다.

2013년 1월

일	월	화	수	목	금	토
		1	2	3	4	5
6	7	8	9	10	11	12
13	14	15	16	17	18	19
20	21	22	23	24	25	26
27	28	29	30	31		

2013년 2월

일	월	화	수	목	금	토
					1	2
3	4	5	6	7	8	9
10	11	12	13	14	15	16
17	18	19	20	21	22	23
24	25	26	27	28		

2013년 3월

일	월	화	수	목	금	토
					1	2
3	4	5	6	7	8	9
10	11	12	13	14	15	16
17	18	19	20	21	22	23
24/31	25	26	27	28	29	30

2013년 4월

일	월	화	수	목	금	토
	1	2	3	4	5	6
7	8	9	10	11	12	13
14	15	16	17	18	19	20
21	22	23	24	25	26	27
28	29	30				

2013년 5월

일	월	화	수	목	금	토
			1	2	3	4
5	6	7	8	9	10	11
12	13	14	15	16	17	18
19	20	21	22	23	24	25
26	27	28	29	30	31	

2013년 6월

일	월	화	수	목	금	토
						1
2	3	4	5	6	7	8
9	10	11	12	13	14	15
16	17	18	19	20	21	22
23/30	24	25	26	27	28	29

2013년 7월

일	월	화	수	목	금	토
	1	2	3	4	5	6
7	8	9	10	11	12	13
14	15	16	17	18	19	20
21	22	23	24	25	26	27
28	29	30	31			

2013년 8월

일	월	화	수	목	금	토
				1	2	3
4	5	6	7	8	9	10
11	12	13	14	15	16	17
18	19	20	21	22	23	24
25	26	27	28	29	30	31

2013년 9월

일	월	화	수	목	금	토
1	2	3	4	5	6	7
8	9	10	11	12	13	14
15	16	17	18	19	20	21
22	23	24	25	26	27	28
29	30					

2013년 10월

일	월	화	수	목	금	토
		1	2	3	4	5
6	7	8	9	10	11	12
13	14	15	16	17	18	19
20	21	22	23	24	25	26
27	28	29	30	31		

2013년 11월

일	월	화	수	목	금	토
					1	2
3	4	5	6	7	8	9
10	11	12	13	14	15	16
17	18	19	20	21	22	23
24	25	26	27	28	29	30

2013년 12월

일	월	화	수	목	금	토
1	2	3	4	5	6	7
8	9	10	11	12	13	14
15	16	17	18	19	20	21
22	23	24	25	26	27	28
29	30	31				

2012년 1월

일	월	화	수	목	금	토
1	2	3	4	5	6	7
8	9	10	11	12	13	14
15	16	17	18	19	20	21
22	23	24	25	26	27	28
29	30	31				

2012년 2월

일	월	화	수	목	금	토
			1	2	3	4
5	6	7	8	9	10	11
12	13	14	15	16	17	18
19	20	21	22	23	24	25
26	27	28	29			

2012년 3월

일	월	화	수	목	금	토
				1	2	3
4	5	6	7	8	9	10
11	12	13	14	15	16	17
18	19	20	21	22	23	24
25	26	27	28	29	30	31

2012년 4월

일	월	화	수	목	금	토
1	2	3	4	5	6	7
8	9	10	11	12	13	14
15	16	17	18	19	20	21
22	23	24	25	26	27	28
29	30					

2012년 5월

일	월	화	수	목	금	토
		1	2	3	4	5
6	7	8	9	10	11	12
13	14	15	16	17	18	19
20	21	22	23	24	25	26
27	28	29	30	31		

2012년 6월

일	월	화	수	목	금	토
					1	2
3	4	5	6	7	8	9
10	11	12	13	14	15	16
17	18	19	20	21	22	23
24	25	26	27	28	29	30

2012년 7월

일	월	화	수	목	금	토
1	2	3	4	5	6	7
8	9	10	11	12	13	14
15	16	17	18	19	20	21
22	23	24	25	26	27	28
29	30	31				

2012년 8월

일	월	화	수	목	금	토
			1	2	3	4
5	6	7	8	9	10	11
12	13	14	15	16	17	18
19	20	21	22	23	24	25
26	27	28	29	30	31	

2012년 9월

일	월	화	수	목	금	토
						1
2	3	4	5	6	7	8
9	10	11	12	13	14	15
16	17	18	19	20	21	22
23/30	24	25	26	27	28	29

2012년 10월

일	월	화	수	목	금	토
	1	2	3	4	5	6
7	8	9	10	11	12	13
14	15	16	17	18	19	20
21	22	23	24	25	26	27
28	29	30	31			

2012년 11월

일	월	화	수	목	금	토
				1	2	3
4	5	6	7	8	9	10
11	12	13	14	15	16	17
18	19	20	21	22	23	24
25	26	27	28	29	30	

2012년 12월

일	월	화	수	목	금	토
						1
2	3	4	5	6	7	8
9	10	11	12	13	14	15
16	17	18	19	20	21	22
23/30	24/31	25	26	27	28	29

제1회 법무부 모의고사

제1장

— 운전면허취소처분 취소청구 —

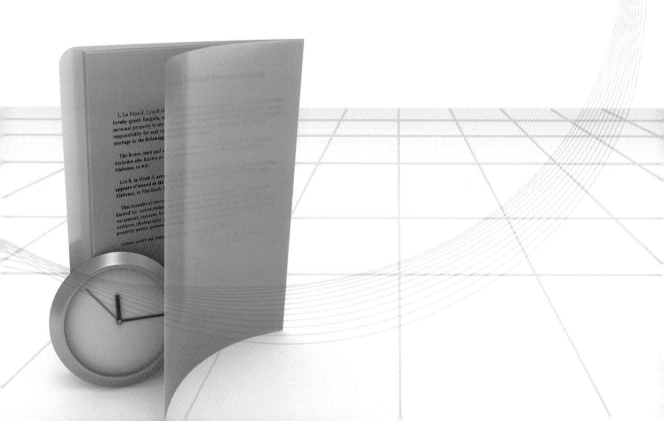

01 | Contents
목　차

작 성 요 강

❏ **사건의 설명**

1. 의뢰인 강준수는 2010. 1. 18. 서류를 가지고 법무법인 동방 소속의 이윤호 변호사를 찾아와 취소된 운전면허를 회복하고 싶다며 법적 절차를 밟아 줄 것을 요청하였다.

2. 이윤호 변호사는 강준수가 가져온 서류를 검토하고 강준수와 면담한 결과, 강준수에 대한 운전면허취소가 위법하다는 결론을 내리고 가능한 모든 법적 절차를 취하기로 하면서 강준수와 소송위임 계약을 체결하였다.

3. 수험생은 이윤호 변호사가 작성하였을 것으로 예상되는 서류를 설문에 따라 작성하도록 한다.

❏ **유의사항**

1. 기록에 나타난 사실관계만을 기초로 하고, 그것이 사실임을 전제로 할 것.

2. 접수절차나 결재절차 등 각종 필요한 절차는 적법하게 갖춘 것으로 간주할 것.

3. 각종 서류 등에 필요한 서명과 날인 또는 무인과 간인 등은 모두 갖추어진 것으로 볼 것.

4. 기록 중 일부 생략된 것이 있을 수 있고, 오기나 탈자 등이 있을 수 있음에 유의할 것.

5. 작성일과 제출일이 일치하는 것으로 하고 불변기간에 유의할 것.

6. 참고자료에 수록된 도로교통법, 같은 법 시행령, 같은 법 시행규칙 이외의 법률은 제공된 법전 내의 법령이 서면작성 시점에 시행되고 있는 것으로 가정할 것.

7. 서술어는 관행상 경어를 사용할 것.

8. 시험을 위해 제공된 메모지 이외의 종이를 사용할 수 없음.

9. 시험시간은 기록 배부 시부터 서면 작성완료 시까지 2시간임.

법무법인 동방
진주시 상대동 200-2
☎ 055-752-0075

상 담 일 지

2010. 1. 18.

○ 의뢰인 강준수 사무실 내왕

○ 자신의 1종 대형 및 보통 운전면허가 취소되었다며 이를 회복할 수 있는 법적 조치를 취해달라고 요청

○ 2009. 10. 21. 의뢰인은 경남지방경찰청에 진정서를 제출한 바 있는데, 이에 대해서는 아직까지 행정청으로부터 어떠한 답변도 듣지 못하였고 서류 등을 받은 적도 없다고 함

○ 형사사건은 약식명령에 대해 정식재판을 청구하여 현재 1심 계류 중임

보내는 사람

경남지방경찰청장
창원시 사림동 1
641-797

경찰청우체국
요금후납

행 정 우 편

받는 사람

강준수 귀하
경남 진주시 상대동 28
660-321

제 1110-2003-42348 호   [1차]

자동차운전면허(□ 정지 · ■ 취소) 결정통지서

①성 명	강 준 수	②주민등록번호	****** – *******
③주 소	경남 진주시 상대동 28		
④면허번호	경남 01-184231-81 [1종 대형], 경남 96-177582-28 [1종 보통]		
⑤차량번호	경남 37바4020		
⑥행정처분 결정내용	□ 정지기간		
	■ 취소일자 2009. 8. 31. (결격기간 2009. 8. 31. ~ 2010. 8. 30.까지)		
⑦사 유	도로교통법 제93조 제 1 항 제 1 호 음주만취운전(혈중알콜농도 0.1% 이상)		

도로교통법 제93조 규정에 의하여 위와 같이 행정처분(취소)이 결정되어 같은 법 시행규칙 제93조의 규정에 의하여 통지하오니, 같은 법 제95조의 규정에 의하여 2009. 8. 10.까지 경남지방경찰청 진주경찰서 교통(면허)계에 출석하여 운전면허증을 반납하시기 바랍니다.
(이미 반납한 사람은 제외)   안내전화: 1566-0112   담당자: 정수정

2009년   8월   3일

경남지방경찰청장

경 남 지
방 경 찰
청 장 인

※ 알려드립니다.
1. 운전면허 행정처분에 대하여 이의가 있는 사람은 행정처분이 있음을 안 날로부터 90일안에 행정심판을 청구할 수 있으며, 행정소송은 행정심판의 재결을 거치지 아니하면 제기할 수 없습니다.
2. 운전면허 취소의 처분을 받은 사람이 다시 운전면허를 받고자 할 경우에는 도로교통공단에서 실시하는 특별한 교통안전교육(6시간)을 의무적으로 받아야 합니다.

창 원 지 방 법 원 진 주 지 원
약 식 명 령

사 건   2009고약2238   도로교통법위반(음주운전)
(2009형제12938)

피 고 인   강 준 수(******-*******),   무직
주거 및 등록기준지   진주시 상대동 28

주 형 과
부수처분   피고인을 벌금 2,000,000(이백만)원에 처한다.
위 벌금을 납입하지 아니하는 경우 금 50,000(오만)원을 1일로 환산한 기간 노역장
에 유치한다.
피고인에게 위 벌금에 상당한 금액의 가납을 명한다.

범죄사실   별지기재와 같다(단 피의자는 피고인으로 한다).

적용법령   도로교통법(2009. 4. 1. 법률 제9580호로 개정되기 전의 것) 제150조 제 1 호, 제44조
제 1 항, 형법 제70조, 제69조 제 2 항, 형법 제57조, 형사소송법 제334조 제 1 항

검사 또는 피고인은 이 명령등본을 송달받은 날로부터 7일 이내에 정식재판을 청구할 수 있
습니다.

2009.   10.   24.

판 사   공 민 호 ㉑

범 죄 사 실

피의자는 경남 37바4020호 뉴이에프 쏘나타 승용자동차를 운전한 자인바,

2009. 5. 29. 22 : 30경 진주시 가좌동 생활까스 앞 노상에서 혈중알콜농도 0.21%의 주취 상태로 위 차량을 운전하여 같은 동 550 앞 노상까지 약 200미터 가량을 운행한 것이다.

본 사이트에서 제공된 사건정보는 법적인 효력이 없으니 참고자료로만 활용하시기 바랍니다.
보다 상세한 내용은 해당 법원에 문의하시기 바랍니다.

사건일반내역　　　　**사건진행내역**　　　　**≫ 인쇄하기**　**≫ 나의 사건 검색하기**

▶ 사건번호 : 창원지방법원 진주지원 2009고정223

○ 기본내역　**≫ 청사배치**

사건번호	2009고정223		
원고	강준수	재판부	형사3단독
접수일	2009.10.29.	종국결과	
형제번호	2009형제12938		
수리구분	제소	병합구분	없음
상소제기내역			

○ 최근기일내역　**≫ 상세보기**

일 자	시 각	기일구분	기일장소	결 과
2009.12.17	10:30	공판기일	102호법정	속 행
2010.01.21	16:20	공판기일	102호법정	

최근 기일 순으로 일부만 보입니다. 반드시 상세보기로 확인하시기 바랍니다.

○ 최근 제출서류 접수내역　**≫ 상세보기**

일 자	내용
2009.12.10	피고인 강준수 진술서 제출

최근 제출서류 순으로 일부만 보입니다. 반드시 상세보기로 확인하시기 바랍니다.

○ 관련사건내역

법 원	사건번호	구분
창원지방법원 진주지원	2009고약2238	약식사건

－　이하 생략　－

진 정 서

수 신 : 경남지방경찰청장님(창원시 사림동 1)
발 신 : 강준수(경남 진주시 상대동 28)

안녕하십니까?

저는 진주시에 살고 있는 강준수라고 합니다.

2009. 8. 5. 경남지방경찰서에서 발송한 우편물이 저희 집에 배달되어 와 깜짝 놀란 마음에 살펴보니 자동차운전면허 취소결정통지서라는 것이었습니다. 제가 2009. 5. 29. 밤에 음주운전을 하여 저의 운전면허를 취소한다는 내용인 듯하였습니다. 너무나 어이가 없고 기가 막히는데 법에 문외한 저로서는 당황한 나머지 무엇을 어떻게 해야 할지 몰랐습니다. 현재 저는 (주)경남운수에서 시내버스 운전기사로 근무하고 있기 때문에 저에게 자동차운전면허는 생명줄이나 다름없는데, 운전면허취소라니요? 청천벽력이 따로 없습니다.

사정을 알고 보니 제 쌍둥이 동생이 음주운전으로 적발되자 제 운전면허증을 제시하는 바람에 제가 운전한 것으로 되었다고 합니다. 단속된 그 시간에는 저는 (주)경남운수의 133번 시내버스를 운행하며 근무 중이었습니다. 시내버스를 운전하고 있는 사람이 어떻게 같은 시간에 술에 취해 승용차를 운전할 수 있었겠습니까? 이 점은 첨부된 자료를 보시면 명백히 아실 수 있을 것으로 생각됩니다.

저는 80세에 다다른 노부모와 4인 가족의 생계를 책임지고 있습니다. 만약 저의 운전면허가 취소되어 직장을 잃게 된다면 저희 가족은 살아갈 수 없습니다.

이러한 점을 두루 살피셔서 부디 저에 대한 운전면허 취소를 없었던 것으로 해 주시길 간절히 부탁드립니다. 저에게 잘못이 있다면 제 운전면허증을 동생에게 맡긴 죄뿐입니다. 경찰청장님의 높은 혜안으로 잘못된 행정을 바로 잡아주시리라 굳게 믿습니다.

2009. 10. 21.

강 준 수 드림

제 2009-0021 호

在 職 證 明 書

본   적 : 서울 구로구 오류동 산 8

현 주 소 : 진주시 상대동 28

재직기간 : 2005년 4월 1일 ~ 2009년 10월 20일 (현재)

직   위 : 주임(기사)

성   명 : 강 준 수

생년월일 : 1968년 7월 17일

용   도 : 경찰서 제출용

상기와 같이 證明함.

서기 2009년 10월 20일

주식회사 경남운수

대표이사 국민호

운 행 일 지

■ 2009. 5. 29.

　차량번호 : 9971(133번)

순번	출발일시	복귀일시	담당 기사
이상 생략			
22	21 : 55	23 : 03	김갑동
23	22 : 10	23 : 25	강준수
24	22 : 25	23 : 37	조기현
이하 생략			

위 내용은 원본과 동일함을 증명함

서기　　2009년　　10월　　20일

주식회사 경남운수
대표이사 국민호

가	족

가 족 관 계 증 명 서

등록기준지	진주시 상대동 28

구분	성 명	출생연월일	주민등록번호	성별	본
본인	강준수(姜俊洙)	19**년 07월 17일	******-*******	남	

가족사항

구분	성 명	출생연월일	주민등록번호	성별	본
부	강배산				
모	박옥란				
배우자	전경숙(全京淑)	19**년 03월 15일	******-*******	여	羅州
자녀	강길동(姜吉童)	19**년 04월 20일	******-*******	남	晉州
자녀	강수현(姜殊賢)	20**년 10월 22일	******-*******	여	晉州

위 가족관계증명서는 가족관계등록부의 기록사항과 틀림없음을 증명합니다.

2009년   10월   19일

경상남도 진주시장 홍인표

발급시각 : 14시 02분

발급담당자 : 김영규

☎ : 055-***-****

신청자 : 전경숙

경 상 남 도 진 주 시 장 (직인)

가	족

가 족 관 계 증 명 서

등록기준지	진주시 가좌동 550

구분	성 명	출생연월일	주민등록번호	성별	본
본인	강천수(姜千洙)	19**년 07월 17일	******-*******	남	晉州

가족사항

구분	성 명	출생연월일	주민등록번호	성별	본
부	강배산				
모	박옥란				
배우자	임소희(林素姬)	19**년 05월 09일	******-*******	여	醴泉
자녀	강동우(姜東宇)	19**년 11월 19일	******-*******	남	晉州

위 가족관계증명서는 가족관계등록부의 기록사항과 틀림없음을 증명합니다.

2009년   10월   19일

경상남도 진주시장 홍인표

발급시각 : 14시 03분
발급담당자 : 김영규
☎ : 055-***-****
신청자 : 전경숙

경 상 남 도 진 주 시 장 (직인)

주 민 등 록 표
(등   본)

이 등본은 세대별 주민등록표의 원본내용과
틀림없음을 증명합니다.
담당자: 나창길 ☎ (055) 693-8729
2009년 10월 19일
경남 진주시 상대동장

위 용지는 위조식별 표시가 되어있음

세 대 주 호주 및 관계	강 준 수 강 준 수 의 본인		세 대 구 성 사유 및 일자	전입세대구성 2002. 10. 21.
번호	주	소(통/반)	전 입 일 변 동	변 동 일 사 유
1	경남 진주시 상대동 28		----------	

번호	세대주 관계	성 명 주민등록번호	전 입 일 변 동	변 동 일 사 유	호 주 성 명
1	본인	강 준 수 (姜俊洙) 68****-1******			
2	처	전 경 숙 (全京淑) ******-*******			
3	부	강 배 산 (姜培傘) ******-*******			
4	모	박 옥 란 (朴鈺蘭) ******-*******			
5	자	강 길 동 (姜吉童) ******-*******			
6	자	강 수 현 (姜殊賢) ******-*******			
7		== 이 하 여 백 ==			

수 입 증 지
350원
경남 진주시

서기 2009년 10월 19일
경남 진주시 상대동장
(수입증지가 인영(첨부)되지 아니한
증명은 그 효력을 보증할 수 없습니다)

진 술 서

저는 강준수의 쌍둥이 동생인 강천수입니다. 얼마 전에 형으로부터 운전면허가 취소되었다고 경찰서에서 연락이 왔는데 어찌된 일이냐고 물어와 형의 운전면허가 모두 취소된 사실을 알게 되었습니다.

이 모든 것은 저의 잘못에서 비롯된 것입니다. 사건 당일 저는 근무를 마치고 저녁에 고등학교 동창회에 참석하여 술을 마시게 되었습니다. 물론 승용차를 가지고 갔기 때문에 대리운전을 할 생각이었고, 그런 생각이었기에 별 부담 없이 많은 술을 마시게 되었다.

자리를 끝내고 원래 계획대로 대리운전 기사를 불러 대리운전을 하도록 하였는데, 집 근처에 오게 되자 갑자기 대리운전 기사가 이미 받은 돈 외에 추가로 돈을 더 달라고 요구했습니다. 만취한 상태여서 그 때 대리운전 기사가 왜 돈을 더 달라고 하였는지는 정확히 기억나지 않습니다. 하여튼 그로 인해 대리운전 기사와 말다툼을 하게 되었고 대리운전 기사는 집 근처 도로가에 승용차를 세워두고는 그냥 가버렸습니다.

저도 그 때 차를 그대로 세워 두고 집까지 걸어갔으면 아무 문제가 없었습니다. 순전히 술 때문이겠지요. 갑자기 주차위반 딱지를 떼일 것도 생각나고 이러다가 견인되면 내일 아침 출근은 어떡하나 하는 생각도 났습니다. 집까지 거리도 불과 200여미터 정도밖에 떨어지지 않았습니다.

그런데 대리운전 기사가 앙심을 품고 저를 지켜보고 있었던 모양입니다. 제가 집 앞에 차를 주차시키자마자 경찰이 와서 저에게 음주측정을 요구했습니다. 나중에 생각해 보면, 대리운전 기사와 경찰이 짜고 한 일이 아닌가 할 정도로 의심스러운 상황이었습니다. 몇 번이고 사정을 했는데도 경찰은 계속 음주측정을 요구하면서 측정에 불응하면 더 엄한 죄로 처벌된다고 하였습니다. 결국 음주측정에 응할 수밖에 없었습니다.

정말 형의 운전면허증을 제시할 생각은 꿈에도 없었습니다. 그런데 수치가 너무 높게 나왔던 것입니다. 순간 공무원인 제가 면직될 거라는 두려움이 너무 컸습니다. 제가 근무하는 동사무소의 동장님이나 동료 직원을 볼 수도 없다는 생각도 들었습니다. 그 때 왜 형의 운전면허증을 가지고 있다는 생각이 들었을까요?

형의 운전면허증은 당첨받은 아파트의 중도금을 납부하기 위해 대출을 받으면서 형이 연대보증을 서 주기로 해 가지고 있었던 것입니다. 정말 모든 것이 짜여진 각본 같습니다.

경찰서로 가서 조사를 받는데 제가 형의 운전면허증을 사용한 것이 생각났습니다. 겁이 덜컥 나서 어떻게든 수습을 하려 했는데 용기가 없었습니다.

그 때 만약 조사하던 경찰관이 대형면허까지 취소된다고 하였으면 당연히 사실대로 말했을 것입니다. 그런데 그 경찰관이 초범이고 운전거리도 얼마 안 되니까(대리운전을 하였다는 사실은 음식점 주인이 증언해 주었습니다) 1종 보통면허는 몰라도 대형면허까지 취소되지는 않을 거라고

하여 그런 줄로만 알았습니다. 형은 버스회사의 기사니까 대형면허만 취소되지 않으면 1종 보통이 취소되더라도 큰 문제가 없고 해서 괜찮겠다 싶었습니다. 물론 제 욕심이지만요.

　그런데 형의 대형면허까지 취소되었다는 말을 들었습니다. 이렇게 국민의 신뢰를 저버릴 수 있는 것인가요. 그 때 경찰관의 말을 믿은 제가 한스러울 뿐입니다.

　그 날 운전한 사람이 저라는 사실은 하늘에 맹세코 분명합니다. 그리고 경찰관으로부터 대형면허까지는 취소되지 않을 거라는 말도 분명히 들었습니다. 그러니 형의 운전면허를 취소한 것은 무조건 잘못된 것이며 적어도 대형면허만큼은 반드시 회복시켜 주어야 마땅하다고 생각합니다.

　저는 어떠한 처벌도 달게 받을 각오가 되어 있습니다. 그리고 지금까지의 제 말은 공무원으로서 한 치의 거짓도 없음을 맹세할 수 있습니다. 부디 선처를 부탁드립니다.

2009. 10. 20.

강 천 수 드림 (姜千洙印)

인감증명발급사실 확인용 발급번호	(생략)

※ 이 용지는 위조식별표시가 되어 있음.

주민등록 번호	* * * * * * － * * * * * * *	**인 감 증 명 서**	본인 ○	대리

성명 (한자)	강 천 수(姜 千 洙)	인감	洙姜 印千

주소 이동 사항	순서	주 소 (통/반)		전 입	
	1	진주시 가좌동 550	3/4	1996. 03. 07.	확인
	2		/	. .	
	3		/	. .	
	4		/	. .	
	5		/	. .	

여행중의 주소		국적(외국인)	
국외주소지			
부동산 매수자	성별 (법인명)	주민등록번호	
	주소		
비고			

1. 인감증명서를 발급할 때 주소이동사항은 "최종주소"로 발급하며 민원인의 요청이 있는 경우에는 전 주소 지를 기재하여 발급합니다.
2. 부동산매수자란에는 부동산매도용으로 인감증명을 발급받고자 하는 경우에 한하여 이를 기재하고, 부동 산매도용외의 경우에는 "빈란"임을 표시하여야 합니다.
3. 금치산자 또는 한정치산자의 표시와 법정대리인의 성명 및 주민등록번호는 비고란에 기재합니다.
4. 재외국민의 경우에는 여권번호, 국내거소신고자의 경우에는 국내거소신고번호를 외국인의 경우에는 외 국인등록번호를 주민등록번호란에 기재하고, 대한민국국민의 경우에 한하여 그 아래의 여백에 주민등록 번호를 (　)로 표기하여 발급할 수 있습니다.
5. 인감보호신청제도는 본인의 인감을 보호하기 위하여 인감증명의 발급대상을 본인 또는 본인이 지정하는 대상으로 제한하거나 온라인 발급등을 금지시킬 수 있는 제도입니다.
   이러한 인감보호신청은 전국의 모든 시·군·구 청이나 읍·면·동사무소에 신청할 수 있습니다.
6. 인감증명서의 발급사실을 확인하고자 하는 경우에는 전자민원창구를(www.egov.go.kr) 통하여 「발급일 자·인감증명발급사실확인용발급번호·주민등록번호·발급기관」으로 확인할 수 있습니다.

발급번호	5248	위 인감은 신고되어 있는 인감임을 증명합니다.

2009 년   10 월   19 일

경남 진주시 가좌동장 (직인)

사용용도	경찰서 제출용

※ 사용용도란은 수요처에서 요청하는 내용을 민원인이 직접 기재하여 제출하면 됩니다.
 [예시 : 근저당설정용, 자동차매도용(매수인의 성명·주민등록번호), 대출보증용, (매수인의 성명등)
 등으로 기재]

제 2009-0088 호

在 職 證 明 書

본   적 : 서울 구로구 오류동 산 8

현 주 소 : 진주시 가좌동 550

재직기간 : 1996년 3월 1일 ~ 2009년 10월 20일 (현재)

직   위 : 7급 일반직 공무원

근 무 처 : 진주시 봉곡동 동사무소

성   명 : 강 천 수

생년월일 : 1968년 7월 17일

용   도 : 경찰서 제출용

상기와 같이 證明함.

서기 2009년 10월 20일

진주시장 홍인표

참고자료 1

도로교통법

제44조(술에 취한 상태에서의 운전금지)

① 누구든지 술에 취한 상태에서 자동차등(「건설기계관리법」 제26조 제 1 항 단서의 규정에 의한 건설기계 외의 건설기계를 포함한다. 이하 이 조, 제45조, 제47조, 제93조 제 1 항 제 1 호 내지 제 4 호 및 제150조에서 같다)을 운전하여서는 아니된다.

② 경찰공무원(자치경찰공무원을 제외한다. 이하 이 항에서 같다)은 교통의 안전과 위험방지를 위하여 필요하다고 인정하거나 제 1 항의 규정을 위반하여 술에 취한 상태에서 자동차등을 운전하였다고 인정할 만한 상당한 이유가 있는 때에는 운전자가 술에 취하였는지의 여부를 호흡조사에 의하여 측정할 수 있다. 이 경우 운전자는 경찰공무원의 측정에 응하여야 한다. 〈개정 2006. 7. 19〉

③ 제 2 항의 규정에 의하여 술에 취하였는지의 여부를 측정한 결과에 불복하는 운전자에 대하여는 그 운전자의 동의를 얻어 혈액채취 등의 방법으로 다시 측정할 수 있다.

④ 제 1 항의 규정에 따라 운전이 금지되는 술에 취한 상태의 기준은 혈중알콜농도가 0.05퍼센트 이상으로 한다.

제80조(운전면허)

② 지방경찰청장은 운전을 할 수 있는 차의 종류를 기준으로 다음과 같이 운전면허의 범위를 구분하고 이를 관리하여야 한다. 이 경우 운전면허의 범위에 따른 운전할 수 있는 차의 종류는 행정안전부령으로 정한다. 〈개정 2008. 2. 29〉

1. 제 1 종 운전면허

　가. 대형면허

　나. 보통면허

　다. 소형면허

　라. 특수면허

2. 제 2 종 운전면허

　가. 보통면허

　나. 소형면허

　다. 원동기장치자전거면허

3. 연습운전면허

가. 제1종 보통연습면허
나. 제2종 보통연습면허

제93조(운전면허의 취소·정지)

① 지방경찰청장은 운전면허(연습운전면허를 제외한다. 이하 이 조에서 같다)를 받은 사람이 다음 각 호의 어느 하나에 해당하는 때에는 행정안전부령이 정하는 기준에 의하여 운전면허를 취소하거나 1년 이내의 범위에서 운전면허의 효력을 정지시킬 수 있다. 다만, 제2호·제3호, 제6호 내지 제8호(정기적성검사기간이 경과된 때를 제외한다), 제11호, 제13호, 제15호, 제16호 또는 제17호에 해당하는 때에는 운전면허를 취소하여야 한다. 〈개정 2006. 4. 28, 2008. 2. 29〉

1. 제44조 제1항의 규정을 위반하여 술에 취한 상태에서 자동차등의 운전을 한 때
2. 제44조 제1항 또는 제2항 후단의 규정을 2회 이상 위반한 사람이 다시 동조 제1항의 규정을 위반하여 운전면허 정지사유에 해당된 때
3. 제44조 제2항 후단의 규정을 위반하여 술에 취한 상태에 있다고 인정할 만한 상당한 이유가 있음에도 불구하고 경찰공무원의 측정에 응하지 아니한 때
4. 제45조의 규정을 위반하여 약물의 영향으로 인하여 정상적으로 운전하지 못할 우려가 있는 상태에서 자동차등을 운전한 때
5. 교통사고로 사람을 사상한 후 제54조 제1항 또는 제2항의 규정에 의한 필요한 조치 또는 신고를 하지 아니한 때
6. 제82조 제1항 제2호 내지 제5호의 규정에 의한 운전면허를 받을 수 없는 사람에 해당된 때
7. 제82조의 규정에 의하여 운전면허를 받을 수 없는 사람이 운전면허를 받거나 허위 그 밖의 부정한 수단으로 운전면허를 받은 때 또는 운전면허효력의 정지기간 중 운전면허증 또는 운전면허증에 갈음하는 증명서를 교부받은 사실이 드러난 때
8. 제87조 제1항 또는 제88조 제1항의 규정에 의한 적성검사를 받지 아니하거나 그 적성검사에 불합격된 때
9. 제87조 제3항의 규정에 의한 기간 이내에 운전면허증을 갱신하지 아니하고 1년이 경과된 때
10. 운전 중 고의 또는 과실로 교통사고를 일으킨 때
11. 운전면허를 받은 사람이 자동차등을 이용하여 살인 또는 강간 등 행정안전부령이 정하는 범죄행위를 한 때
12. 다른 사람의 자동차등을 훔치거나 빼앗은 때
13. 다른 사람이 부정하게 운전면허를 받도록 하기 위하여 제83조의 규정에 의한 운전면허시험에 응시한 때
14. 이 법에 의한 교통단속임무를 수행하는 경찰공무원등 및 시·군공무원에 대하여 폭행한 때

15. 운전면허증을 다른 사람에게 빌려주어 운전하게 하거나 다른 사람의 운전면허증을 빌려 이를 행사한 때

16. 「자동차관리법」의 규정에 의하여 등록되지 아니하거나 임시운행허가를 받지 아니한 자동차(이륜자동차를 제외한다)를 운전한 때

17. 제1종 보통면허 및 제2종 보통면허를 받기 전에 연습운전면허의 취소사유가 있었던 때

18. 다른 법률의 규정에 의하여 관계 행정기관의 장이 운전면허의 취소 또는 정지의 처분을 요청한 때

19. 이 법이나 이 법에 의한 명령 또는 처분을 위반한 때

② 지방경찰청장은 제1항의 규정에 의하여 운전면허를 취소하거나 운전면허의 효력을 정지함에 있어서 그 기준으로 활용하기 위하여 교통법규를 위반하거나 교통사고를 일으킨 자에 대하여는 행정안전부령이 정하는 바에 의하여 그 위반 및 피해의 정도 등에 따라 벌점을 부과할 수 있으며, 그 벌점이 행정안전부령이 정하는 기간동안 일정한 점수를 초과하는 경우에는 행정안전부령이 정하는 바에 의하여 운전면허를 취소 또는 정지할 수 있다. 〈개정 2008. 2. 29〉

③ 지방경찰청장은 연습운전면허를 교부받은 사람이 운전 중 고의 또는 과실로 교통사고를 일으키거나 이 법이나 이 법에 의한 명령 또는 처분을 위반한 때에는 연습운전면허를 취소하여야 한다. 다만, 본인에게 귀책사유가 없는 경우 등 대통령령이 정하는 경우에는 그러하지 아니하다.

④ 지방경찰청장은 제1항 또는 제2항의 규정에 의하여 운전면허의 취소 또는 정지의 처분을 하고자 하거나 제3항의 규정에 의하여 연습운전면허 취소의 처분을 하고자 하는 때에는 행정안전부령이 정하는 바에 의하여 처분의 당사자에게 처분의 내용 및 의견제출의 기한 등을 미리 통지하여야 하며, 그 처분을 한 때에는 행정안전부령이 정하는 바에 의하여 처분의 이유와 행정심판을 제기할 수 있는 기간 등을 통지하여야 한다. 다만, 제87조 제1항 또는 제88조 제1항의 규정에 의한 적성검사를 받지 아니하거나 제87조 제3항의 규정에 의한 운전면허증의 갱신교부를 받지 아니하여 운전면허를 취소하거나 정지하고자 하는 때에는 행정안전부령이 정하는 바에 의하여 처분의 당사자에게 적성검사 또는 갱신교부를 할 수 있는 날의 만료일 전까지 적성검사 또는 갱신교부를 받지 아니하면 운전면허가 취소되거나 정지된다는 사실의 조건부 통지로 처분의 사전 및 사후 통지를 갈음할 수 있다. 〈개정 2008. 2. 29〉

제94조(운전면허 처분에 대한 이의신청)

① 제93조 제1항 또는 제2항의 규정에 의한 운전면허의 취소 또는 정지의 처분이나 동조 제3항의 규정에 의한 연습운전면허 취소의 처분에 대하여 이의가 있는 사람은 그 처분을 받은 날부터 60일 이내에 행정안전부령이 정하는 바에 의하여 지방경찰청장에게 이의를 신청할 수 있

다. 〈개정 2008. 2. 29〉

② 지방경찰청장은 제 1 항의 규정에 의한 이의를 심의하기 위하여 행정안전부령이 정하는 바에 의하여 운전면허행정처분 이의심의위원회를 두어야 한다. 〈개정 2008. 2. 29〉

③ 제 1 항의 규정에 의하여 이의를 신청한 사람은 그 이의신청과 관계없이 「행정심판법」에 의한 행정심판을 청구할 수 있다. 이 경우 이의를 신청하여 그 결과를 통보받은 사람(결과를 통보받기 전에 「행정심판법」에 의한 행정심판을 청구한 사람을 제외한다)은 통보받은 날부터 90일 이내에 「행정심판법」에 의한 행정심판을 청구할 수 있다.

제95조(운전면허증의 반납)

① 운전면허증을 받은 사람이 다음 각 호의 어느 하나에 해당하는 때에는 그 사유가 발생한 날부터 7일 이내에 주소지를 관할하는 지방경찰청장에게 운전면허증을 반납하여야 한다.

1. 운전면허취소의 처분을 받은 때
2. 운전면허효력 정지의 처분을 받은 때
3. 운전면허증을 잃어버리고 다시 교부받은 후 그 잃어버린 운전면허증을 찾은 때
4. 연습운전면허증을 받은 사람이 제 1 종 보통면허증 또는 제 2 종 보통면허증을 받은 때

② 지방경찰청장이 제 1 항 제 2 호의 규정에 의하여 운전면허증을 반납받은 때에는 이를 보관하였다가 정지기간이 끝난 즉시 돌려주어야 한다.

제142조(행정소송과의 관계)

이 법에 의한 처분으로서 해당 처분에 대한 행정소송은 행정심판의 재결을 거치지 아니하면 이를 제기할 수 없다.

제150조(벌칙)

다음 각 호의 어느 하나에 해당하는 사람은 2년 이하의 징역이나 500만원 이하의 벌금에 처한다.

1. 제44조 제 1 항의 규정을 위반하여 술에 취한 상태에서 자동차등을 운전한 사람
2. 술에 취한 상태에 있다고 인정할 만한 상당한 이유가 있는 사람으로서 제44조 제 2 항의 규정에 의한 경찰공무원의 측정에 응하지 아니한 사람
3. 제45조의 규정을 위반하여 약물로 인하여 정상적으로 운전하지 못할 우려가 있는 상태에서 자동차등을 운전한 사람
4. 제77조 제 1 항의 규정에 의한 수강내역을 허위로 보고한 교통안전교육강사
5. 제77조 제 2 항의 규정을 위반하여 교통안전교육을 받지 아니하거나 기준에 미달하는 사람에게 교육필증을 교부한 교통안전교육기관의 장

6. 허위나 그 밖의 부정한 방법으로 제99조의 규정에 의한 학원의 등록을 하거나 제104조 제 1 항의 규정에 의한 전문학원의 지정을 받은 사람

7. 제104조 제 1 항의 규정에 의한 전문학원의 지정을 받지 아니하고 제108조 제 5 항의 규정에 의한 수료증 또는 졸업증을 교부한 사람

8. 제116조의 규정을 위반하여 대가를 받고 자동차운전교육을 한 사람

참고자료 2

도로교통법 시행규칙

제53조(운전면허에 따라 운전할 수 있는 자동차 등의 종류) 법 제80조 제 2 항에 따라 운전면허를 받은 사람이 운전할 수 있는 자동차등의 종류는 별표 18과 같다.

제91조(운전면허의 취소·정지처분 기준 등)

① 법 제93조에 따라 운전면허를 취소 또는 정지시킬 수 있는 기준(교통법규를 위반하거나 교통사고를 일으킨 경우 그 위반 및 피해의 정도 등에 따라 부과하는 벌점의 기준을 포함한다)과 법 제97조 제 1 항에 따라 자동차등의 운전을 금지시킬 수 있는 기준은 별표 28과 같다.

② 법 제93조 제 3 항에 따른 연습운전면허의 취소기준은 별표 29와 같다.

③ 연습운전면허를 받은 사람에 대하여는 별표 28의 기준에 의한 벌점을 관리하지 아니한다.

④ 경찰서장 또는 운전면허시험장장은 운전면허를 받은 사람이 제 1 항 및 제 2 항에 따른 취소사유에 해당하는 때에는 즉시 그 사람의 인적사항 및 면허번호 등을 전산입력하여 지방경찰청장에게 보고하여야 한다.

제93조(운전면허의 정지·취소처분 절차)

① 지방경찰청장 또는 경찰서장이 법 제93조에 따라 운전면허의 취소 또는 정지처분을 하고자 하는 때에는 별지 제81호서식의 운전면허정지·취소처분사전통지서를 그 대상자에게 발송 또는 교부하여야 한다. 다만, 그 대상자의 주소 등을 통상적인 방법으로 확인할 수 없거나 발송이 불가능한 경우에는 운전면허대장에 기재된 그 대상자의 주소지를 관할하는 경찰관서의 게시판에 14일간 이를 공고함으로써 통지를 대신할 수 있다.

② 제 1 항에 따라 통지를 받은 처분의 상대방 또는 그 대리인은 지정된 일시에 출석하거나 서면으로 이의를 제기할 수 있다. 이 경우 지정된 기일까지 이의를 제기하지 아니한 때에는 이의가 없는 것으로 본다.

③ 지방경찰청장 또는 경찰서장은 법 제93조에 따라 운전면허의 정지 또는 취소처분을 결정한 때에는 별지 제82호서식의 운전면허정지·취소처분결정통지서를 그 처분의 대상자에게 발송 또는 교부하여야 한다. 다만, 그 처분의 대상자가 소재불명으로 통지를 할 수 없는 때에는 운전면허대장에 기재된 그 대상자의 주소지를 관할하는 경찰관서의 게시판에 14일간 이를 공고함으로써 통지를 대신할 수 있다.

④ 운전면허의 취소대상자 또는 정지대상자(1회의 법규위반 또는 교통사고로 운전면허가 정지

되는 사람에 한한다)로서 법 제138조에 따라 법규위반의 단속현장이나 교통사고의 조사과정에서 국가경찰공무원 또는 제주특별자치도의 자치경찰공무원(이하 "자치경찰공무원"이라 한다)으로부터 운전면허증의 제출을 요구받은 사람은 구술 또는 서면으로 이의를 제기할 수 있다. 다만, 운전면허의 취소 또는 정지처분이 결정된 사람의 경우에는 그러하지 아니하다. 〈개정 2006. 10. 19〉

⑤ 국가경찰공무원 또는 자치경찰공무원은 제2항 및 제4항에 따라 처분의 상대방 또는 그 대리인이 구두로 이의를 제기하는 때에는 그 내용을 별지 제83호서식의 진술서에 기재하고, 처분의 상대방 등으로 하여금 확인하게 한 후 서명 또는 날인하게 하여야 한다. 다만, 법 제44조의 규정을 위반하여 운전면허의 취소 또는 정지처분을 받아야 하는 사람이 이의를 제기하는 때에는 별지 제84호서식의 주취운전자정황진술보고서에 기재한 후 서명 또는 날인하게 하여야 한다. 〈개정 2006. 10. 19〉

⑥ 지방경찰청장은 연습운전면허가 취소된 사람이 그 처분의 원인이 된 교통사고 또는 법규위반에 대하여 무혐의 불기소처분을 받거나 무죄의 확정판결을 받은 경우 해당연습운전면허를 교부한 운전면허시험장장에게 즉시 그 내용을 통보하고, 운전면허시험장장은 즉시 취소당시의 잔여기간을 유효기간으로 하는 연습운전면허증을 새로이 교부하여야 한다.

제95조(운전면허 처분에 대한 이의신청의 절차)

법 제94조 제1항에 따라 운전면허 처분에 이의가 있는 사람은 그 처분을 받은 날부터 60일 이내에 별지 제87호서식의 운전면허 처분 이의신청서에 운전면허 처분서를 첨부하여 지방경찰청장에게 제출하여야 한다.

참고자료 3

달 력

January / 2009

S	M	T	W	T	F	S
				1	2	3
4	5	6	7	8	9	10
11	12	13	14	15	16	17
18	19	20	21	22	23	24
25	26	27	28	29	30	31

February / 2009

S	M	T	W	T	F	S
1	2	3	4	5	6	7
8	9	10	11	12	13	14
15	16	17	18	19	20	21
22	23	24	25	26	27	28

March / 2009

S	M	T	W	T	F	S
1	2	3	4	5	6	7
8	9	10	11	12	13	14
15	16	17	18	19	20	21
22	23	24	25	26	27	28
29	30	31				

April / 2009

S	M	T	W	T	F	S
			1	2	3	4
5	6	7	8	9	10	11
12	13	14	15	16	17	18
19	20	21	22	23	24	25
26	27	28	29	30		

May / 2009

S	M	T	W	T	F	S
					1	2
3	4	5	6	7	8	9
10	11	12	13	14	15	16
17	18	19	20	21	22	23
24/31	25	26	27	28	29	30

June / 2009

S	M	T	W	T	F	S
	1	2	3	4	5	6
7	8	9	10	11	12	13
14	15	16	17	18	19	20
21	22	23	24	25	26	27
28	29	30				

July / 2009

S	M	T	W	T	F	S
			1	2	3	4
5	6	7	8	9	10	11
12	13	14	15	16	17	18
19	20	21	22	23	24	25
26	27	28	29	30	31	

August / 2009

S	M	T	W	T	F	S
						1
2	3	4	5	6	7	8
9	10	11	12	13	14	15
16	17	18	19	20	21	22
23/30	24/31	25	26	27	28	29

September / 2009

S	M	T	W	T	F	S
		1	2	3	4	5
6	7	8	9	10	11	12
13	14	15	16	17	18	19
20	21	22	23	24	25	26
27	28	29	30			

October / 2009

S	M	T	W	T	F	S
				1	2	3
4	5	6	7	8	9	10
11	12	13	14	15	16	17
18	19	20	21	22	23	24
25	26	27	28	29	30	31

November / 2009

S	M	T	W	T	F	S
1	2	3	4	5	6	7
8	9	10	11	12	13	14
15	16	17	18	19	20	21
22	23	24	25	26	27	28
29	30	31				

December / 2009

S	M	T	W	T	F	S
		1	2	3	4	5
6	7	8	9	10	11	12
13	14	15	16	17	18	19
20	21	22	23	24	25	26
27	28	29	30	31		

January / 2010

S	M	T	W	T	F	S
					1	2
3	4	5	6	7	8	9
10	11	12	13	14	15	16
17	18	19	20	21	22	23
24/31	25	26	27	28	29	30

February / 2010

S	M	T	W	T	F	S
	1	2	3	4	5	6
7	8	9	10	11	12	13
14	15	16	17	18	19	20
21	22	23	24	25	26	27
28						

March / 2010

S	M	T	W	T	F	S
	1	2	3	4	5	6
7	8	9	10	11	12	13
14	15	16	17	18	19	20
21	22	23	24	25	26	27
28	29	30	31			

April / 2010

S	M	T	W	T	F	S
				1	2	3
4	5	6	7	8	9	10
11	12	13	14	15	16	17
18	19	20	21	22	23	24
25	26	27	28	29	30	

May / 2010

S	M	T	W	T	F	S
						1
2	3	4	5	6	7	8
9	10	11	12	13	14	15
16	17	18	19	20	21	22
23/30	24/31	25	26	27	28	29

June / 2010

S	M	T	W	T	F	S
	1	2	3	4	5	
6	7	8	9	10	11	12
13	14	15	16	17	18	19
20	21	22	23	24	25	26
27	28	29	30			

☐ **설　문**

　　이윤호 변호사는 취소된 강준수의 운전면허를 회복할 수 있는 쟁송방법을 고려하고 있다. 이윤호 변호사 입장에서 작성할 수 있는 소장, 헌법소원심판청구서, 행정심판청구서, 이의신청서 중(집행정지신청은 제외) 가장 유효, 적절한 신청서 한 가지를 선택하여 작성하라.

　　※ 현행법이 허용하는 쟁송형식에 한하며, 작성일은 2010. 1. 19. 이고 같은 날 접수하는 것으로 함

　　※ 답안의 시작은 선택한 쟁송형식에 부합하는 '서면종류'를 기재하는 것으로 하고, 그 끝은 '서류를 제출할 기관'을 기재하는 것으로 함

　　※ 처분의 위법사유로는 사실관계와 현행법 및 기존 판례 입장에 비추어 볼 때 받아들여질 수 있는 주장만 할 것

--(답 안 지)--

_____

(선택한 쟁송형식에 부합하는 서면종류를 기재할 것)

해 답

소   장

원   고   강준수(680717-1******)

진주시 상대동 28

대리인 법무법인 동방

담당변호사 이윤수

진주시 상대동 200-2

055-752-0075

피   고   경남지방경찰청장

자동차운전면허취소처분취소 청구의 소

청 구 취 지

1. 피고가 2009. 8. 3. 원고에게 한 제 1 종 대형운전면허 및 제 1 종 보통운전면허취소처분을 모두 취소한다.
2. 소송비용은 피고가 부담한다.

라는 판결을 구합니다.

청 구 원 인

1. 이 사건 처분의 경위

가. 원고는 2001년 피고로부터 제 1 종 대형운전면허를, 1996년 피고로부터 제 1 종

보통운전면허를 각 취득한 후 2005. 4. 1.부터 2009. 10. 20. 현재까지 주식회사 경남운수에서 시내버스 운전기사로 근무하여 왔습니다.

나. 피고는, 원고가 2009. 5. 29. 22 : 30경(이하 '이 사건 당시'라 한다) 경남 37바4020호 뉴이에프 쏘나타 승용자동차(이하 '이 사건 차량'이라 한다)를 진주시 가좌동 생활까스 앞 노상에서 혈중알콜농도 0.21% 주취상태로 같은 동 550 앞 노상까지 약 200미터 가량을 운전하였다는 사유로 청구인의 제1종 대형 및 보통운전면허를 모두 취소하였습니다(이하 '이 사건 각 처분'이라 한다).

2. 행정심판 전치요건의 충족

가. 원고의 진정서의 법적 성격

원고는 2009. 10. 21. 피고에 대하여 이 사건 처분의 취소를 구하는 취지의 진정서를 제출하였습니다. 원고의 진정서에는 이 사건 처분의 전부 취소를 구하는 내용이 기재되어 있습니다. 따라서 원고의 진정서는 도로교통법 제142조가 규정하는 바에 따른 행정심판 전치요건을 충족한 것에 해당됩니다.[1]

나. 도로교통법 제94조 이의신청과의 구별

운전면허의 취소 또는 정지의 처분에 이의가 있는 사람은 그 처분을 받은 날부터 60일 이내에 행정안전부령이 정하는 바에 의하여 지방경찰청장에게 이의를 신청할 수 있습니다(도로교통법 94). 그러므로 처분이 있음을 안 날로부터 90일 이내에 제기하여야 하는 행정심판청구와 구별됩니다.

이의신청 제도와 행정심판 제도는 모두 행정처분의 취소·변경을 구하는 제도로서

---

[1] 2009년 법무부 모의고사 공법기록형 문제의 핵심은 원고 강준수의 진정서를 행정심판청구로 이해하느냐 여부에 관한 것이다. 만약 진정서를 행정심판청구로 보지 않으면, 이 사건 각 처분 일자는 2009. 8. 3.이며, 원고가 그 처분을 같은 달 5. 알게 되었는데, 이 기록 설문에서는 서면 작성과 접수일을 2010. 1. 19.로 하도록 제시하고 있다. 이는 원고가 처분이 있음을 안 날로부터 90일을 경과한 상태이다. 그러므로 제소기간의 제한을 받는 운전면허취소처분의 취소를 구하는 행정심판 또는 행정소송은 제기할 수 없다. 때문에 제소기간의 제한을 받지 아니하는 운전면허취소처분무효확인행정심판 또는 운전면허취소처분무효확인의 소를 제기하여야 할 것인지 여부를 검토하여야 하겠지만, 이 기록에서의 원고의 진정서를 행정심판청구로 이해하는 것이 기존의 판례의 입장과 일치되고, 처분의 하자가 중대명백하여야 하는 무효확인을 구하는 것 보다는 그 취소를 구하는 것이 원고에게도 이익이 되므로 취소소장을 작성하는 것이 옳다.

서면에 의하여 제기하여야 하고, 또 이의신청 또는 행정심판청구에 대하여 처분청 스스로 이유가 있다고 인정할 경우 당해 처분을 취소·변경할 수 있으며, 그 서면의 기재 내용이나 제출기관이 동일·유사하기 때문에 전문적 법률지식을 갖고 있지 못한 사람에게는 양자를 구별하기가 쉽지 않습니다.

이의신청은 처분권자인 지방경찰청장에게 제출하여야 하는데 반하여, 행정심판은 처분청인 지방경찰청장 또는 행정심판위원회에 제출할 수 있습니다. 그러므로 원고의 진정서와 같이 처분청인 피고에게 제출된 경우에는 과연 그 서면이 이의신청인지, 행정심판인지 명확하지 않습니다.

원고의 진정서를 이의신청으로 보면, 원고는 이와 별도로 행정심판 전치요건을 충족해야 하는 문제가 생기게 됩니다. 이 경우 처분이 있음을 안 날로부터 90일이 경과하면 행정심판이나 행정소송을 제기할 수 없게 됩니다. 반면, 행정심판으로 보면 별도의 행정심판청구를 할 필요가 없습니다. 그러므로 제소기간의 도과로 인한 원고의 불이익을 방지하기 위해서는 원고의 진정서를 행정심판으로 보는 것이 옳다 할 것입니다. 이에 관한 하급심 판결도 자체민원처리 제도에 기한 운전면허취소처분에 대한 이의신청은 행정소송의 전치요건인 행정심판청구에 해당하는 것으로 보는 것이 옳다(대구고법 1997. 4. 3. 선고 96구6449 판결【자동차운전면허취소처분취소】)고 판시한 바 있습니다.

다. 불비된 사항이 있거나 취지가 불명확한 행정심판청구서의 처리방법

행정심판법 제19조, 제23조의 규정 취지와 행정심판제도의 목적에 비추어 보면, 행정심판청구는 엄격한 형식을 요하지 않는 서면행위로 해석되므로, 위법·부당한 행정처분으로 인하여 권리나 이익을 침해당한 자로부터 그 처분의 취소나 변경을 구하는 서면이 제출되었을 때에는 그 표제와 제출기관의 여하를 불문하고 이를 행정소송법 제18조 소정의 행정심판청구로 보아야 하며, 심판청구인은 일반적으로 전문적 법률지식을 갖지 못하여 제출된 서면의 취지가 불명확한 경우가 적지 않을 것이나, 이러한 경우 행정청으로서는 그 서면을 가능한 한 제출자에게 이익이 되도록 해석하고 처리하여야 한다(대법원 1995. 9. 5. 선고 94누16250 판결, 2000. 6. 9. 선고 98두2621 판결, 대법원 2007. 6. 1. 선고 2005두11500 판결 참조)는 것이 판례의 기본입장입니다.

라. 소   결

따라서 원고가 2009. 8. 5. 이 사건 처분이 있음을 안 날로부터 90일 이내인 2009. 10.

21. 제기한 진정서는 행정심판법이 정하는 적법한 행정심판청구에 해당되고, 위 진정서를 제출한 이후 현재까지 재결이 없는 상태이므로 이 사건 소 역시 적법한 제소기간을 준수하였습니다.

3. 이 사건 각 처분의 위법성

가. 원고는 음주운전한 사실이 없습니다.

⑴ 원고는 이 사건 당시 직장인 (주)경남운수에서 133번(차량번호 9971) 시내버스를 운전하고 있었습니다. 따라서 원고가 이 사건 당시에 음주상태로 이 사건 차량을 운전한 사실이 없습니다(재직증명서 참고).

⑵ 원고는 이 사건 당시에 133번 시내버스를 23번째 순번으로 22 : 10에 회사를 출발하여 운행노선을 거쳐 23 : 25에 회사로 복귀한 바 있습니다. 이미 제출한 (주)경남운수 대표이사 국민호 작성의 운행일지를 통하여 이 사실을 정확히 확인할 수 있습니다.

⑶ 따라서 원고가 음주운전을 하였다는 시간인 22 : 30은 원고가 회사를 출발한지 20분이 경과한 상태입니다. 원고가 바로 그 시간에 운행 중인 시내버스를 중간에 버려두고 음주상태로 이 사건 차량을 운행한다는 것은 도저히 있을 수 없는 일입니다.

⑷ 그러므로 원고가 이 사건 당시에 이 사건 차량을 음주운전을 하였다는 사유로 이 사건 처분을 한 것은 사실오인으로 인한 재량권의 일탈·남용한 위법한 처분에 해당합니다.

나. 피고의 이 사건 처분은 처분대상자 아닌 자에 대한 위법한 처분입니다.

⑴ 원고와 강천수와의 관계

㈎ 원고는 2009. 8. 5. 이 사건 처분에 관한 자동차운전면허취소결정통지서를 수령한 후 피고 소속 진주경찰서 교통계에 찾아가 이 사건 담당 경찰관 정수정을 만나게 되었습니다. 그러나 경찰관 정수정은 원고가 음주운전을 한 것이 사실이라고

하면서 원고의 하소연을 믿어주지를 않았습니다.

(내) 원고는 진주시 봉곡동 동사무소에서 7급 일반직 공무원으로 재직중인 쌍둥이 동생 강천수에게 이 사건 처분 내용을 알리고 억울함을 호소하게 되었습니다. 원고와 강천수는 모두 1968년생으로 현재 42세의 나이입니다(원고와 강천수의 재직증명서 참고). 그런데 원고의 이야기를 들은 동생 강천수는, 사실은 자신이 음주 상태에서 운전을 하고, 형인 원고의 운전면허증을 경찰관에게 제시한 것 때문에 원고의 운전면허가 취소된 것이라고 하였습니다.

(2) 강천수의 음주운전과 원고의 면허증 제시경위

(가) 강천수는 이 사건 당일 저녁 퇴근 후에 고등학교 동창회에 참석하여 술을 마신후 대리운전기사를 불러 그의 소유인 이 사건 차량을 운전하도록 하여 집근처까지 오게 되었는데, 대리운전기사와 요금문제로 사소한 시비를 하며 말다툼을 하는 바람에 이에 화가 난 대리기사가 집 부근에서 더 이상 운전을 하지 않고 차에서 내린 다음 돌아가 버렸습니다.

(내) 그 밤에 혼자 남은 강천수는 술에 만취한 상태에서 이 사건 차량을 도로에 놓고 귀가하면 주차위반 딱지를 떼일 것 같고, 또 불법주차 차량으로 견인이라도 되면 다음날 아침에 출근할 때 곤란할 것 같다는 생각이 들어 자신이 음주를 하였기에 운전을 해서는 안 된다는 점을 망각한 채 200미터 가량을 운전을 하고 집 앞에 도착하여 주차를 하게 되었습니다. 그런데 강천수가 차에서 내리자마자 경찰관에게 적발되어 음주측정을 하게 되었고, 그 후 진주경찰서 교통계로 가서 도로교통법위반(음주운전)으로 조사를 받게 되었던 것입니다.

(다) 강천수는 진주경찰서로 연행되어 그의 신분이 7급 일반직 공무원으로 진주시 봉곡동 동사무소에 재직중이었기에, 만약 음주운전 사실이 근무처인 동사무소에 통지되면 징계위원회에 회부되어 면직등의 중징계를 받아, 결국 직장도 다닐 수 없게 될 것 같은 두려움과 직장 동료들과 상급자인 동장의 얼굴을 볼 면목이 없을 것이라는 생각에 사로잡히게 되었습니다(재직증명서 참고).

(라) 그리하여 강천수는 그 무렵 당첨된 아파트의 중도금을 납부하기 위하여 은행에

서 대출을 받을 때, 원고가 연대보증을 서주기로 하면서 건네주었던 원고의 운전면허증이 그의 수중에 있는 것을 기억해 내고, 마치 자신의 운전면허증인 것처럼 조사하던 경찰관에게 제시하게 되었고, 그 경찰관은 음주운전 피의자의 인적사항과 도로교통법위반(음주운전) 피의사실을 원고로 하는 내용의 일체의 수사서류를 작성하여 검찰에 송치하게 되었습니다.

㈁ 강천수가 경찰관에게 원고의 운전면허증을 제시하면서 원고의 주민등록번호 등의 인적사항을 정확하게 말할 수 있었던 것은, 원고와 강천수가 7월 17일에 출생한 쌍둥이 형제였기 때문입니다. 그래서 강천수는 경찰관에게 원고의 주민등록번호나 주소 등을 정확히 진술할 수 있었고, 경찰관은 강천수로부터 제시받은 원고의 운전면허증에 있는 사진만으로는 동일인인지 여부를 확인할 수 없었을 것입니다(가족관계증명서, 주민등록표 참조).

㈂ 원고는 동생 강천수의 사실 이야기를 듣고서 그런 내용은 기재한 진정서와 재직증명서 및 운행일지를 피고에게 제출하고, 이 사건 당시에 원고가 음주운전을 한 사실이 없음을 인정하고 원고에 대한 이 사건 처분을 취소하여 주시기를 탄원하였으나, 피고는 청구인의 탄원을 받아들이지 않고 급기야 이 사건 처분을 하기에 이르렀습니다.

(3) 원고에 대한 약식명령과 정식재판청구

㈎ 그리고 창원지방법원 진주지원은 2009. 10. 24. 원고에 대한 도로교통법위반(음주운전) 공소사실을 유죄로 인정하여 벌금 200만원에 처하는 약식명령을 내렸습니다. 원고는 같은 달 29. 즉시 위 약식명령에 불복하는 정식재판을 청구하게 되었고, 다음 재판기일은 2010. 1. 21. 16 : 20으로 지정되어 있습니다.

㈏ 원고는 위 형사재판에서 이 사건 당시에 위 시내버스를 운행중이었음은 시내버스에 설치된 CCTV 녹화테이프의 검증을 통하여 운전하고 있는 사실을 확인하고, 아울러 같은 날 수금하였던 버스요금의 입금내역 및 동료 운전기사를 증인으로 신청하여 무죄판결이 선고되도록 노력할 생각입니다.

(4) 소   결

따라서 피고의 원고에 대한 이 사건 처분은 오로지 강천수의 진술만을 경신한 나머지 처분대상자를 오해하고 행하여진 위법한 처분으로 취소되어야 합니다.

4. 청구인의 정상관계 등

가. 원고는 운전을 유일한 생계수단으로 하고 있습니다.

(1) 원고는 2005. 4. 1.부터 현재까지 주식회사 경남운수에서 133번 시내버스를 운전하는 운전기사로 근무해 왔습니다. 따라서 원고에게 자동차 운전면허는 생명줄과도 같은 존재입니다. 특히 시내버스를 운전할 수 있는 1종 대형운전면허가 취소된다면 청구인은 5년 동안 근무해 온 직장에서 쫓겨날 뿐만 아니라 원고와 같은 집에서 거주하고 계시는 80세에 이른 연로하신 부모님과 아들(강길동), 딸(강수현)의 생계도 막막해질 수밖에 없습니다. 특히 이제 갓 학교에 진학한 어린자녀들의 학업도 계속 뒷바라지 할 수 없게 되는 처지에 놓여 있습니다.

(2) 원고는 현재 42세의 나이로 지난 2001년 이 사건 1종 대형운전면허를 취득한 이래로 계속 시내버스를 운전하여 왔으며, 다른 직업은 가져본 적도 없습니다. 피고의 이 사건 처분으로 운전면허가 취소되면 직장에 계속 다닐 수도 없게 되며, 이제껏 운전으로만 살아왔기에 새로운 직업을 구하기도 쉽지 않은 상황입니다.

(3) 원고는 경남운수에서 5년 동안 꾸준히 근무해 오는 동안 단 한번도 교통사고를 야기한다거나 형사처분을 받은 전과도 전혀 없이 성실하게 살아왔습니다.

(4) 음주운전으로 인한 불행한 사고들이 날마다 뉴스를 장식하는 현실을 감안할 때 음주운전을 엄한 처분으로 근절시켜야 하는 점은 충분히 이해하고 있습니다. 무엇보다 실제 이 사건 음주운전을 하였던 동생 강천수의 실수에 대하여 형의 입장에서 실체적 진실을 규명하여 관대한 처분을 바라거나 용서를 구할 만한 처지는 아니지만, 워낙 원고의 사정이 딱하고 절박하여 이 사건 청구에 이르게 된 점을 널리 헤아려 주시기를 바랍니다.

나. 혹시 원고와 강천수가 공모하여 음주운전자를 바꾸려는 것으로 오해할 수도 있습니다.

⑴ 만약 원고의 동생 강천수가 원고의 자동차 운전면허증의 취소를 막기 위하여 거짓으로 음주운전을 하였다고 나서려면, 강천수에게 그럴만한 이익이 있어야 할 것입니다.

⑵ 강천수는 이 사건 당시에 음주운전을 한 사실이 인정되면, 경찰관에게 원고의 운전면허증을 마치 자신의 면허증인 것처럼 제시한 것은 형법상 공문서부정사용죄에 해당될 뿐만 아니라(대법원 2001. 4. 19. 선고 2000도1985 전원합의체 판결) 도로교통법위반(음주운전)으로 처벌을 받게 될 것으로 예상됩니다.

⑶ 그뿐 아니라 강천수는 공무원으로서 품위유지의무를 위반하였다는 지방공무원법상의 징계사유로 징계에 회부되어 중한 불이익처분을 받을 것이 예상됩니다.

⑷ 강천수가 이런 불이익을 감내하고서라도 실체적 진실을 밝히고 나선 것은 자신으로 인하여 아무런 잘못이 없는 원고가 직장을 잃고 곤경에 처하는 되는 것을 형제의 도리상 보고 있을 수 없었던 양심의 가책 때문입니다.

⑸ 사실 원고로서도 이 사건 청구를 해야 하나 수없이 고민하고 괴로워하였습니다. 그냥 동생을 대신하여 면허취소처분을 당하고 1년의 법정기간이 경과한 후에 다시 면허취득기간에 다시 운전면허를 취득하면 되지 않을까 하는 생각도 하였던 것이 사실입니다. 그렇게 되면 동생은 공무원으로서 아무런 탈없이 근무할 수 있게 될 것이기 때문입니다. 그럼에도 불구하고 원고가 이 청구를 하게 된 것은 동생이 그 잘못을 깊이 뉘우치고 자신의 죄과를 달게 받고자 하는 심정에서 원고로 하여금 이 사건 청구를 하도록 양해하고 권면하였기 때문입니다.

5. 결   론

따라서 원고는 피고의 이 사건 각 처분은 재량권을 일탈·남용하여 위법한 처분에 해당하므로, 청구취지와 같은 판결을 받고자 본소에 이르게 되었습니다.

입 증 방 법

1. 갑 제 1 호증	자동차운전면허취소결정통지서		1부
1. 갑 제 2 호증의1	약식명령		1부
1. 갑 제 2 호증의2	사건진행내역		1부
1. 갑 제 3 호증	진정서		1부
1. 갑 제 4 호증	재직증명서		1부
1. 갑 제 5 호증	운행일지		1부
1. 갑 제 6 호증의1, 2	가족관계증명서		2부
1. 갑 제 7 호증	주민등록표		1부
1. 갑 제 8 호증	진술서		1부
1. 갑 제 9 호증	인감증명서		1부
1. 갑 제10호증	재직증명서		1부

첨 부 서 류

1. 위 각 입증자료	각 1부
1. 소장 부본	1부
1. 대리인 위임장	1부

2009.   1.   19.

원고 소송 대리인
법무법인 동방
담당변호사 이 윤 호

창 원 지 방 법 원   귀 중

실전답안

관리번호	시험과목명 공법	기 록 형	시험관리관 확 인	점 수	채점위원인

소 장

원 고   강준수(6800717-1******)

진주시 상대동 28

대리인 법무법인 동방

담당변호사   이윤수

진주시 상대동 200-2

055-752-0075

피 고   경남지방경찰청장

자동차운전면허취소처분취소 청구의 소

청 구 취 지

1. 피고가 2009. 8. 3. 원고에게 한 제 1 종 대형운전면허 및 제 1 종 보통운전면허취소처분을 모두 취소한다.

2. 소송비용은 피고가 부담한다.

라는 판결을 구합니다.

청 구 원 인

1. 이 사건 처분의 경위

원고는 2001년 피고로부터 제 1 종 대형운전면허를, 1996년 제 1 종 보통운전면허를 각 취득한 후 2005. 4. 1.부터 2009. 10. 20. 현재까지 주식회사 경남운수에서 시내 버스 운전기사로 근무하여 왔습니다.

피고는, 원고가 2009. 5. 29. 22:30경(이하 '이 사건 당시'라 한다) 경남 37바4020호 뉴이에프 쏘나타 승용자동차(이하 '이 사건 차량'이라 한다)를 진주시 가좌동 생활까스 앞 노상에서 혈중알콜농도 0.21% 주취상태로 같은 동 550 앞 노상까지 약 200미터 가량을 운전하였다는 사유로 청구인의 제 1 종 대형 및 보통운전면허를 모두 취소하였습니다(이하 '이 사건 각 처분'이라 한다).

2. 이 사건 소의 적법성

가. 행정심판전치 요건의 충족

(1) 운전면허의 취소 또는 정지의 처분에 이의가 있는 사람은 그 처분에 대하여 지방경
찰청장에게 이의를 신청하거나(도로교통법 94①), 행정심판법에 따른 행정심판을 청구
할 수 있습니다(도로교통법 94③).

(2) 다만, 도로교통법에 따른 처분으로서 해당 처분에 대한 행정소송은 행정심판의
재결(裁決)을 거치지 아니하면 제기할 수 없습니다(도로교통법 142).

(3) 자체민원처리 제도에 기한 운전면허취소처분에 대한 이의신청은 행정소송의 전치요건
인 행정심판청구에 해당하는 것으로 보는 것이 옳다는 하급심 판결도 있습니다.

(4) 행정심판청구는 엄격한 형식을 요하지 않는 서면행위로 해석되므로, 처분의 취소를
구하는 서면이 제출되었을 때에는 그 표제와 제출기관의 여하를 불문하고 제출자
에게 이익이 되도록 해석하여 처리하여야 합니다(판례).

(5) 따라서 원고가 2009. 10. 21. 피고에게 제출한 이 사건 처분의 취소를 구하는 내용이
포함된 진정서는 도로교통법 제142조의 행정심판청구로 보아야 하며, 결론적으로
원고는 적법하게 행정심판전치요건을 충족한 것으로 보아야 합니다.

나. 피고적격

행정소송법 제13조 제1항은 '취소소송은 다른 법률에 특별한 규정이 없는 한 그 처분
등을 행한 행정청을 피고로 한다'고 규정하고 있습니다.

항고소송은 원칙적으로 소송의 대상인 행정처분 등을 외부적으로 그의 명의로 행한
행정청을 피고로 하여야 하는 것으로서, 그 행정처분을 하게 된 연유가 상급행정청이
나 타행정청의 지시나 통보에 의한 것이라 하여 다르지 않고, 권한의 위임이나 위탁
을 받아 수임행정청이 자신의 명의로 한 처분에 관하여도 마찬가지입니다(판례).

따라서 경남지방경찰청장은 그의 명의로 원고에게 이 사건 처분을 하였으므로 피고적격
이 있습니다.

다. 제소기간

행정소송법 제20조 제1항은 '취소소송은 처분 등이 있음을 안 날부터 90일 이내에 제기하여야 한다', 같은 조 제2항은 '처분 등이 있은 날부터 1년을 경과하면 이를 제기하지 못한다'고 규정하고 있습니다.

여기서 '처분이 있음을 안 날'이란 통지, 공고 기타의 방법에 의하여 당해 처분이 있었다는 사실을 현실적으로 안 날을 의미하고, 추상적으로 알 수 있었던 날을 말하는 것은 아닙니다(판례).

따라서 원고가 2009. 8. 5. 이 사건 처분이 있음을 안 날로부터 90일 이내인 2009. 10. 21. 제기한 진정서는 행정심판법이 정하는 적법한 행정심판청구에 해당되고, 위 진정서를 제출한 이후 현재까지 재결이 없는 상태에서 제기한 이 사건 소는 적법한 제소기간을 준수하였습니다.

3. 이 사건 각 처분의 위법성

가. 원고는 음주운전한 사실이 없습니다(피고의 사실오인).

원고는 이 사건 당시 직장인 (주) 경남운수에서 133번(차량번호 9971) 시내버스를 운전하고 있었습니다. 따라서 원고가 이 사건 당시에 음주상태로 이 사건 차량을 운전한 사실이 없습니다(재직증명서 참고).

원고는 이 사건 당시에 위 시내버스를 23번째 순번으로 22:10경에 회사를 출발하여 운행노선을 거쳐 23:25에 회사로 복귀한 바 있습니다. 이미 제출한 (주) 경남운수 대표이사 국민호 작성의 운행일지를 통하여 이 사실을 정확히 확인할 수 있습니다.

따라서 원고가 음주운전을 하였다는 시간인 22:30은 원고가 회사를 출발한 지 20분이 경과한 상태입니다. 원고가 바로 그 시간에 운행 중인 시내버스를 중간에 버려두고 음주상태로 이 사건 차량을 운행한다는 것은 도저히 있을 수 없는 일입니다.

그러므로 원고가 이 사건 당시에 이 사건 차량을 음주운전을 하였다는 사유로 이 사건 처분을 한 것은 사실오인으로 인한 재량권의 일탈·남용한 위법한 처분에 해당합니다.

나. 피고의 이 사건 처분은 처분대상자 아닌 자에 대한 위법한 처분입니다.

(1) 원고와 강천수와의 관계

원고는 진주시 봉곡동 동사무소에서 7급 일반직 공무원으로 재직중인 쌍둥이 동생 강천수에게 이 사건 처분 내용을 알리고 억울함을 호소하게 되었습니다. 원고와 강천수는 모두 1968년생으로 현재 42세의 나이입니다(원고와 강천수 재직증명서 참고).

그 때 원고의 이야기를 들은 동생 강천수는 사실은 자신이 음주상태에서 운전을 하던 중 적발되어 경찰관에게 원고의 운전면허증을 제시한 바 있다고 하였습니다.

(2) 강천수의 음주운전과 원고의 면허증 제시경위 등

강천수는 이 사건 당일 저녁 퇴근 후에 고등학교 동창회에 참석하여 술을 마신 후 대리운전 기사를 불러 그의 소유인 경남 37바4020호 뉴이에프 쏘나타 승용차를 운전하도록 하여 집근처까지 가게 되었습니다.

그런데 강천수와 대리운전 기사 사이에 요금문제로 시비가 발생하여 말다툼을 하게 되었는데, 이에 화가 난 대리기사가 집 부근에서 더 이상 운전을 하지 않고 차에서 내린 다음 돌아가 버렸습니다.

강천수는 술에 만취한 상태에서 이 사건 차량을 도로에 놓고 귀가하면 주차위반 단속을 당할 것 같고, 불법주차로 견인이라도 되면 다음 날 출근할 때 곤란할 것 같아서 그곳에서부터 집 앞까지 200미터 가량 운전을 하게 되었습니다.

강천수는 7급 공무원으로 진주시 봉곡동 동사무소에 재직중이었기에, 만약 음주운전 사실이 근무처인 동사무소에 통지되면 면직 등의 중징계를 받을 것 같은 두려움 때문에 때마침 소지 중인 원고의 운전면허증을 경찰관에게 제시하고 원고의 인적사항으로 음주운전 사실에 대하여 조사를 받게 되었습니다.

강천수는 그 무렵 당첨된 아파트의 중도금을 납부하기 위하여 은행에서 대출을 받을 때, 원고가 연대보증을 서주기로 하면서 건네주었던 원고의 운전면허증을 조사중인 경찰관에게 마치 자신의 것처럼 제시하게 되었던 것입니다.

(3) 원고에 대한 약식명령과 정식재판청구

창원지방법원 진주지원은 2009. 10. 24. 원고에 대한 도로교통법위반(음주운전) 공소 사실을 유죄로 인정하여 벌금 200만원에 처하는 약식명령을 내렸습니다.

관리번호	시험과목명 공법	기 록 형	시험관리관 확 인	채점위원인	5쪽

원고는 같은 달 29. 즉시 위 약식명령에 불복하는 정식재판을 청구하게 되었고, 재판

기일이 2010. 1. 21. 16:20으로 지정되어 있습니다.

원고는 위 형사재판에서 이 사건 당시에 위 시내버스를 운행중에 있었음을 버스에

설치된 CCTV 녹화테이프의 검증을 통하여 운전하고 있는 사실을 확인하고, 아울러

같은 날 수금하였던 버스요금의 입금내역 및 동료 운전기사를 증인으로 신청하여

무죄판결이 선고되도록 노력할 생각입니다.

(4) 소 결

따라서 피고의 원고에 대한 이 사건 처분은 오로지 강천수의 진술만을 경신한 나

머지 처분대상자를 오해하고 행하여진 위법한 처분으로 취소되어야 합니다.

4. 청구인의 정상관계 등

가. 원고는 운전을 유일한 생계수단으로 하고 있습니다.

원고는 2005. 4. 1.부터 현재까지 주식회사 경남운수에서 133번 시내버스를 운전

하는 운전기사로 근무해 왔습니다. 따라서 원고에게 자동차 운전면허는 생명줄과도

같은 존재입니다.

특히 시내버스를 운전할 수 있는 1종 대형운전면허가 취소된다면 청구인은 5년 동안

근무해 온 직장에서 쫓겨날 뿐만 아니라 원고와 같은 집에서 거주하고 계시는 80세에

이른 연로하신 부모님과 아들(강길동), 딸(강수현)의 생계도 막막해질 수밖에 없습니다.

특히 이제 갓 상급학교에 진학한 자녀들의 학업도 계속 뒷바라지 할 수 없게 되는 처지

에 놓여 있습니다.

원고는 현재 42세의 나이로 지난 2001년 이 사건 1종 대형운전면허를 취득한 이

래로 계속 시내버스를 운전하여 왔으며, 다른 직업은 가져본 적도 없습니다. 피고의

이 사건 처분으로 운전면허가 취소되면 직장에 계속 다닐 수도 없게 되며, 이제껏

원고는 운전으로만 살아왔기에 새로운 직업을 구하기도 쉽지 않은 상황입니다.

원고는 경남운수에서 5년 동안 꾸준히 근무해 오는 동안 단 한번도 교통사고를 야기하거나 형사처분을 받은 전과도 전혀 없이 성실하게 살아왔습니다.

음주운전으로 인한 불행한 사고의 참혹성을 감안할 때 음주운전을 엄한 처분으로 근절시켜야 하는 점은 충분히 이해하고 있습니다.

무엇보다 실제 이 사건 음주운전을 하였던 동생 강천수의 잘못에 대하여 형의 입장에서 실체적 진실을 규명하여 관대한 처분을 바라거나 용서를 구할 만한 처지는 아니지만, 워낙 원고의 사정이 딱하고 절박하여 이 사건 청구에 이르게 된 점을 널리 헤아려 주시기를 바랍니다.

나. 혹시 원고와 강천수가 공모하여 음주운전자를 바꾸려는 것으로 오해할 수도 있습니다.

만약 원고의 동생 강천수가 원고의 자동차 운전면허증의 취소를 막기 위하여 거짓으로 음주운전을 하였다고 하려면 강천수에게 그럴만한 이익이 있어야 할 것입니다.

강천수는 이 사건 당시에 음주운전을 한 사실이 인정되면, 경찰관에게 원고의 운전면허증을 마치 자신의 면허증인 것처럼 제시한 것은 형법상 공문서부정사용죄에 해당될 뿐만 아니라 도로교통법위반(음주운전)으로 처벌을 받게 될 것으로 예상됩니다.

그뿐 아니라 강천수는 공무원으로서 품위유지의무를 위반하였다는 국가공무원법상의 징계사유에 해당되어 징계에 회부되어 중한 불이익처분을 받을 것이 예상됩니다.

강천수가 이런 불이익을 감내하고서라도 실체적 진실을 밝히고 나선 것은 자신으로 인하여 아무런 잘못이 없는 원고가 직장을 잃고 곤경에 처하는 되는 것을 형제의 도리상 보고 있을 수 없었던 양심의 가책 때문입니다.

사실 원고로서도 이 사건 청구를 해야 하나 수없이 고민하고 괴로워하였습니다. 그냥 동생을 대신하여 면허취소처분을 당하고 법정기간이 경과한 후에 다시 면허취득기간에 다시 운전면허를 취득하면 되지 않을까 하는 생각도 하였습니다.

그렇게 되면 동생은 공무원으로서 아무런 흠 없이 근무할 수 있게 될 것이기 때문입니다. 그럼에도 불구하고 원고가 이 청구를 하게 된 것은 동생이 그 잘못을 깊이 뉘우치고 자신의 죄과를 달게 받고자 하는 심정에서 원고로 하여금 이 사건 청구를 하도록 양해하고 권면하였기 때문입니다.

5. 결 론

따라서 원고는 피고의 이 사건 각 처분이 위법한 처분에 해당하므로, 청구취지와 같은 판결을 받고자 본소에 이르게 되었습니다.

입 증 자 료

1. 갑 제1호증	자동차운전면허취소결정통지서	1부
1. 갑 제2호증의1	약식명령	1부
1. 갑 제2호증의2	사건진행내역	1부
1. 갑 제3호증	진정서	1부
1. 갑 제4호증	재직증명서	1부
1. 갑 제5호증	운행일지	1부
1. 갑 제6호증의1,2	가족관계증명서	2부
1. 갑 제7호증	주민등록표	1부
1. 갑 제8호증	진술서	1부
1. 갑 제9호증	재직증명서	1부

첨 부 서 류

1. 위 각 입증자료	각 1부
1. 대리인 위임장	1부
1. 소장 부본	1부

2009. 1. 19.

원고 소송 대리인
법무법인 동방
담당변호사 이윤호

창 원 지 방 법 원   귀 중

쟁 점 해 설

1. 형식적 기재사항

가. '소장'이라는 표시

나. 당사자의 표시

(1) 원고 강준수

- 주민등록번호 중 생년월일(68. 07. 17.)은 강준수의 '재직증명서'에 기재되어 있다.
- 대리인 변호사 이윤호의 성명과 주소, 전화번호 표시, '상담일지'에 법무법인 의 이름과 주소가 기재되어 있다.

(2) 피고 경남지방경찰청장

- '자동차운전면허취소결정통지서'에 처분권자인 피고가 기재되어 있다.
- 피고가 국가기관이므로 주소는 표시하지 않음이 관례이다. 송달의 편의를 위 하여 기재하기도 한다.

다. 사 건 명

- '청구취지의 요약'이라고도 할 수 있다.
- 자동차운전면허취소처분취소 청구의 소 또는 운전면허취소처분취소청구
- 사건명은 청구취지 및 청구원인과 아울러 청구의 내용을 요약하여 알려주는 역할을 하므로 간결하고 정확하게 표시한다.

라. 청구취지

- 피고의 처분일자, 취소되어야 하는 대상을 특정한다. 복수의 운전면허에 대한

것이므로 '각' 또는 '모두'라고 표기한다.
- 취소소송은 형성의 소이므로 '취소한다'라고 선언적 형태를 취한다.
- 이행의 소에서와 같이 '취소하라'고 표시하여서는 아니된다.
- 소송비용의 부담에 관한 기재는 법원의 직권발동을 촉구하는 의미이다.

마. 입증방법

- 원고에게 유리한 자료를 서증목록으로 표시한다.

바. 첨부서류

- 소장에 첨부하여 제출하는 서류의 이름과 그 통수를 기재한다.

사. 작 성 일

- 2009. 1. 19.
- 기록 마지막 부분 설문에 작성일과 제출일이 특정되어 있다.
- 작성일은 실제로 소장을 작성한 날이 아니라 법원에 접수하는 날을 기재한다.
- 제소일은 법원이 소장에 날인한 접수인으로 확인한다.

아. 관할법원

- 피고의 소재지(창원시 사림동 1)를 관할하는 창원지방법원에 제출한다(각급 법원의 설치와 관할구역에 관한 법률 2).
- 행정소송은 행정법원 또는 지방법원본원이 관할한다.
- 실제로 원고가 '창원지방법원 진주지원'에 제소한 경우에는 관할위반으로 이송하게 될 것이지만, 답안작성시에 그렇게 표기하였다면 감점대상이다.

2. 변호사 이윤호가 작성하여야 할 서면

가. 이 사건 처분경위

경남지방경찰청장은 2009. 8. 3. 강준수에 대하여 이 사건 처분을 하였으며, 강준수는 그로부터 이틀 후인 같은 달 5. 처분 사실을 알게 되었다.

나. 설문에서 제시한 서면 제출일자와 쟁송방법

⑴ 이 기록 설문은 변호사 이윤호가 취소된 강준수의 운전면허를 회복할 수 있는 쟁송방법에 맞는 서면의 작성과 제출일자를 2009. 1. 19.로 제시하고 있다. 그런데 이 날짜는 강준수가 이 사건 처분이 있음을 안 날로부터 90일을 경과한 상태이다.

⑵ 그러므로 일응 제소기간의 제한을 받는 운전면허취소처분의 취소를 구하는 행정심판 또는 행정소송은 제기할 수 없는 것으로 보인다. 그렇다면 제소기간의 제한을 받지 아니하는 운전면허취소처분무효확인행정심판 또는 운전면허취소처분무효확인의 소를 제기하여야 할 것인지 여부가 문제된다.

다. 강준수의 진정서의 법적 성질

⑴ 강준수는 이 사건 처분이 있음을 안 날로부터 90일 이내인 2009. 10. 21. 처분청인 경남지방경찰청장에게 진정서를 제출하였다.

⑵ 그 진정서의 내용은 이 사건 처분의 취소를 구하고 있는 내용으로 원고와 피고가 특정되어 있다. 따라서 강준수의 진정서 제출은 행정심판법이 정하는 적법한 행정심판청구로 볼 수 있다.

라. 행정소송의 제소기간

⑴ 취소소송은 처분등이 있음을 안 날부터 90일 이내에 제기하여야 한다. 다만, 제18조 제 1 항 단서[2]에 규정한 경우와 그 밖에 행정심판청구를 할 수 있다고 잘못 알린 경우에 행정심판청구가 있은 때의 기간은 재결서의 정본을 송달받은 날부터 기산한다(행정소송법 20①).

⑵ 따라서 이 사건 처분에 대한 행정소송의 제기에는 반드시 행정심판을 거쳐야 하므로(도로교통법 142), 행정소송법 제18조 제 1 항 단서에 해당된다.

마. 소   결

⑴ 따라서 강준수가 행정심판에 해당하는 진정서를 제출한 이후 현재까지 재결이 없으므로, 변호사 이윤호는 2009. 1. 19. 강준수를 대리하여 이 사건 처분의 취소를 구하는 행정소송을 제기할 수 있다.

---

2) 제18조 제 1 항 단서 "다른 법률에 당해 처분에 대한 행정심판 재결을 거치지 아니하면 취소소송을 제기할 수 없다는 규정이 있는 때에는 그러하지 아니한다."

⑵ 제소기간의 제한을 받지 아니하는 무효확인행정심판 또는 무효확인의 소의 제기
　　는 하자의 증대명백성을 요구하고 있기 때문에 원고의 이익에 적합한 최선의 쟁
　　송방법이라고 할 수 없다.

⑶ 2010년 법무부 모의고사 공법기록형 문제는 원고 강준수의 진정서를 행정심판청
　　구로 이해하느냐 여부에 관한 것이라 할 수 있다.

3. 이 사건 처분의 적법여부

가. 약식명령과 정식재판의 청구

⑴ 강준수는 2009. 10. 24. 창원지방법원 진주지원으로부터 도로교통법위반(음주운전)
　　으로 벌금 200만원을 선고받고 같은 달 29. 정식재판을 청구하였다.

⑵ 강준수에 대한 위 형사사건의 재판은 2010. 1. 21.로 공판기일이 지정되어 있다.

나. 행정소송에서의 형사판결의 증명력

⑴ 행정소송에 있어서 형사판결이 그대로 확정된 이상 위 형사판결의 사실판단을
　　채용하기 어렵다고 볼 특별한 사정이 없는 한 이와 배치되는 사실을 인정할 수
　　없다(대법원 1999. 11. 26. 선고 98두10424 판결【부당해고구제재심판정취소】).

⑵ 관련 형사사건의 판결에서 인정된 사실은 특별한 사정이 없는 한 민사재판 또는
　　행정사건의 재판에서도 유력한 자료가 되는 것임은 물론이나, 민사재판 등에서
　　제출된 다른 증거내용 등에 비추어 형사판결의 사실판단을 채용하기 어렵다고
　　인정될 경우에는 이를 배척할 수도 있는 것이므로, 법인세 등의 부과처분 취소
　　를 구하는 행정사건에 관한 재판에서 과세절차상의 위법으로 인하여 그 부과처
　　분이 유지될 수 없게 되거나 판결이유에 모순이 있는 등의 특별한 사정이 있는
　　때에는 반드시 관련 형사판결의 사실인정에 기속되어야 하는 것은 아니다(대법원
　　1996. 11. 12. 선고 95누17779 판결【법인세등부과처분취소】).

다. 이 사건의 경우

　　강준수가 도로교통법위반(음주운전) 형사사건에서 무죄를 선고받으면, 이 사건 처분의
취소판결이 내려질 것이다. 반면 강준수에 대한 유죄판결이 확정되면, 위 형사판결의 사실
판단을 배척할 만한 특별한 사정이 없는 한 이 사건 처분의 취소청구 역시 기각될 것이다.

[관련판례]

대법원 2005. 3. 11. 선고 2004두12452 판결【자동차운전면허취소처분취소】

【판시사항】

　제 1 종 대형면허로 운전할 수 있는 차량을 운전면허정지기간 중에 운전한 경우, 이와 관련된 제 1 종 보통면허까지 취소할 수 있는지 여부(적극)

【판결요지】

　한 사람이 여러 종류의 자동차운전면허를 취득하는 경우뿐 아니라, 이를 취소 또는 정지하는 경우에 있어서도 서로 별개의 것으로 취급하는 것이 원칙이고, 제 1 종 대형면허를 가진 사람만이 운전할 수 있는 대형승합자동차는 제 1 종 보통면허를 가지고 운전할 수 없는 것이기는 하지만, 자동차운전면허는 그 성질이 대인적 면허일 뿐만 아니라, 도로교통법시행규칙 제26조 [별표 13의6]에 의하면, 제 1 종 대형면허 소지자는 제 1 종 보통면허 소지자가 운전할 수 있는 차량을 모두 운전할 수 있는 것으로 규정하고 있어, 제 1 종 대형면허의 취소에는 당연히 제 1 종 보통면허소지자가 운전할 수 있는 차량의 운전까지 금지하는 취지가 포함된 것이어서 이들 차량의 운전면허는 서로 관련된 것이라고 할 것이므로, 제 1 종 대형면허로 운전할 수 있는 차량을 운전면허정지기간 중에 운전한 경우에는 이와 관련된 제 1 종 보통면허까지 취소할 수 있다.

대법원 1995. 9. 5. 선고 94누16250 판결【일반목욕장업허가처분취소】

【판시사항】

가. 행정심판청구서에 불비된 사항이 있는 경우 및 그 서면의 취지가 불명확한 경우의 처리방법
나. 처분청에 제출한 처분의 취소를 구하는 취지의 진정서를 행정심판법 제17조 제 1 항 소정의 행정심판청구로 보아야 한다고 판시한 사례

【판결요지】

가. 행정소송의 전치요건인 행정심판청구는 엄격한 형식을 요하지 아니하는 서면행위로 해석되므로, 위법·부당한 행정처분으로 인하여 권리나 이익을 침해당한 자로부터 그 처분의 취소나 변경을 구하는 서면이 제출되었을 때에는 그 표제와 제출기관의 여하를 불문하고, 이를 행정소송법 제18조 소정의 행정심판청구로 보고, 불비된 사항이 보정 가능한 때에는 보정을 명하고 보정이 불가능하거나 보정명령에 따르지 아니한 때에 비로소 부적법 각하를 하여야 할 것

이며, 더욱 심판청구인은 일반적으로 전문적 법률지식을 갖고 있지 못하여 제출된 서면의 취지가 불명확한 경우도 적지 않으나, 이러한 경우에도 행정청으로서는 그 서면을 가능한 한 제출자의 이익이 되도록 해석하고 처리하여야 하는 것이다.

나. 진정서에는 처분청과 청구인의 이름 및 주소가 기재되어 있고, 청구인의 기명날인이 되어 있으며 그 진정서의 기재내용에 의하여 심판청구의 대상이 되는 행정처분의 내용과 심판청구의 취지 및 이유를 알 수 있고, 거기에 기재되어 있지 않은 재결청, 처분이 있는 것을 안 날, 처분을 한 행정청의 고지의 유무 및 그 내용 등의 불비한 점은 어느 것이나 그 보정이 가능한 것이므로, 처분청에 제출한 처분의 취소를 구하는 취지의 진정서를 행정심판청구로 보아야 한다고 판시한 사례.

대법원 1995. 9. 29. 선고 95누5332 판결【건물철거대집행계고처분등취소】

【판시사항】

가. 국민고충처리위원회에 대한 고충민원의 신청을 행정심판청구로 볼 수 있는지 여부

나. 국민고충처리위원회에 대한 고충민원신청서의 제출을 예외적으로 행정심판청구로 볼 수 있는 경우

【판결요지】

가. 행정규제및민원사무기본법의 관계 규정을 종합하여 보면, 국민고충처리제도는 국무총리 소속하에 설치된 국민고충처리위원회로 하여금 행정과 관련된 국민의 고충민원을 상담·조사하여 행정기관의 처분 등이 위법·부당하다고 인정할 만한 상당한 이유가 있는 경우에 관계 행정기관의 장에게 적절한 시정조치를 권고하도록 함으로써 국민의 불편과 부담을 시정하기 위한 제도로서 행정심판법에 의한 행정심판 내지 다른 특별법에 따른 이의신청, 심사청구, 재결의 신청 등의 불복구제절차와는 제도의 취지나 성격을 달리하고 있으므로 국민고충처리위원회에 대한 고충민원의 신청이 행정소송의 전치절차로서 요구되는 행정심판청구에 해당하는 것으로 볼 수는 없다.

나. 다만 국민고충처리위원회에 접수된 신청서가 행정기관의 처분에 대하여 시정을 구하는 취지임이 내용상 분명한 것으로서 국민고충처리위원회가 이를 당해 처분청 또는 그 재결청에 송부한 경우에 한하여 행정심판법 제17조 제2항, 제7항의 규정에 의하여 그 신청서가 국민고충처리위원회에 접수된 때에 행정심판청구가 제기된 것으로 볼 수 있다.

제 2 회 법무부 모의고사

제 2 장

— 게임문화진흥법 위헌확인 —

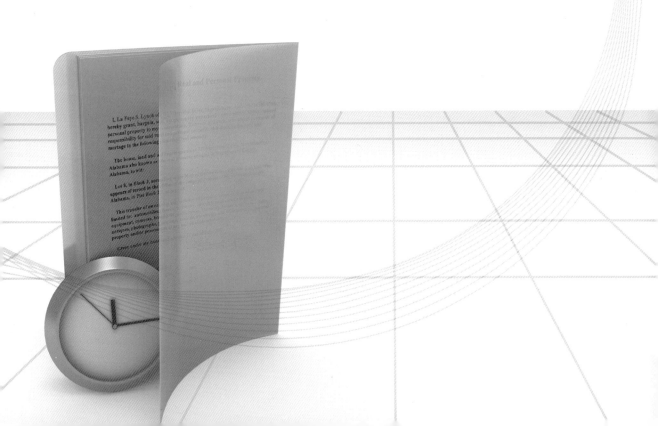

Contents
목 차

공법 기록형 문제

2011. 1. 19.

법 무 부

【문   제】

1. 의뢰인 김판매는 게임문화진흥법위반죄로 기소된 후, 이권리 변호사를 변호인으로 선임하였다.
2. 이권리 변호사는 수사기록을 검토한 바, 의뢰인에게 적용된 법률조항들이 헌법에 위반되는지 여부를 다투어볼 만하다고 판단하여 위헌법률제청신청을 하였다.
3. 위 위헌법률심판제청신청서를 작성하시오.

【유의사항】

1. 설문의 위 「게임문화진흥법」은 가상의 것이며, 이와 다른 내용의 현행 법률이 있다면 현행 법률에 우선하는 것으로 함.
2. 위헌법률심판제청신청서는 이권리 변호사가 작성했던 날에 접수한 것으로 함.
3. 각종 서류 등에 필요한 서명과 날인 또는 무인과 간인 등은 모두 적법하게 갖추어진 것으로 볼 것.
4. 서술어는 경어를 사용할 것.

참고자료 1 - 위헌법률심판제청신청서 서식례

위헌법률심판제청신청

사　　건 : ○○지방법원 2002가합0000 분담금
원　　고 : 교통안전공단
피　　고 : ○○해운(주)

신 청 인 : 피고

신청 취지

"교통안전공단법 제13조 제2항 제1호의 위헌 여부에 대한 심판을 제청한다"라는 결정을 구합니다.

신청 이유

I. 쟁점의 정리

II. 재판의 전제성

  … 따라서 위 법률의 위헌 여부는 현재 ○○지방법원 2002가합0000호로 계속 중인 분담금 청구소송에서의 재판의 전제가 됩니다.

III. 위 법률조항의 위헌 이유

IV. 결　　어

  앞에서 살펴본 바와 같이 … 위헌이라고 판단되므로, 신청인의 소송대리인은 귀원에 위헌법률심판을 제청해 주실 것을 신청합니다.

20　　.　　.　　.

위 신청인의 대리인 변호사　　○○○　　(인)

○○지방법원 제3민사부 귀중

참고자료 2 - 게임문화진흥법(발췌)

제 1 조(목적)

이 법은 게임물의 이용에 관한 사항을 정하여 게임산업을 진흥하고 국민의 건전한 게임문화를 확립함으로써 국민의 문화적 삶의 질 향상에 이바지함을 목적으로 한다.

제 2 조(정의)

이 법에서 사용하는 용어의 정의는 다음과 같다.

1. "게임물"이라 함은 컴퓨터프로그램 등 정보처리 기술이나 기계장치를 이용하여 오락을 할 수 있게 하거나 이에 부수하여 여가선용, 학습 및 운동효과 등을 높일 수 있도록 제작된 영상물 또는 그 영상물의 이용을 주된 목적으로 제작된 기기 및 장치를 말한다.
2. 게임물의 "수입"이라 함은 외국에서 제작된 게임물(게임물의 원판을 포함한다. 이하 "외국게임물"이라 한다)을 영리를 목적으로 외국게임물을 국내로 들여 오는 것을 말한다.
3. 게임물의 "반입"이라 함은 외국게임물을 영리를 목적으로 하지 아니하고 국내로 들여 오는 것을 말한다.
4. "게임물 제작업자"라 함은 게임물의 기획제작 또는 복제제작을 통하여 영업을 영위하는 자를 말한다.
5. "게임물 유통관련업자"라 함은 영리를 목적으로 다음 각목의 영업을 영위하는 자를 말한다.
   가. 게임물 유통업
   (1) 게임물 배급업 : 게임물을 수입(원판 수입을 포함한다)하거나 그 저작권을 소유 · 관리하여 게임물의 유통을 주된 부분으로 하는 영업
   (2) 게임물 판매업 : 게임물 자체를 직접 판매 또는 배포(영리를 목적으로 하지 아니하는 경우를 제외한다)하는 영업
   나. 게임제공업 : 게임시설 또는 게임기구를 갖추고 게임물을 이용하여 대중오락을 제공하는 영업(다른 영업을 경영하면서 이용자의 유치 또는 광고 등을 목적으로 게임시설 또는 게임기구를 설치하여 대중오락을 하게 하는 경우를 포함한다)을 말하며, 필요한 경우에는 대통령령으로 업종을 세분할 수 있다. 다만, 「사행행위 등 규제 및 처벌특례법」에 의한 사행기구를 갖추어 사행행위를 하는 경우 및 관광진흥법에 의한 카지노업을 하는 경우를 제외한다.

제 3 조(게임산업 진흥시책의 수립 · 시행)

① 문화체육관광부장관은 게임산업의 진흥을 위한 시책(이하 "진흥시책"이라 한다)을 수립 · 시

행하여야 한다.

② 진흥시책에는 다음 각 호의 사항이 포함되어야 한다.

1. 게임산업 진흥의 기본방향

2. 창작활동의 활성화에 관한 사항

3. 기술개발과 기술수준의 향상에 관한 사항

4. 유통시설의 확충, 유통업체의 전문화등 유통구조의 개선에 관한 사항

5. 게임산업의 진흥을 위한 재원확보 및 운영에 관한 사항

6. 전문인력 양성에 관한 사항

7. 기타 게임산업의 진흥에 관한 중요사항

③ 문화체육관광부장관은 진흥시책을 수립하거나 이의 시행을 위하여 필요한 때에는 관계행정기관단체 또는 개인 등에게 협조를 요청할 수 있다. 이 경우 협조요청을 받은 자는 특별한 사정이 없는 한 이에 협조하여야 한다.

제 4 조(등록)

① 게임물 제작업자 또는 유통관련업자가 되고자 하는 자는 대통령령이 정하는 바에 의하여 문화체육관광부장관에게 등록하여야 한다. 다만, 다음 각 호의 1에 해당하는 경우에는 그러하지 아니하다.

1. 국가 또는 지방자치단체가 제작하는 경우

2. 법령에 의하여 설립된 교육연수기관이 자체교육·연수의 목적에 사용하기 위하여 제작하는 경우

3. 「정부투자기관 관리기본법」 제 2 조의 규정에 의한 정부투자기관 또는 정부출연기관이 그 사업의 홍보에 사용하기 위하여 제작하는 경우

4. 그 밖에 게임기기 자체만으로는 오락을 할 수 없는 기기를 제작하는 경우 등 대통령령이 정하는 경우

② 게임제공업을 하고자 하는 자는 문화체육관광부령이 정하는 시설을 갖추고 제 1 항의 등록을 하여야 한다.

제 5 조(결격사유)

다음 각 호의 1에 해당하는 자는 게임물 제작업 또는 유통관련업의 등록을 할 수 없다.

1. 미성년자·한정치산자 또는 금치산자

2. 파산선고를 받고 복권되지 아니한 자

3. 이 법에 위반하여 금고이상의 형의 선고를 받고 그 형의 집행이 종료되거나 집행을 받지 아

니하기로 확정된 후 1년이 경과되지 아니한 자

4. 이 법에 위반하여 형의 집행유예의 선고를 받고 그 집행유예기간 중에 있는 자

5. 제1호 내지 제4호의 1에 해당하는 자가 그 대표자 또는 임원으로 되어 있는 법인

제 6 조(표시의무)

① 영리를 목적으로 게임물을 제작 또는 수입하거나 이를 복제한 자는 당해 게임물마다 제작 또는 수입하거나 이를 복제한 자의 상호, 등록번호, 제조연월일·수입연월일, 제22조 제 2 항 각 호의 규정에 의한 등급 또는 출판사의 상호(도서에 부수되는 게임물에 한한다) 등을 표시하여야 한다.

② 기타 표시사항, 표시방법 등 표시에 관하여 필요한 사항은 문화체육관광부령으로 정한다.

제 7 조(등록사항의 변경)

제 4 조에 의하여 등록을 한 자(이하 "등록업자"라 한다)가 대통령령이 정하는 중요사항을 변경하고자 하는 경우에는 문화체육관광부장관 또는 시장·군수·자치구의 구청장(이하 "등록청"이라 한다)에게 변경등록을 하여야 하며, 기타 등록사항을 변경하고자 할 때에는 대통령령이 정하는 바에 의하여 등록청에 신고하여야 한다.

제 8 조(등록증 등)

① 등록청은 등록업자에게 그 업종을 구분하여 등록증을 지체 없이 교부하여야 하며, 제7조의 규정에 의한 변경등록 또는 변경신고를 한 경우에는 등록증을 갱신교부하여야 한다.

② 등록업자가 당해 영업을 폐지한 때에는 폐지한 날부터 7일 이내에 등록증을 등록청에 반납하여야 한다.

③ 제 1 항의 규정에 의하여 등록증을 반납하지 아니하는 경우에는 등록청은 사실확인절차를 거쳐 직권으로 등록을 말소할 수 있다.

제 9 조(게임물 유통관련업자의 준수사항)

게임물 유통관련업자는 다음 각 호의 사항을 지켜야 한다.

1. 게임제공업소를 운영하는 자는 이용자에게 게임물을 이용하여 도박 기타 사행행위를 하게 하거나 이를 하도록 내버려 두어서는 아니된다.

2. 게임물 유통관련업자는 이 법 또는 이 법에 의한 명령에 위반하여 제작된 게임물을 이용하여 영업하여서는 아니된다.

3. 게임제공업소를 운영하는 자는 연소자(18세 미만의 자를 말한다. 이하 같다)를 대통령령이

정하는 출입시간 외에 출입하게 하여서는 아니된다.

4. 게임물 유통관련업자는 영업장 내에서 화재 또는 안전사고 예방을 위한 조치를 강구하여야 한다.

5. 게임물 유통관련업자는 건전한 영업질서의 유지를 위하여 제1호 내지 제4호 외에 대통령령이 정하는 사항을 준수하여야 한다.

제10조(등록취소 등)

① 등록청은 등록업자가 다음 각 호의 1에 해당하는 때에는 그 등록을 취소하거나 6월 이내의 기간을 정하여 당해 영업의 정지를 명할 수 있다.

1. 허위 기타 부정한 방법으로 등록한 때

2. 제4조 제2항의 규정에 의한 시설기준을 위반할 때

3. 제5조 각 호의 1에 해당하게 된 때(법인의 대표자나 임원이 그 사유에 해당하게 된 경우로서 3월 이내에 그 대표자나 임원을 개임한 경우를 제외한다)

4. 제6조의 규정에 의한 표시의무를 이행하지 아니한 때

5. 제7조의 규정에 의한 변경등록 또는 변경신고를 하지 아니한 때

6. 제9조의 규정에 의한 준수사항을 위반한 때

7. 정당한 사유 없이 1년 이상 계속하여 국산게임물의 제작실적이 없을 때(제작업자에 한한다)

8. 제31조 제1항 각 호의 규정에 해당하는 게임물을 유통 또는 오락제공을 하거나 유통 또는 오락제공의 목적으로 진열 또는 보관한 때

9. 기타 이 법 또는 이 법에 의한 명령에 위반한 때

② 제1항의 규정에 의하여 등록이 취소된 자는 그 등록취소의 통지를 받은 날부터 7일 이내에 등록증을 등록청에 반납하여야 한다.

③ 다음 각 호의 1에 해당하는 때에는 제4조의 규정에 의한 등록을 할 수 없다.

1. 제1항의 규정에 의하여 등록이 취소된 후 1년이 경과되지 아니하거나 정지명령을 받은 후 그 기간이 종료되지 아니한 자(법인인 경우에는 그 대표자 또는 임원을 포함한다)가 같은 업종을 다시 영위하고자 하는 때

2. 제1항의 규정에 의하여 등록이 취소된 후 1년이 경과되지 아니하거나 정지명령을 받은 후 그 기간이 종료되지 아니한 경우에 같은 장소에서 같은 업종을 다시 영위하고자 하는 때(유통관련업자에 한한다)

④ 등록청은 제10조 제1항의 규정에 의하여 등록을 취소하고자 하는 경우에는 대통령령이 정하는 바에 의하여 청문을 실시하여야 한다.

제12조(게임물심의위원회)

게임물의 윤리성 및 공공성을 확보하고 청소년을 보호하기 위하여 게임물심의위원회(이하 "위원회"라 한다)를 둔다.

제13조(구성)

① 위원은 문화예술·문화산업·청소년·법률·교육·언론·정보통신 분야와 「비영리민간단체지원법」에 의한 비영리민간단체 등에서 종사하고 게임산업·아동 또는 청소년에 대한 전문성과 경험이 있는 자 중에서 대통령이 위촉한다.

② 위원회의 구성방법 및 절차에 관하여 필요한 사항은 대통령령으로 정한다.

③ 위원회에 위원장 1인과 부위원장 1인을 둔다.

④ 위원장과 부위원장은 위원 중에서 호선한다.

⑤ 위원장은 위원회를 대표하고 위원회의 업무를 총괄한다.

⑥ 위원장이 부득이한 사유로 직무를 수행할 수 없을 때에는 부위원장이 그 직무를 대행하며, 위원장과 부위원장이 모두 직무를 수행할 수 없을 때에는 위원 중 연장자의 순으로 그 직무를 대행한다.

⑦ 위원장을 제외한 위원은 비상임으로 한다.

제14조(위원의 임기)

① 위원장·부위원장·위원의 임기는 3년으로 한다.

② 위원의 결원이 생겼을 때에는 결원된 날부터 30일 이내에 보궐위원을 위촉하여야 하며, 보궐위원의 임기는 전임자의 잔임기간으로 한다.

제15조(위원의 대우 및 겸직금지)

① 위원 중 상임위원에 대하여는 보수를 지급하며, 비상임위원은 명예직으로 하되 위원회의 규정이 정하는 바에 따라 직무수행경비 등 실비를 지급할 수 있다.

② 상임위원은 위원회의 규정이 정하는 경우를 제외하고는 영리를 목적으로 하는 다른 직무를 겸직할 수 없다.

제16조(위원의 결격사유)

다음 각 호의 1에 해당하는 자는 위원이 될 수 없다.

1. 공무원(교육공무원 및 법관은 제외한다)

2. 정당법에 의한 당원

3. 국가공무원법 제33조 각 호의 1에 해당하는 자

4. 기타 대통령령이 정하는 자

제17조(위원의 직무상 독립과 신분보장)

① 위원은 임기 중 직무상 어떠한 지시나 간섭을 받지 아니한다.

② 위원은 다음 각 호의 1에 해당하는 경우를 제외하고는 그의 의사에 반하여 면직되지 아니한다.

1. 제16조의 결격사유에 해당하는 경우

2. 장기간의 심신상의 장애로 직무를 수행할 수 없게 된 경우

제18조(위원회의 직무 등)

위원회는 다음 각 호의 사항을 심의·의결한다.

1. 게임물의 수입추천·등급분류에 관한 사항

2. 청소년 유해성 확인에 관한 사항

3. 게임물의 사행성 확인에 관한 사항

4. 게임물의 등급분류에 따른 제작·유통 또는 이용제공 여부의 확인 등 등급분류의 사후관리에 관한 사항

5. 게임물의 등급분류의 객관성 확보를 위한 조사·연구에 관한 사항

6. 위원회규정의 제정·개정 및 폐지에 관한 사항

7. 기타 이 법 또는 다른 법률에 의하여 위원회의 직무 또는 권한으로 규정된 사항

제19조(위원회 규정의 제정과 개정 등)

위원회의 규정을 제정 또는 개정 등을 하고자 할 때에는 20일 이상 미리 예고하여야 하며, 필요한 경우 위원회는 이를 관보 등에 게재·공포할 수 있다.

제20조(지원)

위원회의 운영에 필요한 경비는 국고에서 보조할 수 있다.

제21조(게임물의 수입)

① 외국게임물을 수입하고자 하는 자는 위원회의 추천을 받아야 한다.

② 제1항의 규정에 의한 수입추천을 받지 아니한 외국게임물을 국내에서 제작하고자 할 경우에도 제1항의 규정에 의한 추천을 받아야 한다.

③ 위원회는 외국게임물이 다음 각 호의 1에 해당하는 경우에는 수입추천을 할 수 없다.

1. 헌법의 민주적 기본질서에 위배되거나 국가의 권위를 손상할 우려가 있는 경우
2. 폭력·음란 등의 과도한 묘사로 미풍양속을 해치거나 사회질서를 문란하게 할 우려가 있는 경우
3. 국제적 외교관계, 민족의 문화적 주체성 등을 훼손하여 국익을 해할 우려가 있는 경우

제22조(등급분류)

① 게임물을 유통 또는 오락제공을 목적으로 제작하거나 수입 또는 반입 추천을 받고자 하는 자는 미리 당해 게임물의 내용에 관하여 위원회의 등급분류를 받아야 한다. 다만, 문화체육관광부장관이 추천하는 전시회 등에 오락제공하는 게임물과 대통령령이 정하는 경우에는 그러하지 아니하다.

② 제 1 항의 규정에 의한 등급은 다음 각 호와 같고, 등급의 분류기준과 절차는 위원회의 규정으로 정한다. 다만, 게임제공업소에서만 사용하고자 하는 게임물은 제 1 호 및 제 3 호의 등급만 분류할 수 있다.

1. 전체이용가 : 연령에 제한 없이 누구나 이용할 수 있는 게임물
2. 12세이용가 : 12세 미만의 자가 이용할 수 없는 게임물
3. 18세이용가 : 18세 미만의 자가 이용할 수 없는 게임물

③ 위원회는 사행성이 지나쳐서 제 2 항 제 1 호 내지 제 3 호의 등급을 부여할 수 없다고 인정하는 게임물에 대해서는 제 2 항의 규정에 불구하고 사용불가로 결정할 수 있다. 이 경우 사용불가로 결정된 게임물은 어떤 방식으로든지 유통 또는 오락제공되어서는 아니된다.

④ 위원회는 제 3 항의 규정에 의하여 등급을 분류함에 있어서 게임물의 내용이 제21조 제 3 항 각 호의 1에 해당된다고 인정되는 경우에는 당해 게임물의 충분한 내용검토 등을 위하여 3월 이내의 기간을 정하여 그 등급의 분류를 보류할 수 있다.

⑤ 누구든지 제 1 항의 규정에 의하여 등급분류를 받지 아니하거나 등급분류를 받은 게임물과 다른 내용의 게임물을 제작·유통 또는 오락제공하여서는 아니되며, 제 2 항 제 3 호에 해당하는 게임물은 연소자에게 유통 또는 오락제공을 하여서는 아니된다.

⑥ 위원회는 게임물의 등급판정을 위하여 게임물을 제작하거나 수입 또는 반입을 하고자 하는 자에게 자료제출 등 필요한 요구를 할 수 있다.

제23조(재등급분류 등의 신청)

① 제22조의 규정에 의한 등급의 분류 및 등급분류의 보류에 관한 위원회의 결정에 대하여 이의가 있는 자는 그 결정을 통지받은 날부터 30일 이내에 구체적인 사유를 명시하여 위원회에 재등급분류 등을 신청할 수 있다.

② 위원회는 제1항의 규정에 의한 재등급분류 등의 신청을 받은 때에는 15일 이내에 재등급분류 등을 실시하여야 하고 재등급분류 등의 내용은 당사자 또는 대리인에게 공개하여야 한다.

③ 제1항의 규정에 의한 재등급분류 등의 절차·방법 등 필요한 사항은 위원회의 규정으로 정한다.

제24조(선전물의 배포·게시 제한)

① 위원회는 게임물에 관한 광고와 선전물이 배포·게시되는 경우에 연소자에 대한 유해성여부를 확인할 수 있다.

② 제1항의 규정에 의하여 위원회에서 연소자에 대하여 유해성이 있다고 확인한 광고나 선전물은 배포·게시할 수 없다.

③제1항 및 제2항의 규정에 의한 유해성여부의 확인방법, 절차 기타 필요한 사항은 위원회의 규정으로 정한다.

제25조(자료의 요구)

문화체육관광부장관은 시·도지사, 시장·군수·구청장(자치구의 구청장을 말한다. 이하 같다) 또는 위원회의 이 법에 의한 업무에 관하여 자료의 제출을 요구할 수 있다.

제31조(폐쇄 및 수거조치 등)

① 문화체육관광부장관, 시·도지사, 시장·군수·구청장은 다음 각 호의 1에 해당하는 게임물을 발견한 때에는 관계공무원으로 하여금 이를 수거하여 폐기하게 할 수 있다.

1. 제21조 제1항 또는 제2항의 규정에 의한 추천을 받지 아니하고 수입·제작 또는 반입된 게임물

2. 제22조 제5항의 규정에 의한 등급분류를 받지 아니하거나 등급분류를 받은 게임물과 다른 내용의 게임물

② 제1항의 규정에 의하여 관계공무원이 당해 게임물을 수거한 때에는 그 소유자 또는 점유자에게 수거증을 교부하여야 한다.

③ 제2항의 규정에 의하여 게시물의 부착·봉인·수거 기타 처분을 하는 관계공무원은 그 권한을 표시하는 증표를 지니고 관계인에게 이를 내보여야 한다.

제45조(벌칙)

다음 각 호의 1에 해당하는 자는 5년 이하의 징역 또는 5천만 원 이하의 벌금에 처한다.

1. 도박, 기타 사행행위에 제공할 목적으로 게임물을 제작·판매 또는 변조하거나 이를 위하여

게임물을 소지한 자

2. 제21조 제 1 항 또는 제 2 항의 규정에 의한 추천을 받지 아니하고 외국게임물을 수입한 자

3. 제22조 제 5 항의 규정을 위반하여 등급분류를 받지 아니하거나 등급분류를 받은 게임물과 다른 내용의 게임물을 제작·유통 또는 오락제공한 자

제46조(벌칙)

다음 각 호의 1에 해당하는 자는 2년 이하의 징역 또는 2천만 원 이하의 벌금에 처한다.

1. 제21조 제 1 항 또는 제 2 항의 규정에 위반하여 외국게임물을 부정한 방법으로 수입추천 또는 제작추천을 받은 자

2. 제31조 제 1 항 각 호의 규정에 해당하는 게임물을 유통 또는 오락제공을 하거나 유통 또는 오락제공의 목적으로 진열 또는 보관한 자

공 판 기 록

구속만료		미결구금
최종만료		2일
대행갱신 만 료		

서울중앙지방법원
형사제1심소송기록

기 일	사건번호	2010고단4965	담임	형사 15 단독	주심	
1회기일						
1/12 A10						
1/26 P2						
	사 건 명	게임문화진흥법위반				
	검 사	엄한우		2010년 형제12382호		
	피 고 인	김판매				
	공소제기일	2010. 10. 8.				
	변 호 인	변호사 이권리				

확 정	
보존종기	
종결구분	
보 존	

	담 임	과 장	국 장	재판장	원 장
완결 공람					

접 수 공 람	과 장	국 장	원 장
	㉑	㉑	㉑

공 판 준 비 절 차

회부 일 수명법관 지정 자	수명법관 이름	재 판 장	비 고

법 정 외 에 서 지 정 하 는 기 일

기일의 종류	일 시				재 판 장	비 고
1회 공판기일	2011.	1.	12.	10 : 00	㉑	

서울중앙지방법원

목 록		
문 서 명 칭	장 수	비 고
증거목록	17	검 사
증거목록	(생략)	피고인 및 변호인
공소장	18	
변호인선임신고서	20	
공판조서(제1회)	21	

서울중앙지방법원

목 록 (구속관계)		
문 서 명 칭	장 수	비 고
긴급체포서	(생략)	
석방보고서	(생략)	

증 거 목 록 (증거서류 등)

2010고단4965

2010형 제12382호   신청인 : 검 사

순번	증 거 방 법					참조사항 등	신청기일	증거의견		증거결정		증거조사기일	비고
	작성	쪽수(수)	쪽수(증)	증 거 명 칭	성 명			기일	내용	기일	내용		
1	검사	10		피의자신문조서			1	1	○				
2	사경	14		압수조서			1	1	○				
3	사경	16		피의자신문조서			1	1	○				
4	사경			압수된 게임 DVD (증제1, 2호)		기재생략	1	1	○	기재생략			

※ 증거의견 표시 – 피의자신문조서 : 인정 ○, 부인 ×
　　　　　　　　　(여러 개의 부호가 있는 경우, 성립/임의성/내용의 순서임)
　　　　　　　 – 기타 증거서류 : 동의 ○, 부동의 ×
※ 증거결정 표시 : 채 ○, 부 ×
※ 증거조사 내용은 제시, 내용고지

서울중앙지방검찰청

2010. 10. 8.

사건번호   2010년 형제12382호
수 신 자   서울중앙지방법원
제   목   공소장

검사 정준배는 아래와 같이 공소를 제기합니다.

Ⅰ. 피고인 관련사항

피 고 인   김판매 (700115-1715***), 40세

직업   무직

주거   서울 관악구 칠팔동 236 건실아파트 204동 1903호

등록기준지   경북 김천시 능라면 노아리 404

죄   명   게임문화진흥법위반

적용법조   게임문화진흥법 제45조 제 2 호, 제21조 제 1 항, 제46조 제 2 호, 제31조 제 1 항 제 1 호, 제45조 제 3 호, 제22조 제 5 항, 형법 제37조, 제38조, 제48조 제 1 항

구속여부   불구속

변 호 인   없음

Ⅱ. 공소사실

피고인은,

1. 게임물심의위원회의 수입추천을 받지 아니하고,

2009. 7. 1.부터 2010. 6. 3.까지 사이에 서울 관악구 칠팔동 236 건실아파트 204동 1903호에 있는 피고인의 집에서 미국의 amazon.com 등의 사이트를 통해 폭력적이고 음란하여 미풍양속을 해치거나 사회질서를 문란하게 할 우려가 있는 화면들로 이루어진 'EXTRAME' 등 게임 DVD 500여장을 우송받아 외국의 게임물을 수입하였다.

2. 2009. 7. 1.부터 2010. 6. 3.까지 서울 관악구 칠팔동 236 건실아파트 204동 1903호에 있는 피고인의 집에서 게임물심의위원회의 수입추천을 받지 아니하고 수입한 게임 DVD 300여장을 자신이 개설한 인터넷 홈페이지(game****.co.kr)를 통하여 판매하는 방법으로 유통하였다.

3. 2010. 6. 3. 서울 관악구 칠팔동 236 건실아파트 204동 1903호에 있는 피고인의 집에 피고인

의 집에서 게임물심의위원회의 수입추천을 받지 아니하고 수입한 게임 DVD 중 팔다 남은 게임 DVD 219장을 유통목적으로 보관하였다.

Ⅲ. 첨부서류
1. 긴급체포서   1통
2. 석방보고서   1통

검사   정 준 배   ㉑

변호인선임신고서

피 고 인   김 판 매

사   건   2010고단4965(게임문화진흥법위반)

위 사건에 관하여 변호사 **이 권 리** 를 변호인으로 선임하고 연서하여 이에 신고함.

2010년   12월   20일

선임인   김판매   ㉑

위 변호인 변호사   이권리   ㉑
주소   서울 서초구 서초동 25 백조빌딩 313호
전화   597-21**

서울중앙지방법원 형사 제15단독   귀중

서울중앙지방법원

공 판 조 서

제 1 회

사 건	2010고단4965	게임문화진흥법위반	
재판장 판사	조명판	기 일 : 2011. 1. 12. 10:00	
		장 소 : 제319호 법정	
		공개 여부 : 공개	
법 원 주 사	백진호	고지된	
		다음 기일 : 2011. 1. 26. 14:00	
피 고 인	김판매	출석	
검 사	엄한우	출석	
변 호 인	변호사 이권리	출석	

재판장

피고인은 진술을 하지 아니하거나 각개의 물음에 대하여 진술을 거부할 수 있고 이익 되는 사실을 진술할 수 있음을 고지

재판장의 인정신문

성 명 : 김판매

주민등록번호 : 각 공소장 기재와 같음

직 업 : 〃

주 거 : 〃

등 록 기 준 지 : 〃

재판장

피고인에게

주소의 변동이 있을 때에는 이를 법원에 보고할 것을 명하고, 소재가 확인되지 않을 때에는 그 진술 없이 재판할 경우가 있음을 경고

검 사

공소장의 적용법조 중 게임문화진흥법 '제45조 제 3 호, 제22조 제 5 항' 부분은 오기이므로, 삭제한다고 진술

검 사

    공소장에 의하여 공소사실, 죄명, 적용법조 낭독

피고인

    공소사실을 모두 인정한다고 진술

재판장

    증거조사를 하겠다고 고지

증거관계 별지와 같음(검사)

    각 증거조사 결과에 대한 의견을 묻고 권리를 보호함에 필요한 증거조사를

    신청할 수 있음을 고지

소송관계인

    별 의견 없으며, 달리 신청할 증거도 없다고 진술

변호인

    2011. 1. 4.자 위헌법률심판제청신청서 진술

재판장

    변론속행

2011.   1.   12.

법원주사   백진호 ㉑

재판장 판사   조명판 ㉑

증거서류 (검사)

※ 증거분리제출제도의 시행으로 수사기록 중 일부가 증거기록으로 제출된 것임.

제	1	책
제	1	권

서울중앙지방법원

증거서류등(검사)

사 건 번 호	2010고단4965	담임	15 단독	주심	
			부		
	201 노		부		
	201 도		부		

사 건 명	게임문화진흥법위반

검 사	엄한우	2010년 형제12382호

피 고 인	김 판 매	

공소제기일	2010. 10. 8.

1심 선고	201 . . .	항 소	201 . . .
2심 선고	201 . . .	상 고	201 . . .
확 정	201 . . .	보 존	

	제	1	책
	제	1	권

구공판

서 울 중 앙 지 방 검 찰 청
증 거 기 록

검 찰	사건번호	2010년 형제12382호	법원	사건번호	2010년 고단4965호
	검 사	엄 한 우		판 사	

피 고 인	김 판 매

죄 명	게임문화진흥법위반

공소제기일	2010. 10. 8.

구 속	불구속	석 방	

변 호 인	

증 거 물	있 음

비 고	

압 수 조 서

피의자 김판매에 대한 게임문화진흥법위반 피의사건에 관하여 2010. 6. 3. 서울 관악구 칠팔동 236 건실아파트 204동 1903호 피의자의 주소지에서 사법경찰리 경장 김화섭은 사법경찰리 순경 김일택을 참여하게 하고 별지 목록의 물건을 다음과 같이 압수하다.

압 수 경 위

2010. 6. 3. 피의자가 추천을 받지 아니하고 게임물을 수입하여 판매한다는 제보를 접수하여, 피의자의 위 주소지에 임한 바, 피의자가 범행을 자백하면서 별지 압수목록의 물품을 임의 제출하므로 증거물로 사용하기 위하여 영장 없이 압수함.

참여인	성 명	주민등록번호	주 소	서명 또는 날인
	생 략			

2010. 6. 3.

관 악 경 찰 서

사법경찰리 경장 김화섭 ㉑
사법경찰리 순경 김일택 ㉑

압 수 목 록

번호	품 명	수량	피압수자 주거 성명				소유자 주거 · 성명	비고
			1	2	3	④		
			유류자	보관자	소지자	소유자		
1	게임 DVD (EXTRAME)	139장	서울 관악구 칠팔동 236 건실아파트 204동 1903호 김판매 (700115−1715***)				좌동	
2	게임 DVD (XXX fighter)	80장	상동				상동	

피의자신문조서

성　　명 : 김판매

　위의 사람에 대한 게임문화진흥법위반 피의사건에 관하여 2010. 6. 4. 관악경찰서 수사과 사무실에서 사법경찰리 경장 김화섭은 사법경찰리 순경 장원길을 참여하게 하고, 아래와 같이 피의자임에 틀림없음을 확인한다.

문　　　피의자의 성명, 주민등록번호, 직업, 주거, 등록기준지 등을 말하시오.

답　　　성명은　　　　　　김판매

　　　　주민등록번호는　700115-1715***　　만 40세

　　　　직업은　　　　　　무직

　　　　직장주소 및 전화번호는 없음

　　　　주거는　　　　　　서울 관악구 칠팔동 236 건실아파트 204동 1903호

　　　　등록기준지는　　　경북 김천시 능라면 노아리 404

　　　　연락처는

　　　　자택 전화 : 02-88*-***1　　휴대 전화 : 010-5**-***5

　　　　직장 전화 : 없음　　　　　전자우편(E-mail) : 없음

입니다.

　사법경찰리는 피의사실의 요지를 설명하고 사법경찰리의 신문에 대하여 「형사소송법」 제244조의3에 따라 진술을 거부할 수 있는 권리 및 변호인의 참여 등 조력을 받을 권리가 있음을 피의자에게 알려주고 이를 행사할 것인지 그 의사를 확인하다.

진술거부권 및 변호인 조력권 고지 등 확인

1. 귀하는 진술을 하지 아니하거나 개개의 질문에 대하여 진술을 하지 아니할 수 있습니다.
2. 귀하가 진술을 하지 아니하더라도 불이익을 받지 아니합니다.
3. 귀하가 진술을 거부할 권리를 포기하고 행한 진술은 법정에서 유죄의 증거로 사용될 수 있습니다.
4. 귀하가 신문을 받을 때에는 변호인을 참여하게 하는 등 변호인의 조력을 받을 수 있습니다.

문 피의자는 위와 같은 권리들이 있음을 고지받았는가요.
답 예. 고지받았습니다.
문 피의자는 진술거부권을 행사할 것인가요.
답 아닙니다.
문 피의자는 변호인의 조력을 받을 권리를 행사할 것인가요.
답 아닙니다. 혼자서 조사를 받겠습니다.

이에 사법경찰리는 피의사실에 관하여 다음과 같이 피의자를 신문하다.

문 범죄전력이 있나요.
답 2002. 5. 14. 서울중앙지방법원에서 절도죄로 징역 10월에 집행유예 2년을 선고받은 외에 실형 전과가 2회 더 있습니다.
문 군대는 갔다 왔나요.
답 육군에서 보충역으로 병역을 마쳤습니다.
문 학력은 어떠한가요.
답 **대학교 화공과를 졸업하였습니다.
문 사회경력은 어떠한가요.
답 군복무를 마친 후 약 1년간 직장생활을 한 이외에 특별한 경력은 없습니다.
문 피의자는 게임 DVD를 수입하여 유통한 일이 있나요.
답 예, 게임 DVD를 수입하고, 제가 개설한 인터넷 홈페이지를 통하여 팔았습니다.
문 언제 어디서 얼마나 수입한 것인가요.
답 2009. 7. 1.부터 2010. 6. 3.까지 사이에 서울 관악구 칠팔동 236 건실아파트 204동 1903호에 있는 집에서 인터넷을 통하여 미국의 amazon.com 등에서 게임 DVD 500여장을 수입한 사실이 있습니다.

문   게임물심의위원회의 수입추천을 받았나요.

답   수입추천을 받지 못했습니다.

문   수입한 위 게임 DVD를 어떻게 하였나요.

답   인터넷을 통해 판매하였습니다.

문   어떤 방법인가요.

답   인터넷에 game****.co.kr이란 홈페이지를 만들어 놓고, 외국 게임 DVD를 판매 한다면서 목록을 게시해 두면 연락이 옵니다. 그러면 동아은행 관악지점에 개설된 제 명의의 40****-81-025560 계좌로 대금을 받고, 게임 DVD를 보내줍니다.

문   팔지 못한 나머지 게임 DVD는 어떻게 하였나요.

답   팔려고 저의 집에 보관하고 있다가 이번에 압수당하였습니다.

문   게임물의 내용은 어떤 것인가요.

답   'EXTRAME'은 인육을 집어던지거나, 경찰관에게 총을 쏘는 장면이 나오고, 'XXX fighter'는 게임의 진행에 따라 여성의 나신이 적나라하게 드러나도록 구성되어 있습니다.

문   그래서 추천을 신청하지 않고 수입을 한 것인가요.

답   그런 것은 아니고 ….

문   이상의 진술에 특별한 의견이나 이의가 있는가요.

답   없습니다.

위의 조서를 진술자에게 열람하게 하였던바, 진술한 대로 오기나 증감·변경할 것이 전혀 없다고 말하므로 간인한 후 서명 무인하게 하다.

진술자   김 판 매 (무인)

2010.   6.   4.

관 악 경 찰 서

사법경찰리 경장 김 화 섭 ㉑
사법경찰리 순경 장 원 길 ㉑

피의자신문조서

성   명 : 김판매

주민등록번호 : 700115-1715***

　위의 사람에 대한 게임문화진흥법위반 피의사건에 관하여 2010. 9. 29. 서울중앙지방검찰청 1223호 검사실에서 검사 정준배는 검찰주사보 정재기를 참여하게 하고 피의자에 대하여 아래와 같이 신문하다.

문   피의자의 성명, 주민등록번호, 직업, 주거, 등록기준지를 말하시오.

답   성명은   김판매

　　　　　주민등록번호는　700115-1715***　　(40세)

　　　　　직업은　　　　　무직

　　　　　직장주소 및 전화번호는 없음

　　　　　주거는　　　　　서울 관악구 칠팔동 236 건실아파트 204동 1903호

　　　　　자택전화번호는　02-88*-***1

　　　　　등록기준지는　　경북 김천시 능라면 노아리 404

입니다.

　검사는 피의사실의 요지를 설명하고 검사의 신문에 대하여 「형사소송법」 제244조의3에 따라 진술을 거부할 수 있는 권리 및 변호인의 참여 등 조력을 받을 권리가 있음을 피의자에게 알려주고 이를 행사할 것인지 그 의사를 확인한다.

진술거부권 및 변호인 조력권 고지 등 확인

---

1. 귀하는 진술을 하지 아니하거나 개개의 질문에 대하여 진술을 하지 아니할 수 있습니다.
2. 귀하가 진술을 하지 아니하더라도 불이익을 받지 아니합니다.
3. 귀하가 진술을 거부할 권리를 포기하고 행한 진술은 법정에서 유죄의 증거로 사용될 수 있습니다.
4. 귀하가 신문을 받을 때에는 변호인을 참여하게 하는 등 변호인의 조력을 받을 수 있습니다.

문   피의자는 위와 같은 권리들이 있음을 고지받았는가요.
답   예. 고지받았습니다.
문   피의자는 진술거부권을 행사할 것인가요.
답   아닙니다.
문   피의자는 변호인의 조력을 받을 권리를 행사할 것인가요.
답   아닙니다. 혼자서 조사를 받겠습니다.

이에 검사는 피의사실에 관하여 다음과 같이 피의자를 신문하다.

문   피의자는 게임 DVD를 수입하여 유통한 일이 있나요.
답   예, 무허가로 게임 DVD를 수입하여, 제가 개설한 인터넷 홈페이지를 통하여 팔거나, 집에 보관한 일이 있습니다.
문   언제 어디서 얼마나 수입한 것인가요.
답   2009. 7. 1.부터 2010. 6. 3.까지 사이에 서울 관악구 칠팔동 236 건실아파트 204동 1903호에 있는 저의 집에서 미국의 게임 DVD 500여장을 수입하여 300장 정도를 팔고 나머지는 보관하고 있다가 이번에 압수당했습니다.
문   압수된 게임물은 어떤 것인가요.
답   EXTRAME이라는 게임 DVD 139장, XXX fighter라는 게임 DVD가 80장입니다.
문   다른 게임 DVD는 수입하지 않았나요.
답   예, 요즘 EXTRAME하고 XXX fighter가 최고 인기게임이라 그것들을 수입한 겁니다.
문   게임물심의위원회의 수입추천을 받았나요.

답 안 받았다고 경찰서에서 다 말했는데요.

문 왜 수입추천을 받지 않았나요.

답 게임들이 좀 폭력적이고, 야해서 수입추천을 신청해도 허가가 날 것 같지 않아서요.

문 어떤 방법으로 수입하였나요.

답 인터넷으로 주문하고 결제하는데, 저의 집에서 amazon.com같은 미국의 인터넷 사이트에 주문하고 그 대금을 송금해주면 집으로 우송되어 옵니다.

문 수입한 위 게임 DVD를 어떻게 하였나요.

답 인터넷을 통해 판매하였습니다.

문 등급분류도 받지 않았겠네요.

답 예.

문 등급분류를 받지 않고 게임물을 유통한 것도 사실이네요.

답 제가 허가도 안 받고 게임물을 수입한 것인데, 당연히 등급분류를 안 받지요. 등급분류를 받을 생각이었으면 추천을 받아 수입했겠지요.

문 위와 같은 게임 DVD를 수입할 때는 우리나라의 게임 산업과 게임 문화 보호를 위해서 수입추천제도, 등급분류제도를 규정해 놓고 있음에도 불구하고, 피의자와 같이 추천 없이 수입하여 시중에 유통시키면 우리나라 게임물 배급체계가 무너질 뿐 아니라, 청소년들의 정신을 병들게 하는 것을 피의자는 몰랐나요.

답 용돈을 좀 벌 수 있을 것 같아서 그랬는데 잘못했습니다.

문 더 이상 유리한 진술이나 증거가 있나요.

답 죄송합니다.

위 조서를 진술자에게 열람하게 하였던 바 진술한대로 오기나 증감·변경할 것이 전혀 없다고 말하므로 간인한 후 서명무인케하다.

진술자   김 판 매 (무인)

2010.   9.   29.

서 울 중 앙 지 방 검 찰 청

검사   정 준 배 ㉛
검찰주사보   정 재 기 ㉛

Memo

해 답 위 헌 법 률 심 판 제 청 신 청

사   건   2010고단4965   게임문화진흥법위반

피 고 인   김판매

위 사건에 관하여 피고인의 변호인은 아래와 같이 위헌법률심판제청을 신청합니다.

신 청 취 지

"게임문화진흥법 제21조 제 1 항, 제45조 제 2 호, 제31조 제 1 항 제 1 호, 제46조 제 2 호의 위헌여부에 대한 심판을 제청한다"라는 결정을 구합니다.

신 청 이 유

1. 피고인에 대한 공소사실

이 사건 공소장 기재사실과 같이,

피고인은 게임물심의위원회의 수입추천을 받지 아니하고,

1. 2009. 7. 1.부터 2010. 6. 3.까지 사이에 서울 관악구 칠팔동 236 건실아파트 204동 1903호에 있는 피고인의 집에서 미국의 amazon.com 등의 사이트를 통해 폭력적이고

음란하여 미풍양속을 해치거나 사회질서를 문란하게 할 우려가 있는 화면들로 이루어진 'EXTRAME' 등 게임 DVD 500여장을 우송받아 외국의 게임물을 수입하였다.

2. 2009. 7. 1.부터 2010. 6. 3.까지 서울 관악구 칠팔동 236 건실아파트 204동 1903호에 있는 피고인의 집에서 게임물심의위원회의 수입추천을 받지 아니하고 수입한 게임 DVD 300여장을 자신이 개설한 인터넷 홈페이지(game****.co.kr)를 통하여 판매하는 방법으로 유통하였다.

3. 2010. 6. 3. 서울 관악구 칠팔동 236 건실아파트 204동 1903호에 있는 피고인의 집에 피고인의 집에서 게임물심의위원회의 수입추천을 받지 아니하고 수입한 게임 DVD 중 팔다 남은 게임 DVD 219장을 유통목적으로 보관하였다는 것입니다.

2. 위헌제청대상 법률조항 및 관련조항

이 사건 위헌제청대상은 게임문화진흥법(이하 '법'이라 한다) 제21조 제 1 항 외국게임물 수입 때 위원회 추천을 받아야 하는 부분, 제45조 제 2 호 추천을 받지 아니하고 외국게임물을 수입한 부분, 제31조 제 1 항 제 1 호 추천을 받지 아니하고 수입된 게임물을 수거하여 폐기할 수 있다는 부분, 제46조 제 2 호 추천을 받지 아니하고 수입된 게임물을 유통하거나 보관한 부분(이하 '이 사건 법률조항들'이라 한다)이 헌법에 위반되는지 여부인데, 심판대상조항의 내용은 다음과 같습니다.

◼ 게임문화진흥법
제21조(게임물의 수입)
① 외국게임물을 수입하고자 하는 자는 위원회의 추천을 받아야 한다.

제45조(벌칙)
다음 각 호의 1에 해당하는 자는 5년 이하의 징역 또는 5천만 원 이하의 벌금에 처한다.
2. 제21조 제 1 항 또는 제 2 항의 규정에 의한 추천을 받지 아니하고 외국게임물을 수입한 자

제31조(폐쇄 및 수거조치 등)
① 문화체육관광부장관, 시·도지사, 시장·군수·구청장은 다음 각 호의 1에 해당하는 게임물을 발견한 때에는 관계공무원으로 하여금 이를 수거하여 폐기하게 할 수 있다.
1. 제21조 제 1 항 또는 제 2 항의 규정에 의한 추천을 받지 아니하고 수입·제작 또는 반입된 게임물

제46조(벌칙)

다음 각 호의 1에 해당하는 자는 2년 이하의 징역 또는 2천만 원 이하의 벌금에 처한다.

2. 제31조 제 1 항 각 호의 규정에 해당하는 게임물을 유통 또는 오락제공을 하거나 유통 또는 오락제공의 목적으로 진열 또는 보관한 자

3. 재판의 전제성

이 사건 법률조항들의 위헌 여부에 따라 피고인에 대한 공소사실의 유·무죄가 결정되게 되므로, 이 사건 법률조항들의 위헌 여부는 당해 사건 재판의 전제가 됩니다.

4. 위헌제청 이유

가. 외국게임물의 수입과 표현의 자유의 보호영역

⑴ 헌법 제21조 제 1 항은 모든 국민은 언론·출판의 자유를 가진다고 규정하여 언론·출판의 자유를 보장하고 있습니다. 의사표현의 자유는 바로 언론·출판의 자유에 속하고, 이 사건에서 문제되고 있는 게임물은 의사표현의 수단이 되기도 하므로 그 제작·수입 및 유통 등은 헌법 제21조 제 1 항에 의하여 보장을 받는다고 보아야 합니다.

⑵ 외국게임물의 수입·배포행위도 의사형성적 작용이라는 관점에서 당연히 의사의 표현·전파 형식의 하나에 해당함을 인정할 수 있으므로, 외국게임물의 수입·배포행위 역시 언론·출판의 자유의 보호범위 내에 있고, 이러한 영역에 대한 사전검열은 우리나라 헌법이 금지하는 것으로 허용되지 않는다고 할 것입니다.

⑶ 그런데 게임문화진흥법 제21조 제 1 항이 정하고 있는 게임물심의위원회에 의한 수입추천제도는, 실질적으로 행정기관인 게임물심의위원회가 외국게임물의 수입에 앞서 그 내용을 심사하여, 같은 법 제21조 제 3 항의 수입추천 배제사유에 해당하는 외국게임물에 대하여는 수입·유통 등을 금지하고, 수입추천을 받지 아니한 외국게임물을 수입·유통할 경우에는 형사처벌까지 할 수 있도록 하고 있는 점에 비추어, 헌법 제21조 제 2 항이 절대적으로 금지하고 있는 사전검열에 해당됩니다.

나. 검열금지에 관한 헌법규정과 검열의 개념

(1) 우리나라 헌법 제21조 제1항은 "모든 국민은 언론·출판의 자유와 집회·결사의 자유를 가진다"고 규정하여 언론의 자유를 일반적으로 보장하고, 제2항은 "언론·출판에 대한 허가나 검열과 집회·결사에 대한 허가는 인정되지 아니한다"고 규정하여 언론에 대한 검열금지원칙을 헌법에서 명문화하고 있습니다.

(2) 현행헌법은 명문으로 언론에 대한 검열금지원칙을 선언하면서, 헌법이 금지하는 검열이 구체적으로 어떠한 것인지에 대하여는 규정하고 있지 않습니다. 그렇지만 헌법재판소는 일찍이 검열제도의 금지와 그 이유 및 검열개념의 기준을 제시한 바 있습니다(헌법재판소 1996. 10. 4. 선고 93헌가13등 결정【영화법제12조등에대한위헌제청】). 위 결정에서 헌법재판소는 ① 허가를 받기 위한 표현물의 제출의무, ② 행정권이 주체가 된 사전심사절차, ③ 허가를 받지 아니한 의사표현의 금지, ④ 심사절차를 관철할 수 있는 강제수단 등의 요소를 사전검열의 판단기준으로 제시하였습니다.

다. 일반적으로 허가를 받기 위한 표현물제출의무

게임문화진흥법 제21조 제1항은 외국게임물을 수입하고자 하는 자는 위원회의 추천을 받아야 한다고 하며, 제3항은 수입하고자 하는 게임물이 ① 헌법의 민주적 기본질서에 위배되거나 국가의 권위를 손상할 우려가 있는 경우, ② 폭력·음란 등의 과도한 묘사로 미풍양속을 해치거나 사회질서를 문란하게 할 우려가 있는 경우, ③ 국제적 외교관계, 민족의 문화적 주체성 등을 훼손하여 국익을 해할 우려가 있는 경우에는 수입추천을 할 수 없도록 하였습니다. 이러한 법률조항과 제도의 취지에 비추어 볼 때 외국게임물이라는 표현물이 국내에서 유통되기 위해서는 수입추천업무를 담당하는 기관(게임물심의위원회)에 유통 이전에 제출하여야 하는 의무를 부과하고 있습니다.

라. 행정권이 주체가 된 사전심사절차의 존재

(1) 헌법상의 검열금지원칙은 검열이 행정권에 의하여 행하여지는 경우에 한정하여 적용됩니다. 그러므로 외국게임물의 수입추천기관인 게임물심의위원회가 검열과 관련하여 행정기관에 해당하는지 여부가 문제됩니다.

(2) 일찍이 헌법재판소는 영화진흥법(1999. 2. 8. 법률 제5929호로 전문개정된 것) 제21조 제 4 항이 규정하고 있던 영화의 상영등급분류보류제도의 위헌성 여부를 심사하면서, 영상물등급위원회의 성격과 관련하여 "영화에 대한 심의 및 상영등급분류업무를 담당하고 등급분류보류결정권한을 갖고 있는 영상물등급위원회의 경우에도, 비록 이전의 공연윤리위원회나 한국공연예술진흥협의회와는 달리 문화관광부장관에 대한 보고 내지 통보의무는 없다고 하더라도, 여전히 영상물등급위원회의 위원을 대통령이 위촉하고(공연법 18①), 영상물등급위원회의 구성방법 및 절차에 관하여 필요한 사항은 대통령령으로 정하도록 하고 있으며(공연법 18②, 공연법시행령 22), 국가예산의 범위 안에서 영상물등급위원회의 운영에 필요한 경비의 보조를 받을 수 있도록 하고 있는 점(공연법 30) 등에 비추어 볼 때, 행정권이 심의기관의 구성에 지속적인 영향을 미칠 수 있고 행정권이 주체가 되어 검열절차를 형성하고 있다고 보지 않을 수 없다. 영상물등급위원회가 비록 그의 심의 및 등급분류활동에 있어서 독립성이 보장된 기관이라 할지라도(공연법 23), 그것이 검열기관인가 여부를 판단하는 데 있어서 결정적인 것이라고는 할 수 없다. 심의기관의 독립성이 보장되어야 하는 것은 단지 심의절차와 그 결과의 공정성 및 객관성을 확보하기 위하여 모든 형태의 심의절차에 요구되는 당연한 전제일 뿐이기 때문이다. 국가에 의하여 검열절차가 입법의 형태로 계획되고 의도된 이상, 비록 검열기관을 민간인들로 구성하고 그 지위의 독립성을 보장한다고 해서 영화진흥법이 정한 등급분류보류제도의 법적 성격이 바뀌는 것은 아니다. 따라서 이러한 영상물등급위원회에 의한 등급분류보류제도는 '행정권이 주체가 된 사전심사절차'라는 요건도 충족시킨다"(헌법재판소 2001. 8. 30. 선고 2000헌가9 결정【영화진흥법제21조제 4 항위헌제청】)고 한 바 있습니다.

(3) 그런데 게임물심의위원회가 공무원(교육공무원과 법관은 제외)이 아닌 민간인으로 구성되어 있고(법 16(1)), 위원의 직무상 독립과 신분보장을 하더라도(법 17①, ②), ① 게임물심의위원회의 위원을 대통령이 위촉하고(법 13①), ② 위원회의 구성 및 절차에 대하여 대통령령으로 규정하고(법 13②), ③ 위원회규정의 제정·개정 및 폐지를 할 수 있으며(법 16(6)),[1] ④ 위원회 운영경비 국고 보조(법 20)에 비추어

---

1) 헌법재판소는 영화진흥법이 제한상영가 상영등급분류의 구체적 기준을 영상물등급위원회의 규정에 위임하고 있는 것이 포괄위임금지원칙에 위배된다고 한 바 있다. 영진법 제21조 제 7 항 후문 중 '제 3 항 제 5 호' 부분의 위임 규정은 영화상영등급분류의 구체적 기준을 영상물등급위원회의 규정에 위임하고 있는데, 이 사건 위임 규정에서 위임하고 있는 사항은 제한상영가 등급분류의 기준에 대한 것으로

볼 때, 게임물심의위원회는 검열과 관련해서는 그 조직과 구성면에서 행정권의 성격을 가진 행정기관에 해당되는 것으로 볼 수 있습니다.

마. 의사표현 금지의 요건

⑴ 외국게임물이 유통을 위해 수입되기 위해서는 그 수입 이전에 게임물심사위원회로부터 수입추천을 받아야 하고(법 21①), 외국게임물의 내용이 헌법의 민주적 기본질서에 위배되거나 국가의 권위를 손상할 우려가 있는 경우 등 일정한 기준에 해당하는 경우에는 게임물심사위원회가 수입추천을 할 수 없게 되어 있습니다 (법 21③).

⑵ 이러한 법의 내용에 비추어 볼 때, 외국게임물의 내용이 법 및 게임물심사위원회가 정하는 일정한 기준에 해당하는 경우에는 외국게임물 수입업자가 자진해서 문제되는 내용을 삭제하거나 수정하지 않는 한 당해 외국게임물은 원천적으로 국내에서의 유통이 금지될 수 있습니다. 비록 그 외형적인 형태가 '수입추천'이라고는 하지만, 이는 게임물심사위원회의 추천을 받지 아니하는 한 외국게임물을 통한 의사표현이 금지되는 것을 의미하므로, 이 사건 법률조항들이 규정하고 있는 수입추천제도는 실질적으로 허가를 받지 아니한 의사표현의 금지에 해당하는 것으로 평가할 수 있습니다.

바. 심사절차를 관철할 수 있는 강제수단의 존재

⑴ 추천을 받지 않고 외국게임물을 수입하거나 또는 추천을 받지 아니하고 수입된 외국게임물을 유통하거나 유통목적으로 보관하였을 경우에는 각 형사벌이 부과되고(법 45⑵), 수입추천이 없는 외국게임물을 유통 또는 오락제공을 하거나 유통 또는 오락제공의 목적으로 진열 또는 보관하면 형사처벌을 받습니다(법 46⑵). 또한 수입추천이 없는 수입 게임물은 문화체육관광부장관 등은 관계공무원으로

그 내용이 사회현상에 따라 급변하는 내용들도 아니고, 특별히 전문성이 요구되는 것도 아니며, 그렇다고 기술적인 사항도 아닐 뿐만 아니라, 더욱이 표현의 자유의 제한과 관련되어 있다는 점에서 경미한 사항이라고도 할 수 없는데도, 이 사건 위임 규정은 영상물등급위원회 규정에 위임하고 있는바, 이는 그 자체로서 포괄위임금지원칙을 위반하고 있다고 할 것이다. 나아가 이 사건 위임 규정은 등급분류의 기준에 관하여 아무런 언급 없이 영상물등급위원회가 그 규정으로 이를 정하도록 하고 있는바, 이것만으로는 무엇이 제한상영가 등급을 정하는 기준인지에 대해 전혀 알 수 없고, 다른 관련규정들을 살펴보더라도 위임되는 내용이 구체적으로 무엇인지 알 수 없으므로 이는 포괄위임금지원칙에 위반된다 할 것이다(헌법재판소 2008. 7. 31. 선고 2007헌가4 결정【영화진흥법제21조제3항제5호등위헌제청】).

하여금 이를 수거하여 폐기하게 할 수 있습니다(법 31①, ⑤).

(2) 이와 같이 이 사건 법률조항들에 의해 인정되고 있는 외국게임물 수입추천제도
는 그 절차를 관철하는 수단으로서 형사처벌 규정 및 강제수거·폐기규정을 수
반하고 있으므로, 심사절차를 관철할 수 있는 강제수단이라는 요소도 구비하고
있습니다.

사. 소   결

(1) 사전검열로 위헌

따라서 이 사건 법률조항들이 규정하고 있는 외국게임물 수입추천제도는, 외국게임
물의 수입·배포라는 의사표현 행위 전에 표현물을 행정기관의 성격을 가진 게임심사위
원회에 제출토록 하여 표현행위의 허용여부를 행정기관의 결정에 좌우되게 하고, 이를 준
수하지 않는 자들에 대하여 형사처벌 등의 강제조치를 규정하고 있습니다. 따라서 허가를
받기 위한 표현물의 제출의무, 행정권이 주체가 된 사전심사절차, 허가를 받지 아니한 의
사표현의 금지, 심사절차를 관철할 수 있는 강제수단이라는 요소를 모두 갖추고 있으므
로, 우리나라 헌법이 절대적으로 금지하고 있는 사전검열에 해당되어 위헌이라고 할 것입
니다.

(2) 과도한 표현의 자유의 제한으로 위헌

설령 외국게임물 수입추천제도가 사전검열이 아니라고 할지라도 표현의 자유를 과
도하게 제한하여 위헌을 면할 수 없습니다. 국내 게임산업을 진흥하고 국민의 건전한
게임문화를 확립하여 문화적 삶의 질 향상에 이바지 하려는 이 법의 목적(법 1)과 함께
성장기에 있는 청소년이 유해성 게임물에 접촉되지 않도록 하려는 게임심사위원회의 직
무(법 18⑵) 등을 규정한 목적의 정당성과 청소년 보호 등을 위한 수단의 적합성은 긍정
될 수 있습니다. 그렇지만 입법목적을 달성하기 위하여 수입게임물의 등급분류 제도와
같은 보다 덜 침해적인 수단의 도입이 가능하다는 점에서 피해의 최소성을 침해하였다
고 할 수 있으며, 수입추천 여부 등에 관한 권한을 가지는 행정기관의 우월적인 지위와
그로 인하여 침해받는 사익의 중대성과 이 사건 법률조항들의 위반시에 그 처벌 법정형
이 무거워서 법익균형성을 상실하고 있기 때문에 위헌이라고 할 것입니다.

5. 결   론

　　따라서 이 사건 법률조항들은 그 위헌 여부가 이 사건 재판의 전제가 되고, 위헌으로 인정할 만한 상당한 이유가 있으므로, 피고인의 변호인은 헌법재판소에 위헌법률심판을 제청해 줄 것을 신청합니다.

2011.　　1.　　4.

피고인의 변호인

변호사　이 권 리

서울중앙지방법원 형사 제15단독　　귀중

관리번호	시험과목명 **공법**	**기 록 형**	시험관리관 확 인	점 수	채점위원인

위 헌 법 률 심 판 제 청 신 청

사　　건　　　　2010고단4965　　　　게임문화진흥법위반

피 고 인　　　김판매

위 사건에 관하여 피고인의 변호인은 아래와 같이 위헌법률심판제청을 신청합니다.

신 청 취 지

"게임문화진흥법 제21조 제 1 항, 제45조 제 2 호, 제31조 제 1 항 제 1 호, 제46조 제 2 호의 위헌여부에 대한 심판을 제청한다"라는 결정을 구합니다.

신 청 이 유

1. 피고인에 대한 공소사실

이 사건 공소장 기재사실과 같이,

피고인은 게임물심의위원회의 수입추천을 받지 아니하고,

① 2009. 7. 1.부터 2010. 6. 3.까지 사이에 미국의 amazon.com 등의 사이트를 통해 폭력적이고 음란하여 미풍양속을 해치거나 사회질서를 문란하게 할 우려가 있는 화면 들로 이루어진 'EXTRAME' 등 게임 DVD 500여장을 우송받아 외국의 게임물을 수입 하고,

② 2009. 7. 1.부터 2010. 6. 3.까지 게임물심의위원회의 수입추천을 받지 아니하고 수입한 게임 DVD 300여장을 피고인의 인터넷 홈페이지(game****.co.kr)를 통하여 판매하는 방법으로 유통하였고,

③ 2010. 6. 3. 게임물심의위원회의 수입추천을 받지 아니하고 수입한 게임 DVD 중 팔다 남은 게임 DVD 219장을 유통목적으로 보관하였다는 것입니다.

2. 위헌제청대상 법률조항 및 관련조항

이 사건 위헌제청대상인 심판대상조항의 내용은 다음과 같습니다.

○ 게임문화진흥법

제21조(게임물의 수입)

① 외국게임물을 수입하고자 하는 자는 위원회의 추천을 받아야 한다.

제31조(폐쇄 및 수거조치 등)

① 문화체육관광부장관, 시·도지사, 시장·군수·구청장은 다음 각 호의 1에 해당하는 게임물을 발견한 때에는 관계공무원으로 하여금 이를 수거하여 폐기하게 할 수 있다.

　1. 제21조 제1항 또는 제2항의 규정에 의한 추천을 받지 아니하고 수입·제작 또는 반입된 게임물

　제45조(벌칙)

　다음 각 호의 1에 해당하는 자는 5년 이하의 징역 또는 5천만 원 이하의 벌금에 처한다.

　2. 제21조 제1항 또는 제2항의 규정에 의한 추천을 받지 아니하고 외국게임물을 수입한 자

3. 재판의 전제성

위헌법률심판제청의 적법요건인 재판의 전제성이라 함은, 첫째 구체적인 사건이 법원에 계속중이어야 하고, 둘째 위헌여부가 문제되는 법률이 당해 소송사건의 재판과 관련하여 적용되는 것이어야 하며, 셋째 그 법률이 헌법에 위반되는지의 여부에 따라 당해 사건을 담당한 법원이 다른 내용의 재판을 하게 되는 경우를 말합니다.

여기서 '다른 내용의 재판을 하게 되는 경우'는 원칙적으로 법원이 심리 중인 당해 사건의 재판의 결론이나 주문에 어떤 영향을 주는 경우뿐만 아니라 재판의 결론을 이끌어 내는 이유를 달리하는 데 관련되어 있거나 또는 재판의 내용과 효력에 관한 법률적 의미가 달라지는 경우를 포함합니다(헌재 결정).

그러므로 이 사건 법률조항들의 위헌 여부에 따라 피고인에 대한 공소사실의 유죄와

65 무죄가 결정되게 되므로, 이 사건 법률조항들의 위헌 여부는 당해 사건 재판의 전제가
가 됩니다.

67 **4. 위헌제청 이유**

69 **가. 외국게임물의 수입과 표현의 자유의 보호영역**

71 (1) 헌법 제21조 제 1 항은 언론·출판의 자유를 보장하고, 제 2 항은 언론에 대한 검열금지
원칙을 규정하고 있습니다. 이 사건에서 문제되는 게임물은 의사표현의 수단이 되고
73 의사표현의 자유는 바로 언론·출판의 자유에 속하므로, 게임물의 제작·수입 및
그 유통은 위 헌법 규정에 의하여 보장받습니다.

75 (2) 외국게임물의 수입·배포행위는 의사형성적 작용이라는 관점에서 당연히 의사의 표
현·전파 형식의 하나에 해당함을 인정할 수 있습니다. 따라서 외국게임물의 수입·
77 배포행위 역시 언론·출판의 자유의 보호범위 내에 있습니다.

79 (3) 그런데 게임문화진흥법 제21조 제 1 항이 정하고 있는 게임물심의위원회에 의한 수입
추천제도는, 실질적으로 행정기관인 게임물심의위원회가 외국게임물의 수입에 앞서
81 그 내용을 심사하여, 위 법 제21조 제 3 항의 수입추천 배제사유에 해당하는 외국게임물
에 대하여는 수입·유통 등을 금지하고, 수입추천을 받지 아니한 외국게임물을 수입·
83 유통할 경우에는 형사처벌까지 할 수 있다는 점에서, 이는 헌법 제21조 제 2 항이
절대적으로 금지하고 있는 사전검열에 해당됩니다.
85

나. 헌법상 검열의 개념과 요건
87
(1) 헌법 제21조 제 2 항은 언론·출판에 대한 허가나 검열은 인정되지 아니한다고 규정
하면서도 검열의 개념에 대하여는 정의하고 있지 않습니다.
89

91 (2) 헌법재판소는, 헌법 제21조 제 2 항의 검열은 행정권이 주체가 되어 사상이나 의견
등이 발표되기 이전에 예방적 조치로서 그 내용을 심사, 선별하여 발표를 사전에
억제하는, 즉 허가받지 아니한 것의 발표를 금지하는 제도를 뜻한다고 합니다.
93

95 (3) 아울러 검열은 ① 일반적으로 허가를 받기 위한 표현물의 제출의무, ② 행정권이
주체가 된 사전심사절차, ③ 허가를 받지 아니한 의사표현의 금지, ④ 심사절차를
관철할 수 있는 강제수단 등의 요건을 갖춘 경우에 이에 해당된다고 하고 있습니다.
97

(4) 따라서 이 사건 위헌제청대상 법률조항이 위와 같은 검열의 요건을 충족하고 있는지 여부를 살펴볼 필요가 있습니다.

다. 일반적으로 허가를 받기 위한 표현물 제출의무

(1) 게임문화진흥법 제21조 제1항은 외국게임물을 수입하고자 하는 자는 위원회의 추천을 받아야 한다고 하며, 제3항은 수입하고자 하는 게임물이 ① 헌법의 민주적 기본질서에 위배되거나 국가의 권위를 손상할 우려가 있는 경우, ② 폭력 · 음란 등의 과도한 묘사로 미풍양속을 해치거나 사회질서를 문란하게 할 우려가 있는 경우, ③ 국제적 외교관계, 민족의 문화적 주체성 등을 훼손하여 국익을 해할 우려가 있는 경우에는 수입추천을 할 수 없도록 하였습니다.

(2) 이는 외국게임물이라는 표현물이 국내에서 유통되기 위해서는 수입추천업무를 담당하는 기관(게임물심의위원회)에 유통 이전에 제출하도록 하는 의무를 부과한 것으로써 검열의 요건 중 '일반적으로 허가를 받기 위한 표현물 제출의무'에 해당됩니다.

라. 행정권이 주체가 된 사전심사절차의 존재

(1) 헌법상 검열금지원칙은 검열이 행정권에 의하여 행하여지는 경우에 한정하여 적용 됩니다. 그러므로 외국게임물의 수입추천기관인 게임물심의위원회가 행정기관에 해당 되는지 문제됩니다.

(2) 헌법재판소는 영화진흥법상 영화의 상영등급분류보류제도의 위헌성 여부를 심사하면서 영상물등급위원회의 성격과 관련하여, 영화에 대한 심의 및 상영등급분류업무를 담당 하면서 등급분류보류결정권한을 갖고 있는 점, 위원회의 구성과 운영에서 국가의 관여와 지원을 받고 있는 점 등을 고려하여 행정권이 주체가 되어 있다고 본 바 있습니다.

(3) 게임물심의위원회가 공무원(교육공무원과 법관은 제외)이 아닌 민간인으로 구성되어 있고(게임문화진흥법 16(1), 이하 '법'이라 함) 위원의 직무상 독립과 신분보장을 하고 있더라도(법 17①②),

① 게임물심의위원회의 위원을 대통령이 위촉하고(법 13①), ② 위원회의 구성 및 절차 에 대하여 대통령령으로 규정하고(법 13②), ③ 위원회규정의 제정 · 개정 및 폐지를 할 수 있으며(법 16⑹), ④ 위원회 운영경비 국고 보조(법 20)에 비추어 볼 때, 게임물심위원회는 검열과 관련해서는 그 조직과 구성면에서 행정권의 성격을 가진 행정기관에 해당되는 것으로 볼 수 있습니다.

관리번호	시험과목명 공법	기 록 형	시험관리관 확 인	채점위원인	5쪽

마. 허가를 받지 아니한 의사표현의 금지

(1) 외국게임물이 유통을 위해 수입되기 위해서는 그 수입 이전에 게임물심사위원회로부터 수입추천을 받아야 하고(법 21①), 외국게임물의 내용이 헌법의 민주적 기본질서에 위배되거나 국가의 권위를 손상할 우려가 있는 경우 등 일정한 기준에 해당하는 경우에는 게임물심사위원회가 수입추천을 할 수 없게 되어 있습니다(법 21③).

(2) 위와 같은 법의 내용에 비추어 볼 때, 외국게임물의 내용이 이 법 및 게임물심사위원회가 정하는 일정한 기준에 해당하는 경우에는 외국게임물 수입업자가 자진해서 문제되는 내용을 삭제하거나 수정하지 않는 한 당해 외국게임물은 원천적으로 국내에서의 유통이 금지될 수 있습니다.

(3) 비록 그 외형적인 형태가 '수입추천'이라고는 하지만, 이는 게임물심사위원회의 추천을 받지 아니하는 한 외국게임물을 통한 의사표현이 금지되는 것을 의미하므로, 이 사건 법률조항들이 규정하고 있는 수입추천제도는 실질적으로 허가를 받지 아니한 의사표현의 금지에 해당하는 것으로 볼 수 있습니다.

바. 심사절차를 관철할 수 있는 강제수단의 존재

(1) 추천을 받지 않고 외국게임물을 수입하거나 또는 추천을 받지 아니하고 수입된 외국게임물을 유통하거나 유통목적으로 보관하였을 경우에는 각 형사처벌을 받게 되며(법 45(2)), 수입추천이 없는 외국게임물을 유통 또는 오락제공을 하거나 유통 또는 오락제공의 목적으로 진열 또는 보관하는 경우에도 형사처벌을 받습니다(법 46(2)).

또한 수입추천이 없는 수입 게임물은 문화체육관광부장관 등은 관계공무원으로 하여금 이를 수거하여 폐기하게 할 수 있습니다(법 31①⑤).

(2) 이와 같이 이 사건 법률조항들에 의해 인정되고 있는 외국게임물 수입추천제도는 그 절차를 관철하는 수단으로서 형사처벌 규정 및 강제수거·폐기규정을 수반하고 있어 심사절차를 관철할 수 있는 강제수단이라는 요건도 구비하고 있습니다.

사. 소 결(사전검열로 위헌)

(1) 따라서 이 사건 법률조항들이 규정하고 있는 외국게임물 수입추천제도는, 외국게임
물의 수입·배포라는 의사표현 행위 전에 표현물을 행정기관의 성격을 가진 게임심
사위원회에 제출토록 하여 표현행위의 허용여부를 행정기관의 결정에 좌우되게 하
고, 이를 준수하지 않는 자들에 대하여 형사처벌 등의 강제조치를 규정하고 있습니다.

(2) 따라서 허가를 받기 위한 표현물의 제출의무, 행정권이 주체가 된 사전심사절차,
허가를 받지 아니한 의사표현의 금지, 심사절차를 관철할 수 있는 강제수단이라는
요건을 모두 갖추고 있으므로, 헌법이 절대적으로 금지하고 있는 사전검열에 해당되어
위헌이라고 할 것입니다.

아. 과잉금지원칙을 위반한 표현의 자유의 제한으로 위헌

설령 외국게임물 수입추천제도가 사전검열에 해당되지 않을지라도 표현의 자유를 과도
하게 제한하여 위헌이라 할 수 있습니다.

(1) 목적의 정당성

게임산업을 진흥하고 국민의 건전한 게임문화를 확립함으로써 국민의 문화적 삶의
질 향상에 이바지하기 위하여 외국게임물을 수입하고자 하는 자는 게임물심의
위원회의 추천을 받도록 하고,

그 게임물이 헌법의 민주적 기본질서를 위배하거나 폭력·음란 등으로 미풍양속을
해칠 우려가 있는 경우 등에는 수입추천을 할 수 없도록 하는 제도의 입법목적
자체의 정당성은 인정할 수 있습니다.

(2) 수단의 적절성

외국게임물을 수입하고자 할 때는 게임물심의위원회의 추천을 받도록 하고, 수입
추천을 받지 아니한 게임물의 수입·유통 및 유통목적 보관에 대하여 형사처벌을
받도록 하여 입법목적을 달성할 수 있으므로 수단의 적절성도 인정됩니다.

(3) 침해의 최소성

입법목적을 달성하기 위하여 수입게임물의 등급분류 제도와 같은 보다 덜 침해적인
수단의 도입이 가능함에도 모든 외국게임물의 수입에 추천을 받도록 하고 있으며,

추천을 받지 아니한 외국게임물의 수입·유통 및 보관행위에 대하여 과태료와

같은 행정질서벌로 규율할 수 있음에도 일률적으로 형사처벌을 하는 것은 침해의 최소성을 침해하였다고 할 수 있습니다.

(4) 법익균형성

수입추천 여부 등에 관한 권한을 가지는 행정기관의 우월적인 지위와 그로 인하여 침해받는 사익의 중대성과 이 사건 법률조항들의 위반시에 그 처벌 법정형이 무거워서 법익균형성 역시 상실하고 있습니다.

5. 결 론

따라서 이 사건 법률조항들은 그 위헌 여부가 이 사건 재판의 전제가 되고, 위헌으로 인정할 만한 상당한 이유가 있으므로, 피고인의 변호인은 헌법재판소에 위헌법률심판을 제청해 줄 것을 신청합니다.

2011.　1.　4.

피고인의　변호인

변호사　이 권 리

서울중앙지방법원 형사 제15단독　귀중

쟁 점 해 설

1. 형식적 기재사항

가. 위헌법률심판제청신청서

- 서면의 첫 면 상단에 기재

나. 사건의 표시

- 서울중앙지방법원 2010고단4965 게임문화진흥법위반

다. 위헌이라고 해석되는 법률조항

- 공소사실 적용법률인 게임문화진흥법 제21조 제 1 항, 제45조 제 2 호, 제31조 제 1 항 제 1 호, 제46조 제 2 호
- 피의자신문조서 등에 언급되고 최초 공소장에 적용법률로 기재되었다고 오기라는 이유로 공소장 정정(제 1 회 공판조서)으로 빠진 등급분류 관련조항들(법 22⑤, 45(3))은 피고인에게 적용된 법률이 아니므로 재판의 전제성이 없어 기재하여서는 안됨

라. 작 성 일

- 2011. 1. 4.
- 제 1 회 공판조서에 변호인이 위 날짜에 위헌법률심판제청신청서 제출하였음을 진술한 내용이 기재되어 있음

마. 신청인의 표시

- 피고인의 변호인 변호사 이권리

　　− 민사·행정사건에서와 같이 '대리인'이라고 기재해서는 안됨

바. 제출법원

　　− 서울중앙지방법원 형사 제15단독
　　− 공판기록 표지, 변호인선임신고서에 '형사 제15단독' 기재되어 있음
　　− 신청서를 헌법재판소에 직접 제출하는 것이 아님

사. 기타 이 사건 신청서의 일반적인 형식 구비

　　− 신청취지
　　− 신청이유
　　− 증거서류 및 첨부서류 기재
　　− 제출일자
　　− 변호인 표시
　　− 관할 법원 표시

아. 신청취지 기재례

　　헌법재판소 「헌법재판실무제요」에서는 위헌심판제청서 신청취지의 기재례를 다음과 같이 예시하고 있다.

(1) 기본 서식례

　　교통안전공단법 제13조 제 2 항 제 1 호와 제 2 호, 동법 제17조, 동법 제18조, 동법 제19조와 동법 제21조는 헌법 제11조 제 1 항, 헌법 제15조, 헌법 제23조 제 1 항과 헌법 제59조 등에 위반된다.

(2) 법원의 직권에 의한 경우

　　이 사건에 관하여 방송법(2009. 7. 31. 법률 제9789호로 개정되기 전의 것) 제100조 제 1 항 제 1 호의 위헌 여부에 대한 심판을 제청한다.

(3) 당사자의 신청에 의한 경우

　　아래 사건에 관하여 ○○법 제○조 제○항의 위헌 여부에 관한 심판을 제청한다.
　　(예시) 사건 2003가단1000 대여금
　　　　　　원고 ○ ○ ○ (서울 ○○구○○)

피고 ○ ○ ○ (서울 ○○구○○)

(4) 소　결

이 사건 기록의 신청취지는 당사자의 신청에 의한 것이므로 다음과 같이 기재하는 것이 바람직하다.

"게임문화진흥법 제21조 제 1 항, 제45조 제 2 호, 제31조 제 1 항 제 1 호, 제46조 제 2 호의 위헌여부에 대한 심판을 제청한다"라는 결정을 구합니다.

2. 피고인에 대한 공소사실과 위헌제청대상 법률조항 및 관련조항

가. 피고인에 대한 공소사실

(1) 공소사실을 축약하여 기재해도 됨

(2) 예 : 이 사건 공소장 기재사실과 같이, 피고인은 게임물심의위원회의 수입추천을 받지 아니하고, ① 2009. 7. 1.부터 2010. 6. 3.까지 사이에 폭력적이고 음란하여 미풍양속을 해치거나 사회질서를 문란하게 할 우려가 있는 화면들로 이루어진 'EXTRAME' 등 게임 DVD 500여장을 우송받아 외국의 게임물을 수입하고, ② 2009. 7. 1.부터 2010. 6. 3.까지 게임물심의위원회의 수입추천을 받지 아니하고 수입한 게임 DVD 300여장을 자신이 개설한 인터넷 홈페이지(game****.co.kr)를 통하여 판매하는 방법으로 유통하였고, ③ 2010. 6. 3. 게임물심의위원회의 수입추천을 받지 아니하고 수입한 게임 DVD 중 팔다 남은 게임 DVD 219장을 유통목적으로 보관하였다는 것입니다.

나. 위헌제청대상 법률조항 및 관련조항

신청취지에 기재한 법률조항 내용 기재

3. 재판의 전제성

이 사건 위헌제청법률조항의 위헌여부가 피고인에 대한 유·무죄판단의 전제가 됨

4. 위헌제청이유

가. 외국게임물의 수입과 표현의 자유의 보호영역

⑴ 헌법 제21조 제 1 항 모든 국민은 언론·출판의 자유를 가진다.

⑵ 의사표현의 자유는 바로 언론·출판의 자유에 속하고, 이 사건 게임물은 의사표현의 수단이 되므로, 그 제작·수입 및 유통 등은 헌법 제21조 제 1 항에 의하여 보장을 받는다.

⑶ 외국게임물의 수입·배포행위 역시 언론·출판의 자유의 보호범위 내에 있고, 이러한 영역에 대한 사전검열은 우리나라 헌법이 금지하는 것으로 허용되지 않는다.

⑷ 수입추천제도는 헌법 제21조 제 2 항이 절대적으로 금지하고 있는 사전검열에 해당된다.

나. 검열금지에 관한 헌법규정과 검열의 개념

⑴ 헌법 제21조는 언론에 대한 검열금지원칙을 명문화하고 있다.

⑵ 헌법은 검열금지의 기준을 정하고 있지 않다.

⑶ 헌법재판소는 일찍이 검열제도의 금지와 그 이유 및 검열개념의 기준을 제시하였다.[2]

---

2) 헌법 제21조 제 1 항과 제 2 항은 모든 국민은 언론·출판의 자유를 가지며, 언론·출판에 대한 허가나 검열은 인정되지 아니한다고 규정하고 있다. 여기서의 검열은 행정권이 주체가 되어 사상이나 의견 등이 발표되기 이전에 예방적 조치로서 그 내용을 심사, 선별하여 발표를 사전에 억제하는, 즉 허가받지 아니한 것의 발표를 금지하는 제도를 뜻한다. 이러한 검열제가 허용될 경우에는 국민의 예술활동의 독창성과 창의성을 침해하여 정신생활에 미치는 위험이 클 뿐만 아니라 행정기관이 집권자에게 불리한 내용의 표현을 사전에 억제함으로써 이른바 관제의견이나 지배자에게 무해한 여론만이 허용되는 결과를 초래할 염려가 있기 때문에 헌법이 직접 그 금지를 규정하고 있는 것이다. 그러므로 헌법 제21조 제 2 항이 언론·출판에 대한 검열금지를 규정한 것은 비록 헌법 제37조 제 2 항이 국민의 자유와 권리를 국가안전보장·질서유지 또는 공공복리를 위하여 필요한 경우에 한하여 법률로써 제한할 수 있도록 규정하고 있다고 할지라도, 언론·출판의 자유에 대하여는 검열을 수단으로 한 제한만은 법률로써도 허용되지 아니 한다는 것을 밝힌 것이다. 물론 여기서 말하는 검열은 그 명칭이나 형식에 구애됨이 없이 실질적으로 위에서 밝힌 검열의 개념에 해당되는 모든 것을 그 대상으로 하는 것이다. 그러나 검열금지의 원칙은 모든 형태의 사전적인 규제를 금지하는 것이 아니고, 단지 의사표현의 발표 여부가 오로지 행정권의 허가에 달려있는 사전심사만을 금지하는 것을 뜻한다. 그러므로 검열은 일반적으로 허가를 받기 위한 표현물의 제출의무, 행정권이 주체가 된 사전심사절차, 허가를 받지 아니한 의사표현의

⑷ 검열의 기준 ① 허가를 받기 위한 표현물의 제출의무, ② 행정권이 주체가 된 사전심사절차, ③ 허가를 받지 아니한 의사표현의 금지, ④ 심사절차를 관철할 수 있는 강제수단

다. 일반적으로 허가를 받기 위한 표현물 제출의무

게임문화진흥법 제21조 제 1 항, 제 3 항은 외국게임물이라는 표현물이 국내에서 유통되기 위해서는 수입추천업무를 담당하는 기관(게임물심의위원회)에 유통 이전에 제출하여야 하는 의무를 부과하고 있다.

라. 행정권이 주체가 된 사전심사절차의 존재

⑴ 검열금지원칙은 검열이 행정권에 의하여 행하여지는 경우에 한정하여 적용된다.

⑵ 게임물심위원회는 검열과 관련해서 그 조직과 구성면에서 행정권의 성격을 가진 행정기관에 해당되는 것으로 볼 수 있다.

마. 의사표현 금지의 요건

⑴ 외국게임물이 유통을 위해 수입되기 위해서는 그 수입 이전에 게임물심사위원회로부터 수입추천을 받아야 하고(법 21①), 외국게임물의 내용이 헌법의 민주적 기본질서에 위배되거나 국가의 권위를 손상할 우려가 있는 경우 등 일정한 기준에 해당하는 경우에는 게임물심사위원회가 수입추천을 할 수 없게 되어 있다(법 21③).

⑵ 외국게임물의 내용이 게임물심사위원회가 정하는 기준에 해당하는 경우에는 외국게임물 수입업자가 문제되는 내용을 삭제하거나 수정하지 않는 한 국내에서 유통이 금지될 수 있다.

⑶ 수입추천제도는 실질적으로 허가를 받지 아니한 의사표현의 금지에 해당한다.

바. 심사절차를 관철할 수 있는 강제수단의 존재

⑴ 추천을 받지 않고 외국게임물을 수입하거나 또는 추천을 받지 아니하고 수입된 외국게임물을 유통하거나 유통목적으로 보관하였을 경우에는 처벌된다.

금지 및 심사절차를 관철할 수 있는 강제수단 등의 요건을 갖춘 경우에만 이에 해당하는 것이다(헌법재판소 1996. 10. 4. 선고 93헌가13등 결정【영화법제12조등에대한위헌제청】).

⑵ 수입추천이 없는 외국게임물을 유통 또는 오락제공을 하거나 유통 또는 오락제공의 목적으로 진열 또는 보관하면 처벌된다.

⑶ 수입추천이 없는 수입 게임물은 문화체육관광부장관 등은 관계공무원으로 하여금 이를 수거하여 폐기하게 할 수 있다.

⑷ 외국게임물 수입추천제도는 심사절차를 관철할 수 있는 강제수단도 구비하고 있다.

사. 소　　결

⑴ 사전검열로 위헌

허가를 받기 위한 표현물의 제출의무, 행정권이 주체가 된 사전심사절차, 허가를 받지 아니한 의사표현의 금지, 심사절차를 관철할 수 있는 강제수단이라는 요소를 모두 갖추고 있으므로, 헌법이 금지하고 있는 사전검열에 해당되어 위헌이라 할 수 있다.

⑵ 과도한 표현의 자유의 제한으로 위헌

㈎ 사전검열이 아닐지라도 표현의 자유를 과도하게 제한하여 위헌으로 평가될 수 있다.

㈏ 국내 게임산업을 진흥하고 국민의 건전한 게임문화를 확립하여 문화적 삶의 질 향상에 이바지하려는 목적의 정당성은 인정된다.

㈐ 청소년이 유해성 게임물에 접촉되지 않도록 하려는 게임심사위원회의 직무 등에서 수단의 적합성도 인정할 수 있다.

㈑ 입법목적 달성을 위한 수입게임물의 등급분류 제도와 같은 보다 덜 침해적인 수단의 도입이 가능하다는 점에서 피해의 최소성을 침해하였다.

㈒ 수입추천 여부 권한을 가지는 행정기관의 우월적인 지위와 침해받는 사익의 중대성과 이 사건 법률조항들의 위반시에 그 처벌 법정형이 무거워서 법익균형성을 상실하고 있다.

5. 결   론

위와 같은 이유로 헌법재판소에 위헌법률심판제청결정을 해 줄 것을 신청한다.

사안과 유사한 헌법재판소 결정례 : 헌재 2005. 2. 3. 선고 2004헌가8 결정 구 음반·비디오물및게임물에관한법률 제16조 제 1 항 등 위헌제청

[참고자료]

구 음반·비디오물및게임물에관한법률 제16조 제1항 등 위헌제청

(헌법재판소 2005. 2. 3. 선고 2004헌가8 전원재판부 결정)

【판시사항】

외국비디오물을 수입할 경우에 반드시 영상물등급위원회로부터 수입추천을 받도록 규정하고 있는 구 음반·비디오물및게임물에관한법률(1999. 2. 8. 법률 제5925호로 제정되고, 2001. 5. 24. 법률 제6473호로 전문개정되기 전의 것) 제16조 제1항 등이 사전검열에 해당하는지 여부(적극)

【결정요지】

외국비디오물을 수입할 경우에 반드시 영상물등급위원회로부터 수입추천을 받도록 규정하고 있는 구 음반·비디오물및게임물에관한법률(1999. 2. 8. 법률 제5925호로 제정되고, 2001. 5. 24. 법률 제6473호로 전면개정되기 전의 것) 제16조 제1항 등에 의한 외국비디오물 수입추천제도는 외국비디오물의 수입·배포라는 의사표현행위 전에 표현물을 행정기관의 성격을 가진 영상물등급위원회에 제출토록 하여 표현행위의 허용 여부를 행정기관의 결정에 좌우되게 하고, 이를 준수하지 않는 자들에 대하여 형사처벌 등의 강제조치를 규정하고 있는바, 허가를 받기 위한 표현물의 제출의무, 행정권이 주체가 된 사전심사절차, 허가를 받지 아니한 의사표현의 금지, 심사절차를 관철할 수 있는 강제수단이라는 요소를 모두 갖추고 있으므로, 우리나라 헌법이 절대적으로 금지하고 있는 사전검열에 해당한다.

재판관 송인준의 합헌의견

영화, 비디오 등의 영상물은 그 영향력이나 파급효과 등의 측면에서 볼 때 상영·보급 이전 단계에서 내용에 대한 사전검증절차가 필요한 부분이라 할 수 있고, 또한 영상물등급위원회는 행정기관적 색채를 불식한 민간 자율기관에 해당한다고 할 것이므로, 외국비디오물에 대한 영상물등급위원회의 수입추천제도는 영상물에 대한 필요하고도 적절한 사전검증절차로서 우리나라 헌법이 금지하고 있는 사전검열에 해당하지 아니한다.

【심판대상조문】

■ **구 음반·비디오물및게임물에관한법률(1999. 2. 8. 법률 제5925호로 제정되고, 2001. 5. 24. 법률 제6473호로 전면개정되기 전의 것) 제16조(음반·비디오물 또는 게임물의 수입) ①** 외국에서

제작된 음반(음반의 원판을 포함한다. 이하 "외국음반"이라 한다)·비디오물(비디오물의 원판을 포함한다. 이하 "외국비디오물"이라 한다) 또는 게임물(게임물의 원판을 포함한다. 이하 "외국게임물"이라 한다)을 수입하고자 하는 자는 공연법 제17조의 규정에 의한 영상물등급위원회(이하 "영상물등급위원회"라 한다)의 추천을 받아야 한다. 다만, 대통령령이 정하는 경우에는 그러하지 아니하다.

②~⑤ 생략

■ 구 음반·비디오물및게임물에관한법률(1999. 2. 8. 법률 제5925호로 제정되고, 2001. 5. 24. 법률 제6473호로 전면개정되기 전의 것) 제29조(벌칙) ① 다음 각 호의 1에 해당하는 자는 5년 이하의 징역 또는 5천만 원 이하의 벌금에 처한다.

1.~3. 생략

4. 제16조 제1항 또는 제2항의 규정에 의한 추천을 받지 아니하고 외국음반·외국비디오물 또는 외국 게임물을 수입 또는 제작한 자

5.~10. 생략

② 생략

■ 구 음반·비디오물및게임물에관한법률(1999. 2. 8. 법률 제5925호로 제정되고, 2001. 5. 24. 법률 제6473호로 전면개정되기 전의 것) 제30조(벌칙) 다음 각 호의 1에 해당하는 자는 2년 이하의 징역 또는 2천만 원 이하의 벌금에 처한다.

1.~4. 생략

5. 제24조 제3항 각 호의 규정에 해당하는 음반·비디오물 또는 게임물을 유통·시청제공 또는 오락제공 등을 하거나 유통·시청제공 또는 오락제공등의 목적으로 진열 또는 보관한 자 제24조 제3항 제2호의 수입비디오물을 유통 또는 보관한 자 부분

【당 사 자】

제청법원   대법원(2004. 4. 13. 2001초472 위헌제청신청)
당해사건   대법원 2001도3495 음반·비디오물및게임물에관한법률위반

【주   문】

구 음반·비디오물및게임물에관한법률(1999. 2. 8. 법률 제5925호로 제정되고, 2001. 5. 24. 법률 제6473호로 전면개정되기 전의 것) 제16조 제1항 본문 중 외국비디오물에 관한 부분, 제29조 제1항 제4호 중 제16조 제1항의 외국비디오물의 수입 부분, 제30조 제5호 중 제24조 제3항 제2호의 수입비디오물을 유통 또는 보관한 자 부분은 헌법에 위반된다.

[참고자료]

음반·비디오물및게임물에관한법률 제35조 제 1 항 등 위헌제청

(헌법재판소 2006. 10. 26. 선고 2005헌가14 전원재판부 결정)

【판시사항】

1. 외국음반의 국내제작이 언론·출판의 자유의 보호범위에 속하는 것인지 여부(적극)

2. 헌법 제21조 제 2 항에 의해 금지되는 사전검열의 의미

3. 음반·비디오물및게임물에관한법률(이하 '음비게법'이라 한다)상의 영상물등급위원회가 행정기관에 해당하는 것인지 여부(적극)

4. 영상물등급위원회에 의한 외국음반 국내제작 추천제도가 사전검열에 해당하여 위헌인지 여부(적극)

【결정요지】

1. 음반 및 비디오물도 의사형성적 작용을 하는 한 의사의 표현·전파의 형식의 하나로 인정되며, 이러한 작용을 하는 음반 및 비디오물의 제작은 언론·출판의 자유에 의해서도 보호된다. 외국음반의 국내제작도 의사형성적 작용이라는 관점에서 당연히 의사의 표현·전파 형식의 하나에 해당한다고 할 수 있으므로 역시 언론·출판의 자유의 보호범위 내에 있다.

2. 헌법 제21조 제 1 항과 제 2 항은 모든 국민은 언론·출판의 자유를 가지며, 언론·출판에 대한 허가나 검열은 인정되지 아니한다고 규정하고 있다. 여기서의 검열은 행정권이 주체가 되어 사상이나 의견 등이 발표되기 이전에 예방적 조치로서 그 내용을 심사, 선별하여 발표를 사전에 억제하는, 즉 허가받지 아니한 것의 발표를 금지하는 제도를 뜻한다. 그러나 검열금지의 원칙은 모든 형태의 사전적인 규제를 금지하는 것이 아니고, 단지 의사표현의 발표 여부가 오로지 행정권의 허가에 달려있는 사전심사만을 금지하는 것을 뜻한다. 그러므로 검열은 일반적으로 허가를 받기 위한 표현물의 제출의무, 행정권이 주체가 된 사전심사절차, 허가를 받지 아니한 의사표현의 금지 및 심사절차를 관철할 수 있는 강제수단 등의 요건을 갖춘 경우에만 이에 해당하는 것이다.

3. 국가에 의하여 검열절차가 입법의 형태로 계획되고 의도된 이상, 비록 검열기관을 민간인들로 구성하고 그 지위의 독립성을 보장한다고 해서 그 기관 또는 그 기관에 의한 행위가 형식적 또는 실질적으로 완전한 민간자율기관이 되는 것은 아닌바, 음비게법상의 영상물등급위원회의 경우 그 설립 및 구성이 국가 입법절차로 완성되고, 영상물·음반 등에 대한 등급심의, 외국음반

의 수입추천 및 국내제작추천이라는 행정적 특권이 부여되고 있으며, 그 기관의 결정에 따라 형사적 처벌이라는 국가의 가장 강력한 강제수단의 부과 여부가 결정되므로, 단지 그 기관구성원이 민간인이라는 점만으로 영상물등급위원회의 행정기관성을 부인하기 어렵다.

4. 음비게법(2001. 5. 24. 법률 제6473호로 전문 개정된 것) 제35조 제 1 항 중 외국음반의 국내제작에 관한 부분 및 제50조 제 6 호 중 외국음반의 국내제작에 관한 부분(이하 '이 사건 법률조항들'이라 한다)이 규정하고 있는 외국음반 국내제작 추천제도는 외국음반의 국내제작이라는 의사표현행위 이전에 그 표현물을 행정기관의 성격을 가진 영상물등급위원회에 제출토록 하여 당해 표현행위의 허용 여부가 행정기관의 결정에 좌우되도록 하고 있으며, 더 나아가 이를 준수하지 않는 자들에 대하여 형사처벌 등 강제수단까지 규정하고 있는바, 허가를 받기 위한 표현물의 제출의무, 행정권이 주체가 된 사전심사절차, 허가를 받지 아니한 의사표현의 금지, 심사절차를 관철할 수 있는 강제수단의 존재라는 제 요소를 모두 갖추고 있으므로, 이 사건 법률조항들은 우리 헌법 제21조 제 2 항이 절대적으로 금지하고 있는 사전검열에 해당하여 헌법에 위반된다.

【심판대상조문】

■ 음반·비디오물및게임물에관한법률(2001. 5. 24. 법률 제6473호로 전문 개정된 것)

제35조(음반수입 등의 추천) ① 외국에서 제작된 음반(음반의 원판을 포함한다. 이하 "외국음반"이라 한다)을 영리의 목적으로 수입하거나 외국음반을 국내에서 제작하고자 하는 자는 대통령령이 정하는 경우를 제외하고는 위원회의 추천을 받아야 한다.

②~③ 생략

■ 음반·비디오물및게임물에관한법률(2001. 5. 24. 법률 제6473호로 전문 개정된 것)

제50조(벌칙) 다음 각 호의 1에 해당하는 자는 2년 이하의 징역 또는 2천만 원 이하의 벌금에 처한다.

1.~5. 생략

6. 제35조 제 1 항의 규정에 의한 추천을 받지 아니하고 외국음반을 영리의 목적으로 수입 또는 국내제작하거나 부정한 방법으로 추천을 받은 자

【당 사 자】

제청법원 서울중앙지방법원

당해사건 서울중앙지방법원 2004고정3482 음반·비디오물및게임물에관한법률위반

【주　　문】

음반·비디오물및게임물에관한법률(2001. 5. 24. 법률 제6473호로 전문 개정된 것) 제35조 제 1 항 중 외국음반의 국내제작에 관한 부분, 제50조 제 6 호 중 외국음반의 국내제작에 관한 부분은 헌법에 위반된다.

제1회　변호사시험

제 3 장

— 노래연습장등록취소처분 취소청구 —

Contents
목 차

03

2012년도 제1회 변호사시험 문제

시험과목	공 법(기록형)

응시자 준수사항

1. 시험 시작 전 문제지의 봉인을 손상하는 경우, 봉인을 손상하지 않더라도 문제지를 들추는 행위 등으로 문제 내용을 미리 보는 경우 모두 부정행위로 간주되어 그 답안은 영점처리 됩니다.

2. 답안은 흑색 또는 청색 필기구(사인펜이나 연필 사용 금지) 중 한 가지 필기구만을 사용하여 답안 작성 난(흰색 부분) 안에 기재하여야 합니다.

3. 답안지에 성명과 수험 번호를 기재하지 않아 인적사항이 확인되지 않는 경우에는 영점처리 등 불이익을 받게 됩니다. 특히 답안지를 바꾸어 다시 작성하는 경우, 성명 등의 기재를 빠뜨리지 않도록 유의하여야 합니다.

4. 답안지에는 문제내용을 기재할 필요가 없으며, 답안 내용 이외의 사항을 기재하거나 밑줄 기타 어떠한 표시도 하여서는 아니됩니다. 답안을 정정할 경우에는 두 줄로 긋고 다시 기재하여야 하며, 수정액 등은 사용할 수 없습니다.

5. 시험종료 시각에 임박하여 답안지를 교체요구한 경우라도 시험시간 종료 후 즉시 새로 작성한 답안지를 회수합니다.

6. 시험 종료 후에는 답안지 작성을 일절 할 수 없으며, 이에 위반하여 시험시간이 종료되었음에도 불구하고 <u>시험관리관의 답안지 제출지시에 불응한 채 계속 답안을 작성하거나 답안지를 늦게 제출할 경우 그 답안은 영점처리</u> 됩니다.

7. 답안은 답안지 쪽수 번호 순으로 기재하여야 하고, <u>배부받은 답안지는 백지 답안이라도 모두 제출</u>하여야 하며, <u>답안지를 제출하지 아니한 경우 그 시험시간 및 나머지 시험시간의 시험에 응시할 수 없습니다.</u>

8. 지정된 시간까지 지정된 시험실에 입실하지 아니하거나 시험관리관의 승인을 얻지 아니하고 시험시간 중에 그 시험실에서 퇴실한 경우 그 시험시간 및 나머지 시험시간의 시험에 응시할 수 없습니다.

9. 시험시간이 종료되기 전에는 어떠한 경우에도 문제지를 시험장 밖으로 가지고 갈 수 없고, 시험 종료 후 가지고 갈 수 있습니다.

공법 기록형 문제

2012. 1. 3.

법 무 부

▢ 문 제

재미노래연습장의 영업자인 박미숙은 2011. 12. 22. 관련서류를 가지고 법무법인 필승 소속의 나성실 변호사를 찾아와 노래연습장 등록취소처분에 대해서 불복을 하고 싶다고 하면서 법적 절차를 밟아 줄 것을 요청하였다.

박미숙으로부터 사건을 의뢰받은 법무법인 필승의 담당변호사 나성실은 박미숙에 대한 노래연습장 등록취소처분이 위법하여 승소가능성이 있다는 결론을 내리고 관할법원에 이에 관한 소송을 제기하려고 한다.

나성실 변호사의 입장에서 소장 작성 및 제출일을 2012. 1. 3.로 하여, 본 기록에 첨부된 소장양식에 따라 취소소송의 소장을 작성하시오.

▢ 작성요령 및 주의사항

1. '이 사건 처분의 경위'는 8줄 내외로 작성할 것
2. '이 사건 소의 적법성'에서는 제소기간과 피고적격을 중심으로 작성할 것
3. '이 사건 처분의 위법성'에서는 사실관계와 참고자료에 수록된 관계법령과 제공된 법전 내 법령, 기존 판례 및 학설의 입장에 비추어 볼 때 설득력 있는 주장을 중심으로 작성할 것
4. '이 사건 처분 근거법령의 위헌성'에서는 참고자료에 수록된 음악산업진흥에 관한 법률 제22조 제1항 제4호, 제27조 제1항 제5호 및 동법 시행령 제9조 제1호의 위헌성 여부에 대해서만 작성할 것
5. '입증방법' 및 '첨부서류'에서는 각각 3개 항목만 기재하여도 무방함
6. 「음악산업진흥에 관한 법률」은 '음악진흥법'으로 약칭하여도 무방함
7. 법률상담일지, 법무법인 필승의 내부회의록 등 기록에 나타난 사실관계만을 기초로 하고, 그것이 사실임을 전제로 할 것
8. 참고자료에 수록된 관계법령(그중 일부 조문은 현행 법령과 차이가 있을 수 있음)과 제공된 법전 내의 법령이 이 사건 처분시와 소장 작성 및 제출시에 시행되고 있는 것으로

볼 것

9. 각종 서류 등에 필요한 서명, 날인 또는 무인, 간인, 접수인 등은 모두 갖추어진 것으로 볼 것

　　참고: 전체 배점은 100점이고, 그중 '4. 이 사건 처분 근거법령의 위헌성'에 대한 배점은 20점이다.

소장 양식

소   장

원 고   ○○○
피 고   ○○○

○○○○의 소

청구취지

청구원인

1. 이 사건 처분의 경위
2. 이 사건 소의 적법성
3. 이 사건 처분의 위법성
4. 이 사건 처분 근거법령의 위헌성
5. 결   론

입증방법

첨부서류

○○○○. ○○. ○○.
원고 ○○○

○○○○ 법원 귀중

기록내용 시작

수임번호 2011-301	**법률상담일지**		2011. 12. 22.
의 뢰 인	박미숙(재미노래연습장 영업자)	의뢰인 전화	041-200-1234(영업장) ***-****-****(휴대전화)
의뢰인 영업장 주소	충남 천안시 동남구 안서동 11-1	의뢰인 팩스	

상 담 내 용

1. 의뢰인 박미숙은 충남 천안시 동남구 안서동 11-1에서 재미노래연습장이라는 상호로 노래방을 운영하다가 청소년 출입시간 위반으로 등록취소처분을 받고 본 법무법인을 방문하였다.

2. 박미숙은 초등학교 동창이 소개한 전(前) 영업자 이원숙에게서 2011. 6. 17. 오케이노래연습장의 영업을 양수하였다. 영업자의 지위를 승계받은 박미숙은 2011. 6. 24. 영업자 및 상호가 변경된 등록증을 발급받아 2011. 7. 1.부터 재미노래연습장이라는 상호로 영업을 시작하였다.

3. 박미숙은 2011. 7. 25. 오후 7시에 회사원 일행 7명을 출입시켜 영업을 하다가 오후 8시경 천안시 동남구청 담당직원의 단속을 받았다. 그런데 위 일행 중 1명이 만 17세로 밝혀졌다.

4. 박미숙은 천안시장 명의의 2011. 8. 12.자 등록취소처분 사전통지서를 송달받았으나 바빠서 의견제출을 하지 않았다.

5. 박미숙의 모친인 윤숙자는 대구에 떨어져 살고 있는데, 2011. 9. 16. 박미숙의 집을 잠시 방문하였다가 같은 날 박미숙이 외출한 사이에 우편집배원으로부터 노래연습장 등록취소처분 통지서를 교부받았다. 윤숙자는 깜빡 잊고 위 통지서를 박미숙에게 전달하지 않은 채 이를 가지고 2011. 9. 17. 대구 집으로 돌아갔다.

6. 한편, 박미숙은 2011. 10. 13. 노래연습장 등록취소처분 통지서를 우편집배원으로부터 직접 교부받았다.

7. 박미숙은 2011. 11. 5. 모친인 윤숙자와 전화통화를 하는 과정에서, 윤숙자가 등록취소처분 통지서를 2011. 9. 16. 교부받은 채 자신에게 전달하지 않았다는 사실을 뒤늦게 알게 되었다.

8. 박미숙의 음악산업진흥에관한법률위반 피의사건에 관하여는 현재 수사진행 중이다.

9. 의뢰인 희망사항

   의뢰인 박미숙은 자신이 청소년 출입시간 위반을 1회만 했을 뿐인데 노래연습장 등록취소처분을 받아 억울하다고 하면서 등록취소처분에 대하여 소송 제기를 희망하고 있다.

법무법인 필승(담당변호사 나성실)
전화 041-555-1786, 팩스 041-555-1856, 이메일 ***@********.***
충남 천안시 신부동 76-2 법조빌딩 3층

법무법인 필승의 내부회의록

일　시: 2011. 12. 23. 14 : 00 ~ 15 : 00
장　소: 법무법인 필승 소회의실
참석자: 김정통 변호사(행정소송팀장), 나성실 변호사

김 변호사: 박미숙 사건의 소송제기와 관련하여 회의를 개최하여 승소전략을 강구하고자 합니다. 나 변호사께서 이 사건 검토 결과를 보고해 주기 바랍니다.

나 변호사: 예, 말씀드리겠습니다. 첫째로, 천안시 담당공무원 홍민원에게 요청하여 관련자료를 받아본 결과 박미숙에 대한 등록취소처분을 하기에 앞서 사전통지는 하였으나 그 밖의 다른 의견진술 기회는 주지 않은 것으로 확인되었습니다. 둘째로, 박미숙으로부터 영업양도양수계약서를 전달받아 검토해 본 결과 계약은 유효하고, 박미숙은 영업자 등이 변경된 등록증을 적법하게 발급받았습니다. 셋째로, 관련규정을 확인해 본 결과, 노래연습장에 대한 단속 및 처분권한을 갖고 있는 천안시장이 내부적인 사무처리의 편의를 도모하기 위하여 동남구청장으로 하여금 그 단속 및 처분권한을 사실상 행사하게 하고 있습니다.

김 변호사: 박미숙이 등록취소를 받은 이유는 무엇인가요?

나 변호사: 담당공무원 홍민원에게 확인한 바에 따르면, 박미숙과 전(前) 영업자인 이원숙이 청소년 출입시간 위반을 한 것이 합계 4회가 되어서 등록취소가 되었다고 합니다.

김 변호사: 이원숙이 받은 제재처분의 내역을 확인해 보았나요?

나 변호사: 관련자료를 검토해 본 결과, 이원숙은 청소년출입시간을 위반하였다는 사유로 2010. 3. 3. 영업정지 10일, 2010. 11. 19. 영업정지 1월, 2011. 2. 1. 영업정지 3월의 처분을 각각 받은 사실이 확인되었습니다.

김 변호사: 박미숙은 영업양수를 할 때 이원숙이 제재처분을 받았다는 사실을 몰랐다고 하던가요?

나 변호사: 박미숙은 양도양수계약 당시에, 동일한 사유로 제재처분이 이미 3회 있었다는 사실을 양도인 이원숙으로부터 들어서 알고 있었다고 합니다.

김 변호사: 법률상담일지를 보니 등록취소처분 통지서가 2회에 걸쳐 송달된 것으로 되어 있던데 어떻게 된 것인가요?

나 변호사: 천안시 담당공무원에게 확인해 본 바에 의하면, 박미숙의 모친 윤숙자가 박미숙의 집을 잠시 방문했다가 처분통지서를 2011. 9. 16. 교부받았습니다. 그 후에 담당공무원은 처분관련서류를 검토하는 과정에서 송달에 문제가 있다고 판단하여 종전의 처분통지서를 다시 발송하였고, 2011. 10. 13. 박미숙 본인이 이를 직접 교부받은 것입니다.

김 변호사: 추가적인 질문이나 의견이 있습니까?

나 변호사: 처분의 근거조항인 음악산업진흥에 관한 법률 시행령 조항의 위헌성 여부 이외에 법률 조항의 위헌성 여부도 소장에 포함시키려고 하는데 괜찮겠습니까?

김 변호사: 좋은 생각입니다. 시행령 조항의 위헌성 여부를 소장에 포함시키는 것은 물론이고, 위헌법률심판제청신청을 하기 전이라도 법률 조항의 위헌성 여부도 소장에 포함시켜 주장하는 것이 좋겠습니다. 박미숙이 영업을 계속할 수 있도록 집행정지신청도 할 필요가 있는데 이 부분은 다른 변호사에게 맡겨놓았으니 나 변호사는 소장 작성 준비를 잘 해주기 바랍니다. 이상 회의를 마치겠습니다. 끝.

천 안 시

우 330-070 / 충남 천안시 서북구 불당동 234-1	전화 041-234-2644	전송 041-234-2647
처리과 환경위생과　　　　과장 박병훈	계장 이을식	담당 홍민원

문서번호　　　환경위생 11-788

시행일자　　　2011. 9. 13.

받　　음　　　박미숙(상호: 재미노래연습장) 귀하

제　　목　　　노래연습장 등록취소처분 통지

───

1. 항상 시정발전에 협조하여 주시는 귀하께 감사드립니다.

2. 귀하께서는 음악산업진흥에 관한 법률 제22조(노래연습장업자의 준수사항 등) 제 1 항 제 4 호 및 동법 시행령 제 9 조(노래연습장업자의 준수사항) 제 1 호의 규정에 의하여 당해 영업장소에 출입시간 외에 청소년을 출입하게 하여서는 아니됨에도 불구하고 2011. 7. 25. 이를 위반하였으므로, 동법 제23조(영업의 승계 등), 제27조(등록취소 등) 제 1 항 제 5 호 및 동법 시행규칙 제15조(행정처분의 기준 등) [별표 2]의 규정에 의하여 붙임과 같이 행정처분하오니 양지하시기 바랍니다.

3. 만약 이 처분에 불복이 있는 경우 처분이 있음을 안 날로부터 90일 이내에 행정심판법에 의한 행정심판 또는 행정소송법에 의한 행정소송을 제기할 수 있음을 알려드립니다.

붙임: 행정처분서(재미노래연습장)

천 안 시 장 〔천안시 장의인〕

행정처분서

영업소의 소재지	천안시 동남구 안서동 11-1		
영업소의 명칭	재미노래연습장		
영업자의 성명	박미숙	주민등록번호	******-*******
위 반 사 항	노래연습장에 출입시간 외에 청소년을 출입시킨 행위 (4차 위반)		
행정처분 내역	노래연습장 등록취소		
지시(안내)사항	생략(이 부분은 제대로 기재된 것으로 볼 것)		

귀 업소는 위 위반사항으로 적발되어 음악산업진흥에 관한 법률 제27조 제 1 항 제 5 호, 제 22조 제 1 항 제 4 호, 제23조, 동법 시행령 제 9 조 제 1 호, 동법 시행규칙 제15조 [별표 2]에 의하여 위와 같이 행정처분합니다.

2011년 9월 13일

천 안 시 장 [천안시장의인 인장]

우편송달보고서

증서 2011년 제387호   2011년 9월 13일 발송

1. 송달서류 노래연습장 등록취소처분 통지 및 행정처분서 1부(환경위생 11-788) 발송자 천안시장 송달받을 자 박미숙 귀하 천안시 동남구 안서동 369	

영수인	**박미숙의 모 윤숙자** (서명)	
영수인 서명날인 불능		
✕	송달받을 자 본인에게 교부하였다.	
✕	송달받을 자가 부재 중이므로 사리를 잘 아는 다음 사람에게 교부하였다.	
	사무원	
	피용자	
	동거자	
✕	다음 사람이 정당한 사유 없이 송달받기를 거부하므로, 그 장소에 서류를 두었다.	
	송달받을 자	
	사무원	
	피용자	
	동거자	
송달연월일 2011. 9. 16. 16시 40분		
송달장소 천안시 동남구 안서동 369		

위와 같이 송달하였다.

2011. 9. 19.

우체국 집배원   고배달 (고배달 인)

우편송달보고서

증서 2011년   제402호   2011년   10월   10일   발송

1. 송달서류	노래연습장 등록취소처분 통지 및 행정처분서 1부(환경위생 11-788)

발송자   천안시장

송달받을 자   박미숙 귀하

천안시 동남구 안서동 369

영수인	**박미숙** (서명)

영수인 서명날인 불능

① 송달받을 자 본인에게 교부하였다.

2	송달받을 자가 부재 중이므로 사리를 잘 아는 다음 사람에게 교부하였다.
	사무원
	피용자
	동거자

3	다음 사람이 정당한 사유 없이 송달받기를 거부하므로, 그 장소에 서류를 두었다.
	송달받을 자
	사무원
	피용자
	동거자

송달연월일   2011. 10. 13.   10시 50분

송달장소   천안시 동남구 안서동 369

위와 같이 송달하였다.

2011.   10.   17.

우체국 집배원   고배달

주 민 등 록 표
(등 본)

이 등본은 세대별 주민등록표의 원본
내용과 틀림없음을 증명합니다.

2011년   12월   26일

천안시 동남구 안서동장

세대주	박 미 숙	세대구성 사유 및 일자	전입세대구성 2000-5-25

번호	주 소 (통/반)	전입일 / 변동일 변 동 사 유
현주소 전입	천안시 동남구 안서동 369(5/3)	2000-5-25/2000-5-25 전입
현주소	천안시 동남구 안서동 369(5/3)	

번호	세대주 관계	성 명 주민등록번호	전입일/변동일	변 동 사 유
1	본인	박 미 숙 650605-2519910		
2	자	강 민 음 ******-*******		
3	자	강 보 람 ******-*******		
		= 이 하 여 백 =		

서기 2011년 12월 26일

수입 증지 **350원** 충남 천안시	천안시 동남구 안서동장 안서동 장의인

주 민 등 록 표
(등   본)

이 등본은 세대별 주민등록표의 원본
내용과 틀림없음을 증명합니다.

2011년   12월   26일

대구광역시 남구 대명제10동장

세대주	윤 숙 자	세대구성 사유 및 일자	전입세대구성 1978-9-27
번호	주 소 (통/반)		전입일 / 변동일 변 동 사 유
현주소 전입	대구광역시 남구 대명10동 203(1/2)		1978-9-27/1978-9-27 전입
현주소	대구광역시 남구 대명10동 203(1/2)		
번호	세대주 관계	성 명 주민등록번호	전입일/변동일	변 동 사 유
1	본인	윤 숙 자 ******-*******		
	= 이 하 여 백 =			
	서기 2011년 12월 26일			

수입 증지
350원
대구광역시 남구

대구광역시 남구 대명제10동장   [대명10 동장인]

단속결과보고서

제2011-189호

수신: 동남구청장
참조: 보건위생과장
제목: 음악산업진흥에 관한 법률 위반업소 단속결과보고

노래연습장 불법영업 지도·단속 계획에 따라 해당업소에 현지 출장한 결과를 아래와 같이 보고합니다.

출장일시	2011. 7. 25. 18 : 00 ~ 24 : 00
단 속 반	1개반 2명
단속업소	천안시 동남구 관할구역 내 노래연습장 5개소
중점단속사항	- 청소년 출입시간 준수 여부 - 주류 판매위반 여부
단속결과	- 위반업소: 재미노래연습장(안서동 11-1) 음악산업진흥에 관한 법률 제22조(노래연습장업자의 준수사항 등) 제 1 항 제 4 호, 동법 시행령 제 9 조(노래연습장업자의 준수사항) 제 1 호의 규정에 따라 노래연습장업자는 당해 영업장소에 출입시간(오전 9시부터 오후 6시까지) 외에 청소년을 출입시켜서는 아니됨에도 불구하고, 위 노래연습장 영업자 박미숙이 2011. 7. 25. 20 : 00경 자신이 운영하는 재미노래연습장에서 청소년 정미성(만 17세)을 최성연 등 6명과 함께 노래방에 출입시간 외에 출입시켜 영업하였음을 확인하고, 박미숙, 최성연, 정미성으로부터 해당행위에 대한 자술서 및 확인서를 징구하였습니다.

위와 같이 조치결과를 보고합니다.

2011년 7월 26일

보고자 : 천안시 동남구청 6급 이점검 (이점검)

천안시 동남구청 7급 이미연 (이미연)

자 술 서

이름: 박미숙(******-*******)
주소: 충남 천안시 동남구 안서동 369번지

   저는 천안시 동남구 안서동 11-1번지에서 "재미노래연습장"을 운영하고 있는 박미숙입니다. 개업 후 한두 번 와서 얼굴을 아는 최성연을 비롯한 회사 사람들 7명이 오늘 저녁 7시쯤에 왔길래 6호실로 안내하여 주었습니다. 그런데 저녁 8시쯤 구청에서 단속반이 나와서 손님들의 나이를 조사하기 시작하였고 회사 사람들 중에서 정미성이 만 17세라는 사실이 밝혀졌습니다. 겉모습으로는 모두 성인이 었기 때문에 저로서는 그들 중에 청소년이 있다고는 꿈에도 생각하지 못하였습니다.

저는 살아오면서 지금까지 한 번도 법을 어긴 사실이 없었습니다. 그런데 이번에 출입시간 외에 청소년을 출입시켰다고 하여 단속을 당하고 보니 너무 억울합니다.

앞으로는 나이 확인을 더 철저히 해서 절대로 법을 어기는 일이 없도록 할 테니 저의 어려운 처지를 생각해서 선처해 주실 것을 간절히 부탁드립니다.

2011년 7월 25일

박미숙 (서명)

확 인 서

성   명 : 최성연
주민등록번호 : ******-*******
주   소 : 천안시 성정동 689번지 계일빌라 5동 101호

　　저는 천안시 동남구 소재 동남전자 주식회사에 다니고 있습니다. 정미성은 직장 후배입니다. 오늘 정미성을 포함하여 직장동료들과 저녁 회식을 마치고, 그냥 헤어지기 서운해서 근처 노래방에 가서 노래를 부르기로 하였습니다. 재미노래방을 한두 번 가본 적이 있어 일행들과 함께 오늘 저녁 7시경 노래방 6호실로 들어가 노래를 부르던 중 갑자기 구청에서 단속을 나왔는데, 신분증을 일일이 조사하는 과정에서 정미성이 1993년생으로 만 17세에 해당되어 청소년인 사실이 드러났습니다. 정미성이 나이가 들어보여서 그런지는 몰라도 노래방에 들어갈 때 신분증 검사를 따로 하지는 아니하였고, 저를 알고 있는 노래방 사장님이 곧바로 노래방 6호실로 안내하였습니다. 이번 일로 인하여 노래방 사장님께 피해가 가지 않도록 해 주십시오.

2011. 7. 25.

최성연 (서명)

확 인 서

이   름 : 정미성
주민등록번호 : 931003-1030524
주   소 : 천안시 원성동 245번지 계일아파트 2동 503호

  저는 고등학교 과정을 검정고시로 마치고 천안시 동남구에 있는 동남전자 주식회사에 갓 취업하였습니다. 오늘 최성연 대리님 등 6명과 함께 저녁회식에 참석하였다가 식사를 마치고 그냥 헤어지기 서운해서 노래방을 가기로 하였습니다. 직장 선배들과 함께 근처에 있는 재미노래방에 왔습니다. 이 노래방은 처음 온 곳인데 노래방 사장님이 최성연 대리님을 알아봐서 그런지 따로 신분 확인을 하지는 아니하였습니다. 노래방 6호실에서 2PM의 "Hands up"을 부르고 있는데 마침 구청에서 단속을 나와 저에게 나이를 묻길래 주민등록증을 제시했습니다. 청소년이 노래방에 왔다고 왜 단속을 하는지 모르겠습니다. 그러면 우리는 어디로 가야 합니까?

2011. 7. 25.

정미성 (서명)

천 안 시

우 330-070 / 충남 천안시 서북구 불당동 234-1	전화 041-234-2644	전송 041-234-2647
처리과 환경위생과 과장 박병훈	계장 이을식	담당 홍민원

수 신 자   박미숙(재미노래연습장 영업자)

시행일자   2011. 8. 12.

제   목   노래연습장 등록취소처분 사전통지서

행정절차법 제21조 제1항의 규정에 의하여 우리 기관이 하고자 하는 처분의 내용을 통지하오니 의견을 제출하여 주시기 바랍니다.

1. 예정된 처분의 제목		노래연습장 등록취소		
2. 당사자	성명(명칭)	박미숙(재미노래연습장)		
	주 소	충남 천안시 동남구 안서동 369		
3. 처분의 원인이 되는 사실		노래연습장에 출입시간 외에 청소년 출입 (4차 위반)		
4. 처분하고자 하는 내용		노래연습장 등록취소		
5. 법적 근거		음악산업진흥에 관한 법률 제27조 제1항 제5호, 제22조 제1항 제4호, 제23조, 동법 시행령 제9조 제1호, 동법 시행규칙 제15조 [별표 2]		
6. 의견제출		기관명	천안시청	부서명	환경위생과
		주 소	천안시 서북구 불당동 234-1		
		기 한	2011. 8. 31.까지		

천 안 시 장 [인: 천안시장의인]

등록번호   제11-56호

노래연습장업 등록증

1. 성명(영업자): 박미숙
2. 생년월일: 1965. 6. 5.
3. 상호: 재미노래연습장
4. 영업소 소재지: 충남 천안시 동남구 안서동 11-1
5. 영업소 면적: 125㎡

「음악산업진흥에 관한 법률」 제20조·제21조 및 같은 법 시행규칙 제10조·제11조에 따라 노래연습장업(청소년실 [○] 유 [   ] 무)
([   ] 등록증 [○] 변경등록증)을 ([○] 발급 [   ] 재발급)합니다.

2011년 6월 24일

천 안 시 장 (천안시장의인)

피 의 자 신 문 조 서

피 의 자 : 박미숙

 위의 사람에 대한 음악산업진흥에관한법률위반 피의사건에 관하여 2011. 10. 24. 천안동남경찰서에서 사법경찰관 경위 최순찰은 사법경찰리 경사 오배석을 참여하게 하고, 아래와 같이 피의자임에 틀림 없음을 확인하다.

문   피의자의 성명, 주민등록번호, 직업, 주거, 등록기준지 등을 말하십시오.

답   **성명은**   박미숙(朴美淑)

        주민등록번호는 ******-******* (만 46세)

        직업은   노래연습장업자

        주거는   충남 천안시 동남구 안서동 369

        등록기준지는   생략

        직장주소는   충남 천안시 동남구 안서동 11-1

        연락처는   직장전화 041-200-1234   휴대전화 ***-****-****

    입니다.

 사법경찰관은 피의사건의 요지를 설명하고 사법경찰관의 신문에 대하여 형사소송법 제244조의3에 따라 진술을 거부할 수 있는 권리 및 변호인의 참여 등 조력을 받을 권리가 있음을 피의자에게 알려주고 이를 행사할 것인지 그 의사를 확인하다.

진술거부권 및 변호인 조력권 고지 등 확인

1. 귀하는 일체의 진술을 하지 아니하거나 개개의 질문에 대하여 진술을 하지 아니할 수 있습니다.
2. 귀하가 진술을 하지 아니하더라도 불이익을 받지 아니합니다.
3. 귀하가 진술을 거부할 권리를 포기하고 행한 진술은 법정에서 유죄의 증거로 사용될 수 있습니다.
4. 귀하가 신문을 받을 때에는 변호인을 참여하게 하는 등 변호인의 조력을 받을 수 있습니다.

문　피의자는 위와 같은 권리들이 있음을 고지 받았는가요.

답　**예, 고지 받았습니다.**

문　피의자는 진술거부권을 행사할 것인가요.

답　**아닙니다.**

문　피의자는 변호인의 조력을 받을 권리를 행사할 것인가요.

답　**아닙니다. 혼자서 조사를 받겠습니다.**

　이에 사법경찰관은 피의사실에 관하여 다음과 같이 피의자를 신문하다.

문　피의자는 전과가 있나요.

답　없습니다.

문　피의자의 병역관계를 말하시오.

답　해당사항 없습니다.

문　학력 관계를 말하시오.

답　대구시 소재 상서여자상업고등학교를 졸업했습니다.

문 가족관계를 말하시오.

답 2000년 이혼한 후에 아들 강민음(15세), 딸 강보람(14세)과 함께 살고 있습니다.

문 피의자의 경력은 어떠한가요.

답 저는 이혼 후 10년간 식당에서 일하다가 모아둔 돈으로 무슨 사업을 할까 고민하다가 마침 이원숙이 노래방을 내놓았다는 이야기를 초등학교 동창을 통해 전해 듣고, 자기 사업을 하고 싶어 노래방을 양수하여 2011년 7월 1일부터 영업을 하다가 등록취소를 당했으며 그 외 특별한 경력은 없습니다.

문 재산관계를 말하시오.

답 제 소유의 부동산은 없고, 전세보증금 2천만원에 전세들어 생활하고 있습니다. 월수입 100만원으로 근근이 생활하고 있습니다.

문 피의자는 술과 담배를 어느 정도 하는가요.

답 술과 담배는 하지 않습니다.

문 피의자의 건강상태를 말하시오.

답 혈압이 높은 편이고, 건강이 그리 좋지는 못합니다.

문 피의자는 믿는 종교가 있는가요.

답 없습니다.

문 피의자는 청소년을 출입시간 외에 노래연습장에 손님으로 출입시켜 영업을 하다가 단속에 걸린 사실이 있나요.

답 예, 그런 사실이 있습니다.

문 어떻게 단속에 걸린 것인가요.

답 2011년 7월 25일 저녁 평소와 마찬가지로 영업을 하던 중, 저녁 7시경 노래방에 한두 번 찾아왔던 최성연이 처음 보는 정미성 등 일행 6명과 함께 찾아왔습니다. 그런데 저녁 8시경 구청 단속직원들이 갑자기 들이닥쳐 손님들의 신분증을 확인하기 시작했습니다. 그 과정에서 최성연과 함께 온 정미성이 만 17세인 사실이 밝혀졌습니다.

문 피의자는 평소 노래방 손님들의 나이를 어떻게 확인하고 있나요.

답 노래방을 개업한 지 얼마 안 되었고 청소년으로 보이는 손님이 출입시간 외에 온 경우는 별로 없었지만, 청소년으로 의심되는 손님이 들어오면 나이를 확인하곤 했습니다.

문 그날 손님들의 나이는 어떻게 확인하였나요.

답 최성연은 재미노래방에 이미 한두 번 와서 아는 손님이었고 당시 일행 7명이 우르르 몰려왔는데 그 중에 청소년으로 보이는 사람이 없어서 노래방 6호실로 바로 안내하였습니다.

문 피의자는 단속 당시에 노래방을 운영한 지 얼마나 되었나요.

답 이원숙으로부터 노래방을 양수하고 변경등록을 마친 후 영업을 시작한 지 1달이 채 못되었습니다.

문   노래방 규모는 어떤가요.

답   노래방은 약 40평으로 청소년실 1개와 일반실 6개가 있습니다.

문   더 하고 싶은 말이 있나요.

답   탄원서를 가져왔으니 선처해주시기 바랍니다.

이때 피의자가 제출하는 탄원서를 조서 말미에 편철하다.

문   이상의 진술내용에 대하여 이의나 의견이 있는가요.

답   **없습니다.** ㉑

위 조서를 진술자에게 열람하게 한 바, 진술한 대로 오기나 증감, 변경할 것이 전혀 없다고 말하므로 간인한 후 서명 날인케 하다.

진술자   **박미숙** ㉑

2011년   10월   24일

천안동남경찰서

사법경찰관 경위   **최 순 찰** ㉑

사법경찰리 경사   **오 배 석** ㉑

탄 원 서

저는 천안시 동남구 안서동 11-1번지에서 "재미노래연습장"을 운영하던 박미숙입니다. 저는 10년 전에 남편과 성격 차이 때문에 이혼하고 난 뒤에 어린 자식 둘을 어떻게 키울까 하고 걱정이 태산 같았습니다. 그 이후 10년간 식당에서 일하면서 모은 돈으로 제 사업을 하려고 알아보던 중, 초등학교 동창의 소개로 알게 된 이원숙으로부터 그녀가 운영하던 "오케이노래연습장"을 인수하게 되었습니다. 처음에는 노래방을 해 본 적이 없어서 많이 망설였는데, 이원숙이 "노래방 영업은 카운터에 앉아 있기만 하면 되고 별로 힘들 게 없으며, 또 필요하면 여러 가지로 조언을 해 주겠다"고 하여서 이원숙에게 권리금 1천만원을 주고 노래방을 인수하였습니다. 노래방 인테리어에 500만원이 들었고, 보증금 3천만원에 월 50만원씩을 임대료로 내고 있습니다.

제가 "재미노래연습장"이라는 상호로 영업을 시작한 지 한 달도 채 지나지 않은 지난 2011년 7월 25일 저녁 7시쯤의 일입니다. 같은 회사 사람들로 보이는 일행 일곱 명이 제 노래방에 왔는데, 모두 나이가 들어 보였고 그중에 청소년이 있다고는 전혀 생각하지 못하였습니다. 그런데 불시에 천안시 동남구청에서 단속을 나와서 그 손님들 중의 한 명인 정미성이 만 17세라는 사실이 밝혀졌습니다. 구청 직원은 왜 청소년을 출입시간 이외에 출입시켰느냐고 다그쳤는데, 저로서는 생각도 못한 너무 뜻밖의 일인지라 당황하여 어찌 할 바를 몰랐습니다.

제가 그 날, 제 노래방에 한두 번 와서 안면이 있던 최성연과 그 일행 여섯 명의 신분증과 나이를 일일이 확인하지 않은 것은 결과적으로 보면 제 불찰입니다. 그렇지만, 제가 노래방을 양수한 이후로 중고등학생이나 청소년으로 보이는 손님들을 저녁 6시 이후에 출입시킨 적은 한 번도 없습니다. 그런데 이번에 회사 사람들 중 한 명이 청소년이라는 이유로 저에게 등록취소처분을 하여 영업을 하지 못하게 한 것은 너무나 가혹합니다.

저로서는 노래방이 유일한 생계수단이고, 노래방을 운영하지 못하게 되면 당장의 생계가 막막하고 한창 교육비가 들어가는 자식들을 제대로 키울 수가 없습니다. 그리고, 제가 이원숙에게 지급한 권리금이나 투자한 인테리어 비용을 회수할 길이 없어서 저는 금전상으로 큰 손해를 입게 됩니다. 또, 이번 일로 노래방 등록이 취소되고 형사처벌까지 받게 된다면 저로서는 너무나 감당하기 힘든 일입니다. 그러니 이번에 한하여 저에게 관대하게 용서하여 주시기 바랍니다. 앞으로는 조금이라도 청소년이라고 의심이 드는 손님에 대해서는 그 손님이 혼자 왔든지, 여러 사람이 왔든지 간에 나이 확인을 철저히 해서 절대로 법을 어기는 일이 없도록 하겠습니다.

저의 어려운 처지를 생각해서 선처해 주실 것을 간절히 부탁드립니다.

2011년   10월   24일

탄원인 박미숙 올림 ㉑

천안동남경찰서장님 귀하

기록이면표지

참고자료 1

음악산업진흥에 관한 법률(발췌)

제 1 조(목적)

이 법은 음악산업의 진흥에 필요한 사항을 정하여 관련 산업의 발전을 촉진함으로써 국민의 문화적 삶의 질을 높이고 국민경제의 발전에 이바지함을 목적으로 한다.

제 2 조(정의)

이 법에서 사용하는 용어의 정의는 다음과 같다.

1. ~ 12. 〈생략〉
13. "노래연습장업"이라 함은 연주자를 두지 아니하고 반주에 맞추어 노래를 부를 수 있도록 하는 영상 또는 무영상 반주장치 등의 시설을 갖추고 공중의 이용에 제공하는 영업을 말한다.
14. "청소년"이란 함은 18세 미만의 자(「초·중등교육법」 제 2 조의 규정에 따른 고등학교에 재학 중인 학생을 포함한다)를 말한다.

제11조(노래연습장업자의 교육)

① 시장·군수·구청장(자치구의 구청장을 말한다. 이하 같다)은 다음 각 호의 경우에는 대통령령이 정하는 바에 따라 노래연습장업자에 대하여 준수사항, 재난예방, 제도변경사항 등에 관한 교육을 실시할 수 있다.

1. 노래연습장업을 신규등록하는 경우
2. 노래연습장업의 운영 및 재난방지방법 등 관련 제도가 변경된 경우
3. 그 밖에 시장·군수·구청장이 필요하다고 인정하는 경우

② 시장·군수·구청장은 제 1 항의 규정에 불구하고 제 1 항 제 1 호의 경우에는 노래연습장업자에 대한 교육을 실시하여야 한다. 이 경우 교육은 월별 또는 분기별로 통합하여 실시할 수 있다.

제16조(음반·음악영상물제작업 등의 신고)

① ~ ④ 〈생략〉

제18조(노래연습장업의 등록)

① 노래연습장업을 영위하고자 하는 자는 문화체육관광부령으로 정하는 노래연습장 시설을 갖추어 시장·군수·구청장에게 등록하여야 한다.

② 제1항의 규정에 따른 등록의 절차·방법 및 운영 등에 관하여 필요한 사항은 문화체육관광부령으로 정한다.

제19조(영업의 제한)

제16조 및 제18조에 따라 신고 또는 등록하고자 하는 자가 다음 각 호의 어느 하나에 해당하는 때에는 제16조 및 제18조의 규정에 따른 신고 또는 등록을 할 수 없다.

1. 제27조 제1항의 규정에 따라 영업의 폐쇄명령 또는 등록의 취소처분을 받은 후 1년이 경과되지 아니하거나 영업정지처분을 받은 후 그 기간이 종료되지 아니한 자(법인의 경우에는 그 대표자 또는 임원을 포함한다)가 같은 업종을 다시 영위하고자 하는 때

2. 노래연습장업자가 제27조 제1항의 규정에 따라 영업의 폐쇄명령 또는 등록의 취소처분을 받은 후 1년이 경과되지 아니하거나 영업정지처분을 받은 후 그 기간이 종료되지 아니한 경우에 같은 장소에서 같은 업종을 다시 영위하고자 하는 때

제20조(신고증·등록증의 교부)

시·도지사 또는 시장·군수·구청장은 제16조 및 제18조의 규정에 따른 신고를 받거나 등록을 한 경우에는 문화체육관광부령이 정하는 바에 따라 신청인에게 신고증 또는 등록증을 교부하여야 한다.

제21조(신고 또는 등록사항의 변경)

① 제16조 및 제18조의 규정에 따라 신고 또는 등록을 한 자가 문화체육관광부령이 정하는 중요사항을 변경하고자 하는 경우에는 문화체육관광부령이 정하는 바에 따라 시·도지사 또는 시장·군수·구청장에게 변경신고 또는 변경등록을 하여야 한다.

② 시·도지사 또는 시장·군수·구청장은 제1항의 규정에 따라 변경신고 또는 변경등록을 받은 경우에는 문화체육관광부령이 정하는 바에 따라 신고증 또는 등록증을 갱신하여 교부하여야 한다.

제22조(노래연습장업자의 준수사항 등)

① 노래연습장업자는 다음 각 호의 사항을 지켜야 한다.

1. 영업소 안에 화재 또는 안전사고 예방을 위한 조치를 할 것

2. 접대부(남녀를 불문한다)를 고용·알선하거나 호객행위를 하지 아니할 것

3. 「성매매알선 등 행위의 처벌에 관한 법률」 제2조 제1항의 규정에 따른 성매매 등의 행위를 하게 하거나 이를 알선·제공하는 행위를 하지 아니할 것

4. 기타 대통령령이 정하는 사항을 준수할 것

② 누구든지 영리를 목적으로 노래연습장에서 손님과 함께 술을 마시거나 노래 또는 춤으로 손님의 유흥을 돋우는 접객행위를 하거나 타인에게 그 행위를 알선하여서는 아니 된다.

제23조(영업의 승계 등)

① 제16조 또는 제18조의 규정에 따라 신고 또는 등록을 한 영업자가 그 영업을 양도하거나 사망한 때 또는 그 법인의 합병이 있는 때에는 그 양수인·상속인 또는 합병 후 존속하는 법인이나 합병에 의하여 설립되는 법인은 그 영업자의 지위를 승계한다.

② 〈생략〉

③ 제 1 항의 규정에 따라 영업자의 지위를 승계하는 경우 종전의 영업자에게 제27조 제 1 항 각 호의 위반을 사유로 행한 행정제재처분의 효과는 그 행정제재처분일로부터 1년간 영업자의 지위를 승계 받은 자에게 승계되며, 행정제재처분의 절차가 진행 중인 때에는 영업자의 지위를 승계받은 자에게 행정제재처분의 절차를 속행할 수 있다. 다만, 영업자의 지위를 승계 받은 자가 승계시에 그 처분 또는 위반사실을 알지 못한 경우에는 그러하지 아니하다.

④ 〈생략〉

제27조(등록취소 등)

① 시·도지사 또는 시장·군수·구청장은 제 2 조 제 8 호 내지 제11호 및 제13호의 규정에 따른 영업을 영위하는 자가 다음 각 호의 어느 하나에 해당하는 때에는 그 영업의 폐쇄명령, 등록의 취소처분, 6개월 이내의 영업정지명령, 시정조치 또는 경고조치를 할 수 있다. 다만, 제 1 호 또는 제 2 호에 해당하는 때에는 영업을 폐쇄하거나 등록을 취소하여야 한다.

1. 거짓 그 밖의 부정한 방법으로 신고 또는 등록을 한 때

2. 영업의 정지명령을 위반하여 영업을 계속한 때

3. 〈생략〉

4. 제21조의 규정에 따른 변경신고 또는 변경등록을 하지 아니한 때

5. 제22조의 규정에 따른 노래연습장업자 준수사항을 위반한 때

6. 〈생략〉

② 제 1 항의 규정에 따라 영업의 폐쇄명령 또는 등록의 취소처분을 받은 자는 그 처분의 통지를 받은 날부터 7일 이내에 신고증 또는 등록증을 반납하여야 한다.

③ 제 1 항의 규정에 따른 행정처분의 기준 등에 관하여 필요한 사항은 문화체육관광부령으로 정한다.

제30조(청문)

① 시·도지사 또는 시장·군수·구청장은 제27조의 규정에 따라 영업의 폐쇄명령 또는 등록의 취소를 하고자 하는 경우에는 청문을 실시하여야 한다.

② 〈생략〉

제34조(벌칙)

① ~ ⑤ 〈생략〉

참고자료 2

음악산업진흥에 관한 법률 시행령(발췌)

제 1 조(목적)

이 영은 「음악산업진흥에 관한 법률」에서 위임된 사항과 그 시행에 관하여 필요한 사항을 규정함을 목적으로 한다.

제 8 조 〈삭제〉

제 9 조(노래연습장업자의 준수사항)

법 제22조 제 1 항 제 4 호에 따라 노래연습장업자가 준수하여야 할 사항은 다음 각 호와 같다.

1. 당해 영업장소에 출입시간(오전 9시부터 오후 6시까지) 외에 청소년이 출입하지 아니하도록 할 것
2. 주류를 판매·제공하지 아니할 것

참고자료 3

음악산업진흥에 관한 법률 시행규칙(발췌)

제 1 조(목적)

이 규칙은 「음악산업진흥에 관한 법률」 및 「음악산업진흥에 관한 법률 시행령」에서 위임된 사항과 그 시행에 관하여 필요한 사항을 규정함을 목적으로 한다.

제10조(신고증·등록증의 교부 및 재교부)

① ~ ③ 〈생략〉

제11조(신고 또는 등록사항의 변경신고 등)

① 법 제21조 제 1 항에 따라 음반·음악영상물제작업, 음반·음악영상물배급업 또는 온라인음악서비스제공업을 신고하거나 노래연습장업을 등록한 자가 변경신고 또는 변경등록을 하여야 하는 사항은 다음 각 호와 같다.

1. 영업자(법인의 경우에는 그 대표자를 말한다)의 변경
2. 영업소 소재지의 변경
3. 제작품목 또는 배급품목의 변경(음반·음악영상물제작업 및 음반·음악영상물배급업에 한한다)
4. 상호의 변경
5. 영업소 면적의 변경과 청소년실 유무의 변경(노래연습장업에 한한다)

② ~ ⑤ 〈생략〉

제15조(행정처분의 기준 등)

① 법 제27조 제 3 항에 따른 행정처분의 기준은 별표 2와 같다.

② 시·도지사 또는 시장·군수·구청장은 제 1 항에 따른 행정처분을 하는 경우에는 별지 제14호 서식의 행정처분기록대장에 그 처분내용 등을 기록·관리하여야 한다.

③ 법 제23조에 따라 영업자의 지위를 승계하려는 자는 담당 공무원에게 해당영업소의 행정처분기록대장의 열람을 청구할 수 있다.

〔별표 2〕 행정처분의 기준(제15조 관련)

1. 일반기준

가. ~ 나. 〈생략〉

다. 위반행위의 횟수에 따른 행정처분의 기준은 최근 1년간 같은 위반행위로 행정처분을 받은 경우에 적용한다. 이 경우 행정처분 기준의 적용은 같은 위반행위에 대하여 최초로 행정처분을 한 날을 기준으로 한다.

라. 〈생략〉

마. 위반사항의 내용으로 보아 그 위반의 정도가 경미하거나 위반행위가 고의·과실이 아닌 사소한 부주의나 오류로 인한 것으로 인정되는 경우에는 영업정지처분에 해당되는 경우에 한하여 그 처분기준의 2분의 1의 범위에서 감경하여 처분할 수 있다.

바. 〈생략〉

2. 개별기준

위반사항	근거법령	행정처분기준			
		1차위반	2차위반	3차위반	4차위반
가. ~ 라. 〈생략〉					
마. 법 제22조 및 동법 시행령 제 9 조에 따른 노래연습장업자의 준수사항을 위반한 때	법 제27조 제 1 항 제 5 호				
1) 영업소 안에 화재 또는 안전사고 예방을 위한 조치를 취하지 아니한 때		경고	영업정지 10일	영업정지 20일	영업정지 1월
2) 접대부(남녀를 불문한다)를 고용·알선한 때		영업정지 1월	영업정지 2월	등록취소	
3) 「성매매알선 등 행위의 처벌에 관한 법률」 제 2 조 제 1 항에 따른 성매매 등의 행위를 하게 하거나 이를 알선·제공하는 행위를 한 때		등록취소			
4) 청소년 출입시간 외에 청소년을 출입시킨 때		영업정지 10일	영업정지 1월	영업정지 3월	등록취소
5) 주류를 판매·제공한 때		영업정지 10일	영업정지 1월	영업정지 3월	등록취소
바. 〈생략〉					

참고자료 4

법원조직법(발췌)

제 3 조(법원의 종류)

① 법원은 다음의 6종으로 한다.

1. 대법원

2. 고등법원

3. 특허법원

4. 지방법원

5. 가정법원

6. 행정법원

② 지방법원 및 가정법원의 사무의 일부를 처리하게 하기 위하여 그 관할구역안에 지원과 가정지원, 시법원 또는 군법원(이하 "시·군법원"이라 한다) 및 등기소를 둘 수 있다. 다만, 지방법원 및 가정법원의 지원은 2개를 합하여 1개의 지원으로 할 수 있다.

③ 고등법원·특허법원·지방법원·가정법원·행정법원과 지방법원 및 가정법원의 지원, 가정지원, 시·군법원의 설치·폐지 및 관할구역은 따로 법률로 정하고, 등기소의 설치·폐지 및 관할구역은 대법원규칙으로 정한다.

부칙〈법률 제4765호, 1994. 7. 27.〉

제 1 조(시행일)

① ~ ② 〈생략〉

제 2 조(행정사건에 관한 경과조치)

부칙 제 1 조 제 1 항 단서의 규정에 의한 행정법원에 관한 사항의 시행당시 행정법원이 설치되지 않은 지역에 있어서의 행정법원의 권한에 속하는 사건은 행정법원이 설치될 때까지 해당 지방법원 본원 및 춘천지방법원 강릉지원이 관할한다.

참고자료 5

각급 법원의 설치와 관할구역에 관한 법률(발췌)

제 1 조(목적)

이 법은 「법원조직법」 제 3 조 제 3 항에 따라 각급 법원의 설치와 관할구역을 정함을 목적으로 한다.

제 4 조(관할구역)

각급 법원의 관할구역은 다음 각 호의 구분에 따라 정한다. 다만, 지방법원 또는 그 지원의 관할구역에 시·군법원을 둔 경우 「법원조직법」 제34조 제 1 항 제 1 호 및 제 2 호의 사건에 관하여는 지방법원 또는 그 지원의 관할구역에서 해당 시·군법원의 관할구역을 제외한다.

1. 각 고등법원·지방법원과 그 지원의 관할구역: 별표 3
2. 특허법원의 관할구역: 별표 4
3. 각 가정법원과 그 지원의 관할구역: 별표 5
4. 행정법원의 관할구역: 별표 6
5. 각 시·군법원의 관할구역: 별표 7
6. 항소사건(抗訴事件) 또는 항고사건(抗告事件)을 심판하는 지방법원 본원 합의부 및 지방법원 지원 합의부의 관할구역: 별표 8
7. 행정사건을 심판하는 춘천지방법원 및 춘천지방법원 강릉지원의 관할구역: 별표 9

〔별표 3〕 고등법원·지방법원과 그 지원의 관할구역

고등법원	지방법원	지원	관할구역
서울	서울중앙		서울특별시 종로구·중구·성북구·강남구·서초구·관악구·동작구
	서울동부		서울특별시 성동구·광진구·강동구·송파구
	서울남부		서울특별시 영등포구·강서구·양천구·구로구·금천구
	서울북부		서울특별시 동대문구·중랑구·도봉구·강북구·노원구
	서울서부		서울특별시 서대문구·마포구·은평구·용산구
	의정부		의정부시·동두천시·구리시·남양주시·양주시·연천군·포천시·가평군, 강원도 철원군. 다만, 소년보호사건은 앞의 시·군 외에 고양시·파주시
		고양	고양시·파주시
	인천		인천광역시. 다만, 소년보호사건은 앞의 광역시 외에 부천시·김포시
		부천	부천시·김포시
	수원		수원시·오산시·용인시·화성시. 다만, 소년보호사건은 앞의 시 외에 성남시·하남시·평택시·이천시·안산시·광명시·시흥시·안성시·광주시·안양시·과천시·의왕시·군포시·여주군·양평군
		성남	성남시·하남시·광주시
		여주	이천시·여주군·양평시
		평택	평택시·안성시
		안산	안산시·광명시·시흥시
		안양	안양시·과천시·의왕시·군포시
	춘천		춘천시·화천군·양구군·인제군·홍천군. 다만, 소년보호사건은 철원군을 제외한 강원도
		강릉	강릉시·동해시·삼척시
		원주	원주시·횡성군
		속초	속초시·양양군·고성군
		영월	태백시·영월군·정선군·평창군

고등 법원	지방 법원	지원	관할구역
대전	대전		대전광역시·연기군·금산군
		홍성	보령시·홍성군·예산군·서천군
		공주	공주시·청양군
		논산	논산시·계룡시·부여군
		서산	서산시·태안군·당진군
		천안	천안시·아산시
	청주		청주시·청원군·진천군·보은군·괴산군·증평군. 다만, 소년보호사 건은 충청북도
		충주	충주시·음성군
		제천	제천시·단양군
		영동	영동군·옥천군
대구	대구		대구광역시 중구·동구·남구·북구·수성구·영천시·경산시·칠곡 군·청도군
		서부	대구광역시 서구·달서구·달성군, 성주군·고령군
		안동	안동시·영주시·봉화군
		경주	경주시
		포항	포항시·울릉군
		김천	김천시·구미시
		상주	상주시·문경시·예천군
		의성	의성군·군위군·청송군
		영덕	영덕군·영양군·울진군
부산	부산		부산광역시 중구·서구·동구·영도구·부산진구·북구·사상구·강 서구·사하구·동래구·연제구·금정구
		동부	부산광역시 해운대구·남구·수영구·기장군
	울산		울산광역시·양산시
	창원		창원시 의창구·성산구·진해구, 김해시. 다만, 소년보호사건은 양산 시를 제외한 경상남도
		마산	창원시 마산합포구·마산회원구, 함안군·의령군
		통영	통영시·거제시·고성군

고등 법원	지방 법원	지원	관할구역
		밀양	밀양시 · 창녕군
		거창	거창군 · 함양군 · 합천군
		진주	진주시 · 사천시 · 남해군 · 하동군 · 산청군
광주	광주		광주광역시 · 나주시 · 화순군 · 장성군 · 담양군 · 곡성군 · 영광군
		목포	목포시 · 무안군 · 신안군 · 함평군 · 영암군
		장흥	장흥군 · 강진군
		순천	순천시 · 여수시 · 광양시 · 구례군 · 고흥군 · 보성군
		해남	해남군 · 완도군 · 진도군
	전주		전주시 · 김제시 · 완주군 · 임실군 · 진안군 · 무주군. 다만, 소년보호사건은 전라북도
		군산	군산시 · 익산시
		정읍	정읍시 · 부안군 · 고창군
		남원	남원시 · 장수군 · 순창군
	제주		제주시 · 서귀포시

〔별표 6〕 행정법원의 관할구역

고등법원	행정법원	관할구역
서울	서울	서울특별시

참고자료 6

달 력

■ 2010년 1월~12월

2010년 1월

일	월	화	수	목	금	토
					1	2
3	4	5	6	7	8	9
10	11	12	13	14	15	16
17	18	19	20	21	22	23
24/31	25	26	27	28	29	30

2010년 2월

일	월	화	수	목	금	토
	1	2	3	4	5	6
7	8	9	10	11	12	13
14	15	16	17	18	19	20
21	22	23	24	25	26	27
28						

2010년 3월

일	월	화	수	목	금	토
	1	2	3	4	5	6
7	8	9	10	11	12	13
14	15	16	17	18	19	20
21	22	23	24	25	26	27
28	29	30	31			

2010년 4월

일	월	화	수	목	금	토
				1	2	3
4	5	6	7	8	9	10
11	12	13	14	15	16	17
18	19	20	21	22	23	24
25	26	27	28	29	30	

2010년 5월

일	월	화	수	목	금	토
						1
2	3	4	5	6	7	8
9	10	11	12	13	14	15
16	17	18	19	20	21	22
23/30	24/31	25	26	27	28	29

2010년 6월

일	월	화	수	목	금	토
		1	2	3	4	5
6	7	8	9	10	11	12
13	14	15	16	17	18	19
20	21	22	23	24	25	26
27	28	29	30			

2010년 7월

일	월	화	수	목	금	토
				1	2	3
4	5	6	7	8	9	10
11	12	13	14	15	16	17
18	19	20	21	22	23	24
25	26	27	28	29	30	31

2010년 8월

일	월	화	수	목	금	토
1	2	3	4	5	6	7
8	9	10	11	12	13	14
15	16	17	18	19	20	21
22	23	24	25	26	27	28
29	30	31				

2010년 9월

일	월	화	수	목	금	토
			1	2	3	4
5	6	7	8	9	10	11
12	13	14	15	16	17	18
19	20	21	22	23	24	25
26	27	28	29	30		

2010년 10월

일	월	화	수	목	금	토
					1	2
3	4	5	6	7	8	9
10	11	12	13	14	15	16
17	18	19	20	21	22	23
24/31	25	26	27	28	29	30

2010년 11월

일	월	화	수	목	금	토
	1	2	3	4	5	6
7	8	9	10	11	12	13
14	15	16	17	18	19	20
21	22	23	24	25	26	27
28	29	30				

2010년 12월

일	월	화	수	목	금	토
			1	2	3	4
5	6	7	8	9	10	11
12	13	14	15	16	17	18
19	20	21	22	23	24	25
26	27	28	29	30	31	

■ 2011년 1월~12월

2011년 1월

일	월	화	수	목	금	토
						1
2	3	4	5	6	7	8
9	10	11	12	13	14	15
16	17	18	19	20	21	22
23/30	24/31	25	26	27	28	29

2011년 2월

일	월	화	수	목	금	토
		1	2	3	4	5
6	7	8	9	10	11	12
13	14	15	16	17	18	19
20	21	22	23	24	25	26
27	28					

2011년 3월

일	월	화	수	목	금	토
		1	2	3	4	5
6	7	8	9	10	11	12
13	14	15	16	17	18	19
20	21	22	23	24	25	26
27	28	29	30	31		

2011년 4월

일	월	화	수	목	금	토
					1	2
3	4	5	6	7	8	9
10	11	12	13	14	15	16
17	18	19	20	21	22	23
24	25	26	27	28	29	30

2011년 5월

일	월	화	수	목	금	토
1	2	3	4	5	6	7
8	9	10	11	12	13	14
15	16	17	18	19	20	21
22	23	24	25	26	27	28
29	30	31				

2011년 6월

일	월	화	수	목	금	토
			1	2	3	4
5	6	7	8	9	10	11
12	13	14	15	16	17	18
19	20	21	22	23	24	25
26	27	28	29	30		

2011년 7월

일	월	화	수	목	금	토
					1	2
3	4	5	6	7	8	9
10	11	12	13	14	15	16
17	18	19	20	21	22	23
24/31	25	26	27	28	29	30

2011년 8월

일	월	화	수	목	금	토
	1	2	3	4	5	6
7	8	9	10	11	12	13
14	15	16	17	18	19	20
21	22	23	24	25	26	27
28	29	30	31			

2011년 9월

일	월	화	수	목	금	토
				1	2	3
4	5	6	7	8	9	10
11	12	13	14	15	16	17
18	19	20	21	22	23	24
25	26	27	28	29	30	

2011년 10월

일	월	화	수	목	금	토
						1
2	3	4	5	6	7	8
9	10	11	12	13	14	15
16	17	18	19	20	21	22
23/30	24/31	25	26	27	28	29

2011년 11월

일	월	화	수	목	금	토
		1	2	3	4	5
6	7	8	9	10	11	12
13	14	15	16	17	18	19
20	21	22	23	24	25	26
27	28	29	30			

2011년 12월

일	월	화	수	목	금	토
				1	2	3
4	5	6	7	8	9	10
11	12	13	14	15	16	17
18	19	20	21	22	23	24
25	26	27	28	29	30	31

■ 2012년 1월~3월

2012년 1월

일	월	화	수	목	금	토
1	2	3	4	5	6	7
8	9	10	11	12	13	14
15	16	17	18	19	20	21
22	23	24	25	26	27	28
29	30	31				

2012년 2월

일	월	화	수	목	금	토
			1	2	3	4
5	6	7	8	9	10	11
12	13	14	15	16	17	18
19	20	21	22	23	24	25
26	27	28	29			

2012년 3월

일	월	화	수	목	금	토
				1	2	3
4	5	6	7	8	9	10
11	12	13	14	15	16	17
18	19	20	21	22	23	24
25	26	27	28	29	30	31

확 인 : 법무부 법조인력과장

소　장

원　고　　박미숙(650605-2519910)
　　　　　　천안시 동남구 안서동 369(5/3)

　　　　　　소송대리인 법무법인 필승
　　　　　　담당변호사 나성실
　　　　　　천안시 신부동 76-2 법조빌딩 3층
　　　　　　전화: 041-555-1786,　팩스: 041-555-1856

피　고　　천안시장

노래연습장등록취소처분 취소청구의 소

청 구 취 지

1. 피고가 2011. 9. 13. 원고에게 한 노래연습장등록취소처분을 취소한다.
2. 소송비용은 피고가 부담한다.

라는 판결을 구합니다.

청 구 원 인

1. 이 사건 처분의 경위

가. 원고는 2011. 6. 17. 이원숙으로부터 천안시 동남구 안서동 11-1 소재 노래연습장을 양수받아 같은 달 24. 노래연습장업 등록을 하고, 같은 해 7. 1.부터 재미노래연습장(이하 '이 사건 노래방'이라 한다)이라는 상호로 노래연습장업을 운영하고 있습니다.

나. 피고는 2011. 9. 13. 원고가 같은 해 7. 25. 오후 7시경 이 사건 노래방에 만 17세의 청소년 정미성을 출입제한 시간에 출입시켰다는 사유로(이하 '이 사건 위반행위'라 한다), 이 사건 노래방에 대해 등록취소처분을 하였습니다(이하 '이 사건 처분'이라 한다).

2. 이 사건 소의 적법성

가. 제소기간의 준수

⑴ 취소소송은 처분이 있음을 안 날로부터 90일 이내에 제기하여야 하며(행정소송법 20①), '처분이 있음을 안 날'이란 송달 등의 방법으로 당해 처분이 있었다는 사실을 현실적으로 안 날을 의미합니다(대법원 1998. 2. 24. 선고 97누18226 판결【택지초과소유부담금부과처분취소】).

⑵ 원고는 2011. 10. 13. 피고로부터 이 사건 처분 통지서를 송달 받고 이 사건 처분이 있음을 알게 되었으며, 그로부터 90일 이내인 2012. 1. 3. 제소한 이 사건 청구는 제소기간을 준수하여 적법합니다.

⑶ 피고가 2010. 9. 13. 원고의 주소지로 송달한 이 사건 처분 통지서는 때마침 원고의 집을 방문하였던 원고의 모친(친정 어머니) 윤숙자가 같은 달 16. 송달받았지만, 윤숙자는 위 통지서를 수령한 사실을 원고에게 알리거나 전달하지도 않은 채 거주지인 대구광역시로 그 다음 날 돌아가 버렸고, 원고는 같은 해 11. 5. 윤숙자가 이 사건 처분통지서를 수령하였던 사실을 뒤늦게 알게 되었습니다.

⑷ 따라서 원고가 이 사건 처분이 있음을 안 날은 원고 본인이 처분통지서를 직접
수령한 날이고, 윤숙자가 수령하였던 날을 기준으로 제소기간을 산정할 수 없습
니다. 판례도 이 사건과 유사하게 고지서를 아버지 대신 동거인이 아닌 아들에
게 교부한 사건에서 "별도의 주소지에서 생활하면서 일시 송달명의인의 주소지
를 방문한 송달명의인의 아들에게 납세고지서를 수교한 것만으로는 그 납세고
지서가 송달을 받아야 할 자에게 도달하였다고 볼 수 없으므로, 원고가 동인으
로부터 납세고지서를 실제로 전달받은 날에 그 송달의 효력이 발생"한 것이라고
판시한 바 있습니다(대법원 1992. 10. 13. 선고 92누725 판결【증여세등부과처분취소】).

나. 피고적격

⑴ 행정소송의 피고는 다른 법률에 특별한 규정이 없는 한 그 처분 등을 행한 행정
청이므로(행정소송법 13①), 원고에 대한 이 사건 처분명의자인 천안시장이 피고
가 됩니다.

⑵ 다만 피고가 내부적인 사무처리 편의를 위하여 천안시 동남구청장에게 노래연습
장에 대한 단속 및 처분권한을 행사하도록 하였지만, 이는 권한의 내부위임에
불과하고 실제로 이 사건 처분을 동남구청장이 행한 바도 없었으므로 피고가 될
수 없습니다.

3. 이 사건 처분의 위법성

가. 행정절차상의 하자(청문 절차의 결여)

⑴ 행정청이 당사자에게 의무를 과하거나 이익을 제한하는 처분을 할 경우 처분의
당사자에게 처분의 내용 등을 미리 통지하고 의견제출의 기회를 주어야 하는데(행
정절차법 21, 22), 이 사건 처분 근거법률인 음악산업진흥에 관한 법률(이하 '음악진
흥법'이라 한다) 역시 제27조의 규정에 의하여 영업의 폐쇄명령 또는 등록의 취소
를 하고자 하는 경우에는 청문을 실시하도록 하고 있습니다(음악진흥법 30①).

⑵ 행정청이 침해적 행정처분을 하면서 당사자에게 행정절차법상의 사전통지를 하
거나 의견제출의 기회를 주지 아니하였다면 사전통지를 하지 않거나 의견제출의
기회를 주지 아니하여도 되는 예외적인 경우에 해당하지 아니하는 한 그 처분은

위법하여 취소를 면할 수 없습니다(대법원 2007. 9. 21. 선고 2006두20631 판결【진급낙천처분취소】).

⑶ 그런데 피고는 이 사건 처분을 함에 있어 '당사자가 의견진술의 기회를 포기한다는 뜻을 명백히 표시한 경우'(행정절차법 22④)와 같은 예외적인 경우가 아닌 한 반드시 청문을 실시하여야 함에도 이를 행하지 아니하였으므로, 피고의 원고에 대한 이 사건 처분은 행정절차상의 하자로 위법하여 취소되어야 합니다.

나. 실체법적인 하자(재량권의 일탈·남용)

⑴ 법리오해·사실오인

㈎ 원고는 이 사건 당일 19:00경 이 사건 노래방에 평소 한두 번 와서 얼굴을 알고 있던 손님 동남전자 주식회사 직원 최성연 대리가 그의 직장동료들 6명과 함께 들어와 6호실로 안내해 주었습니다. 그 당시는 오후 7시로 비교적 이른 초저녁이었으며, 노래방에 다른 손님들도 없는 상태에서 최성연 일행 7명이 노래방에 우르르 몰려 들어왔을 때, 손님들이 모두 회사원들로서 나이가 있어 청소년으로 의심할 만한 사람은 없었습니다.

㈏ 원고는 10년 전에 이혼을 하고 그동안 어린 자녀 둘을 양육하기 위하여 10년간 식당에서 일을 하여 번 돈으로 이 사건 노래방을 양수하였기 때문에 노래방 영업이 유일한 생계수단이었습니다. 이 사건 당시 원고는 노래방 영업을 시작한 지 불과 25일째 되는 날이라 노래방에 청소년 출입제한 시간에 청소년이 출입하거나 술을 판매하는 등의 위법행위로 영업정지라도 당하면 생업에 막대한 타격을 받는 점을 인식하고, 혹시라도 손님 중에 청소년이 있는지 여부를 눈여겨보면서 청소년은 오후 6시 이후에는 출입하지 못하도록 하는 등의 주의의무를 다하여 왔습니다.

㈐ 그런데 피고 소속 동남구청 직원들이 20:00경 이 사건 노래방에서 청소년 출입시간 준수와 주류판매 여부를 단속하게 되었는데, 그 때 제6호실에서 노래를 부르고 있던 최성연 일행 중에 청소년이 있는지 여부를 확인하기 위하여 주민등록증을 검사하게 되었는데, 정미성이 만 17세의 청소년이라는 사실이 밝혀졌습니다. 정미성은 고등학교 과정을 검정고시로 마치고 동남전자 주식회사에 정식 직원으로 최근 입사하였기 때문에 직장 상사인 대리 최성연이 회사 동료들과의

회식에 정미성을 참석시키고 2차로 노래방까지 가게 되었으며, 정미성이 나이가 들어 보여서 원고가 청소년이라는 점을 알아 볼 수도 없었을 것이라는 점을 확인하고 있습니다(최성연의 확인서). 뿐만 아니라 단속업무를 행하였던 동남구청 공무원들 역시 정미성이 당시에 약 17세 10개월에 해당되어 2개월 후에는 18세 청소년이 되는 나이였기에(정미성의 확인서) 정미성을 청소년으로 한 눈에 알아보고 그의 주민등록증을 확인했던 것이 아니라, 함께 있던 일행들 모두의 주민등록증을 제시토록 하여 비로소 정미성이 청소년에 해당되는 나이라는 점을 알게 된 점을 보더라도, 원고 역시 정미성이 청소년이라는 점을 사전에 인식하고 출입을 제지할 수 있는 기대가능성은 없다고 볼 수 있습니다.

(라) 행정법규 위반에 대하여 가하는 제재조치는 행정목적의 달성을 위하여 행정법규 위반이라는 객관적 사실에 착안하여 가하는 제재이므로 위반자의 의무 해태를 탓할 수 없는 정당한 사유가 있는 등의 특별한 사정이 없는 한 위반자에게 고의나 과실이 없다고 하더라도 부과될 수 있습니다(대법원 2003. 9. 2. 선고 2002두5177 판결【건설업등록말소처분취소】). 그러므로 행정법규 위반자에게 의무 해태를 탓할 수 없는 '정당한 사유'가 있는 등의 특별한 사정이 있을 때는 제재조치를 취할 수 없습니다. 이 사건에서 원고는 성인들인 직장 동료들과 함께 들어온 정미성이 청소년임을 확인하여 출입을 제한하여야하는 의무를 게을리하였다고 인정할 만한 사정이 없어 그 의무해태를 탓할 수 없는 정당한 사유가 있습니다.

(마) 이 사건과 유사한 사례로, 대학교 3학년생들 중 일부만의 학생증을 제시받아 성년임을 확인한 후 나이트클럽에 단체로 입장시켰으나 그들 중 1인이 미성년자인 경우에 식품위생법위반으로 처벌할 수 없다는 판례가 있습니다. 수학여행을 온 대학교 3학년생 34명이 지도교수의 인솔하에 피고인 경영의 나이트클럽에 찾아와 단체입장을 원하므로 그들 중 일부만의 학생증을 제시받아 확인하여 본즉 그들이 모두 같은 대학교 같은 학과 소속의 3학년 학생들로서 성년자임이 틀림없어 나머지 학생들의 연령을 개별적·기계적으로 일일이 증명서로 확인하지 아니하고 그들의 단체입장을 허용함으로써 그들 중에 섞여 있던 미성년자(19세 4개월 남짓된 여학생) 1인을 위 업소에 출입시킨 결과가 되었다면 피고인이 단체입장하는 위 학생들이 모두 성년자일 것으로 믿은 데에는 정당한 이유가 있었다고 할 것이고, 따라서 위와 같은 상황 아래서 피고인에게 위 학생들 중에 미성년자가

섞여 있을지도 모른다는 것을 예상하여 그들의 증명서를 일일이 확인할 것을 요구하는 것은 사회통념상 기대가능성이 없다고 봄이 상당하므로 이를 벌할 수 없다(대법원 1987. 1. 20. 선고 86도874 판결【식품위생법위반】)고 판시하고 있습니다. 이와 같은 판례에 비추어 보더라도 원고에 대한 음악진흥법 위반의 형사사건은 검찰에서 무혐의 결정이 나거나, 그렇지 않고 기소되더라도 무죄판결이 선고될 가능성이 크다고 하겠습니다.

㈃ 따라서 원고가 이 사건 당일 청소년인 정미성을 노래방 출입 제한시간을 정하고 있는 음악진흥법 시행령 위반을 이유로 이 사건 처분에 이른 것은 청소년 출입 제한에 관한 법리를 오해하였거나 사실오인에 의한 것으로 위법하여 취소되어야 합니다.

(2) 행정처분기준의 위반

㈎ 피고는 원고에 대한 이 사건 처분근거 법령으로 음악산업진흥에 관한 법률 제22조(노래연습장업자의 준수사항 등) 제1항 제4호 및 동법 시행령 제9조(노래연습장업자의 준수사항) 제1호를 위반하였다는 이유로 동법 제23조(영업의 승계 등), 제27조(등록취소 등) 제1항 제5호 및 동법 시행규칙 제15조(행정처분의 기준 등) [별표 2]의 규정을 들고 있습니다.

㈏ 설령 원고가 청소년을 영업장소에 출입시간 외에 출입시킨 점이 인정될지라도 피고의 이 사건 처분은 법령이 정하는 처분기준에 반하여 위법합니다.

ⓐ 원고는 이 사건 노래방을 이원숙으로부터 양수받아 2011. 6. 24. 피고에게 노래연습장업 변경등록을 하고 같은 해 7. 1.부터 영업을 시작한 바 있습니다. 그러므로 노래연습장 등록을 한 원고는 종전 영업자의 지위를 승계하며(음악진흥법 23①), 종전 영업자에게 등록취소 등의 위반을 사유로 행한 행정제재처분의 효과는 그 행정제재처분일로부터 1년간 영업자의 지위를 승계 받은 자에게 승계되고(음악진흥법 23③), 다만, 영업자의 지위를 승계 받은 자가 승계시에 그 처분 또는 위반사실을 알지 못한 경우에는 그러하지 아니하다(음악진흥법 23③단서)는 규정의 적용을 받게 됩니다.

ⓑ 그런데 이원숙은 이 사건 노래방 영업 중에 원고의 이 사건 처분 사유와 같은 청소년 출입제한 시간 위반 사유로 ① 2010. 3. 3. 영업정지 10일, ② 같은 해 11. 19. 영업정지 1월, ③ 2011. 2. 1. 영업정지 3월의 처분을 받은 바 있습

니다. 원고는 이 사건 노래방의 양도양수계약 당시에 동일한 사유로 제재처분이 이미 3회 있었다는 사실을 양도인 이원숙으로부터 들어서 알고 있었습니다. 그러므로 피고가 2011. 9. 13. 원고에게 최초로 행정처분을 한 날로부터 1년 전에 이원숙이 받았던 행정제재처분인 2010. 11. 19. 영업정지 1월 처분과 2011. 2. 1. 영업정지 3월 처분을 승계받게 됩니다.

(c) 위반행위의 횟수에 따른 행정처분의 기준은 최근 1년간 같은 위반행위로 행정처분을 받은 경우에 적용하며, 이 경우 행정처분 기준의 적용은 같은 위반행위에 대하여 최초로 행정처분을 한 날을 기준으로 합니다(음악진흥법 시행규칙 15① [별표 2] 1. 일반기준, 다.항). 따라서 원고의 이 사건 처분사유와 이원숙이 받았던 제재처분 사유 역시 청소년 출입제한 위반행위로 '같은 위반행위'에 해당됩니다.

(d) 따라서 피고는 원고의 청소년 출입제한 시간 위반행위에 관한 제재처분을 함에 있어 [별표 2]가 정하는 3차 위반 행정처분기준에 따라 '영업정지 3월' 범위 내에서 처분을 하여야 합니다. 그럼에도 피고는 원고에게 4차 위반에 해당하는 행정처분인 '등록취소'를 하기에 이르렀습니다.

(다) **행정처분기준위반의 효과**

(a) 판례는 식품위생법 시행규칙 제53조 [별표 15]의 법규성 유무에 관하여, 식품위생법시행규칙 제53조에서 [별표 15]로 같은 법 제58조에 따른 행정처분의 기준을 정하였다 하더라도, 이는 형식은 부령으로 되어 있으나 성질은 행정기관 내부의 사무처리준칙을 규정한 것에 불과한 것으로서 보건사회부장관이 관계행정기관 및 직원에 대하여 직무권한행사의 지침을 정하여 주기 위하여 발한 행정명령의 성질을 가지는 것이지 같은 법 제58조 제 1 항의 규정에 의하여 보장된 재량권을 기속하는 것이라고 할 수 없고, 대외적으로 국민이나 법원을 기속하는 힘이 있는 것은 아니다(대법원 1993. 6. 29. 선고 93누5635 판결【대중음식점영업정지처분취소】)라고 합니다.

(b) 따라서 이 사건 처분 근거법령은 노래연습장업자가 그 준수사항을 위반한 때 가하는 제재사항을 재량행위로 규정하고 있고, 동법 시행규칙의 행정처분기준은 시행규칙의 형식으로 되어 있으나, 그 실질은 재량권 행사의 기준을 정한 것에 불과한 경우에 해당하므로, 국민이나 법원을 기속하는 효력이 없는 것이 원칙이라서 처분기준위반 자체만으로 바로 그 처분이 위법하다고 단정

할 수 없습니다. 그러나 특별한 사유가 없는 한 행정청은 당해 위반사항에 대하여 위 처분기준에 따라 행정처분을 함이 보통이라 할 것이므로, 행정청이 이러한 처분기준을 따르지 아니하고 특정한 개인에 대하여만 위 처분기준을 과도하게 초과하는 처분을 한 경우에는 재량권의 한계를 일탈하였다고 볼 만한 여지가 충분하기 때문에 피고의 원고에 대한 이 사건 처분은 위법하여 취소되어야 합니다.

(3) 비례의 원칙위반

(가) 노래연습장업자인 원고에 대한 영업정지 등 행정처분에 있어서 피고의 재량행위 기준은 행정처분으로 인하여 달성하려는 공익상의 필요와 이로 인하여 상대방이 받는 불이익을 비교·형량하여 그 처분으로 인하여 공익상 필요보다 상대방이 받게 되는 불이익 등이 막대한 경우에는 재량권의 한계를 일탈한 것으로서 위법합니다(대법원 1997. 11. 28. 선고 97누12952 판결【영업정지처분취소】).

(나) 특히 행정청이 수익적 행정처분을 취소하거나 중지시키는 경우에는 이미 부여된 국민의 기득권을 침해하는 것이 되므로 비록 취소 등의 사유가 있더라도 취소권 등의 행사는 기득권의 침해를 정당화할 만한 중대한 공익상 필요 또는 제 3 자의 이익보호의 필요가 있는 때에 한하여 상대방이 받는 불이익과 비교 교량하여 결정하여야 하고, 그 처분으로 인하여 공익상 필요보다 상대방이 받게 되는 불이익 등이 막대한 경우에는 재량권의 한계를 일탈한 것으로서 그 자체가 위법임을 면치 못한다(대법원 1993. 6. 29. 선고 93누5635 판결【대중음식점영업정지처분취소】)고 할 것입니다.

(다) 그런데 피고가 원고에게 이 사건 처분을 함에 있어서 원고가 청소년을 출입시키게 된 경위, 영업을 시작한 지 불과 25일째에 불과한 점, 원고가 그동안 위반행위를 한 사실이 없는 점, 원고가 영업양수인의 지위에서 비록 전 영업자인 이원숙의 행정제재처분을 승계한 효과로서 가중처분의 요건에 해당하지만, 실제로는 원고의 위반행위는 이 사건 위반행위인 1회뿐인 점, 원고가 이혼 후 10년간 식당에서 일하면서 저축한 돈으로 이 사건 노래방을 양수하면서 권리금 1천만 원, 보증금 3천만 원, 인테리어비용 500만 원 등의 전 재산을 투자한 점, 이 사건 노래방 영업이 2명의 자녀를 양육해야 하는 원고의 유일한 생계수단인 점 등을 충분히 고려하여 음악진흥법이 도모하고자 하는 공익목적과 원고가 입게 되는 불이

익을 충분히 비교·교량하여야 함에도 그러한 점을 고려하지 아니한 채 특별한 사정이 없는 가운데 이 사건 처분기준 중에서 가장 무거운 등록취소를 하여 원고의 생존권을 박탈한 것은 비례의 원칙에 반하는 것으로 결국 피고의 이 사건 처분은 재량권을 일탈·남용한 위법한 처분으로 취소되어야 합니다.

(4) 평등의 원칙위반

(가) 재량권 행사의 준칙인 규칙이 그 정한 바에 따라 되풀이 시행되어 행정관행이 이룩되게 되면, 평등의 원칙이나 신뢰보호의 원칙에 따라 행정기관은 그 상대방에 대한 관계에서 그 규칙에 따라야 할 자기구속을 받게 되므로, 이러한 경우에는 특별한 사정이 없는 한 그를 위반하는 처분은 평등의 원칙이나 신뢰보호의 원칙에 위배되어 재량권을 일탈·남용한 위법한 처분이 됩니다(대법원 2009. 12. 24. 선고 2009두7967 판결【신규건조저장시설사업자인정신청반려처분취소】).

(나) 피고는 이 사건 노래방의 전 영업자 이원숙이 청소년 출입제한 위반행위를 하였을 때는 음악진흥법 시행규칙상의 행정처분기준을 준수하여 1차 위반 때는 영업정지 10일, 2차 위반 때는 영업정지 1월, 3차 위반 때는 영업정지 3월의 처분을 한 바 있습니다.

(다) 그러므로 피고는 원고에게 이 사건 처분을 함에 있어서 과거 이원숙에게 처분하였던 것보다 그 처분기준을 벗어난 무거운 처분을 하기 위해서는 특별한 사정이 있거나 합리적인 이유가 있어야 하는데, 이 사건 처분에 있어 이원숙의 위반행위보다 무겁게 처분할 특별한 사정을 전혀 찾을 수 없는 데도 원고의 3차 위반행위에 대한 제재로서 행정처분기준이 정하는 바에 따라 영업정지 3월 처분을 하여야 함에도 4차 위반행위에 대한 제재처분에 해당하는 노래연습장 등록취소 처분을 한 것은 평등의 원칙에도 위반되어 재량권의 일탈·남용이 있는 위법한 처분으로 취소되어야 합니다.

다. 소 결

따라서 이 사건 처분은 행정절차를 거치지 않은 절차상의 하자와 행정처분기준에 반하는 처분일 뿐만 아니라 비례의 원칙 및 평등의 원칙에도 위반하는 재량권의 일탈·남용에 해당하는 위법한 처분으로 취소되어야 합니다.

4. 이 사건 처분 근거법령의 위헌성

가. 이 사건 처분 근거법령의 내용

음악산업진흥에 관한 법률 제22조 제1항은 노래연습장업자의 준수사항 등을 정하면서 그 제4호에 "기타 대통령령이 정하는 사항을 준수할 것"이라고 규정하고, 이를 위반한 때에는 그 영업의 등록취소 등의 제재처분을 할 수 있도록 하고 있습니다(동법 27①⑤). 그리고 위 법률의 위임에 따른 동법 시행령 제9조 제1호는 "당해 영업장소에 출입시간(오전 9시부터 오후 6시까지) 외에 청소년이 출입하지 아니하도록 할 것"이라고 규정하고 있습니다.

나. 포괄위임금지원칙의 위반 등

(1) 위임입법의 근거와 한계

(가) 권력분립주의의 원칙상 국민의 권리와 의무에 관한 중요한 사항은 입법부에 의하여 법률의 형식으로 결정하여야 할 것이나 여러 사정으로 인하여 위임입법이 허용됩니다. 헌법 제75조는 "대통령은 법률에서 구체적으로 범위를 정하여 위임받은 사항과 법률을 집행하기 위하여 필요한 사항에 관하여 대통령령을 발할 수 있다"라고 규정하여 위임입법의 근거를 마련함과 동시에 반드시 구체적·개별적으로 위임이 행하여질 것을 요구하고 있습니다.

(나) 그런데 사실상 입법권을 백지위임하는 것과 같은 일반적이고 포괄적인 위임은 의회입법과 법치주의를 부인하는 것이 되어 행정권의 부당한 자의와 기본권행사에 대한 무제한적 침해를 초래할 것이기 때문에 법률로 대통령령에 위임을 하는 경우라고 할지라도 적어도 법률의 규정에 의하여 대통령령으로 규정될 내용 및 범위의 기본사항을 구체적으로 규정함으로써 누구라도 당해 법률로부터 대통령령에 규정될 내용의 대강을 예측할 수 있도록 하여야 합니다.

(2) 이 사건 처분 근거 법률의 "대통령령이 정하는 기준"의 위헌성

(가) 음악진흥법 제22조 제1항 제4호는 노래연습장업자의 준수사항을 정하는 위임입법의 범위에 관하여 '기타 대통령령이 정하는 사항'이라고 규정하고 있습니다. 그런데 그 위임의 내용이 일반적·추상적이며 포괄적이라서 위임입법에 의하여 규정될 내용의 대강을 최소한이라도 예측할 수 있는 가능성도 없습니다. 따라서

위 규정은 하위법규에 규정될 내용 및 범위에 관한 기본 사항이 구체적이고 명확하게 규정되어 있지 않아 위임입법시에 준수하여야 하는 포괄위임금지의 원칙에 반합니다.

(나) 이 사건 음악진흥법 시행령 제9조 제1호는 법률유보의 원칙에도 위반됩니다. 모법은 '노래연습장업자의 준수사항'이라고 정하고 있을 뿐인데, 이러한 규정만으로 청소년에 대한 출입 제한의 근거가 된다고 할 수 없으며, 모법 각항의 규정을 해석해 보더라도 하위규정에서 청소년의 출입시간 제한을 전혀 예정하고 있지 않음을 알 수 있습니다. 그럼에도 불구하고 시행령에서 비로소 출입시간을 정하는 것은 상위법의 위임입법의 범위를 일탈하여 법률유보의 원칙에도 반하는 입법이라고 할 수 있습니다.

(다) 또한 형벌의 기준을 정하는 법규의 경우 더욱 엄격하게 기준을 정할 필요가 있는데, 음악진흥법 제22조 제1항 제4호는 동법 제34조(그 내용의 특정이 없지만, 원고의 이 사건 위반행위 등을 처벌하는 것으로 볼 수 있음)에 의해 형사처벌의 근거가 됨에도 불구하고 위와 같이 포괄적인 위임을 하고 있으므로 죄형법정주의에도 반하는 문제점을 안고 있습니다.

다. 과잉금지원칙 위반

(1) 헌법상 근거와 한계

(가) 헌법은 국민의 모든 자유와 권리는 국가안전보장·질서유지 또는 공공복리를 위하여 필요한 경우에 한하여 법률로써 제한할 수 있으며, 제한하는 경우에도 자유와 권리의 본질적인 내용을 침해할 수 없다(헌법 37②)는 과잉금지원칙을 정하고 있습니다.

(나) 과잉금지의 원칙이라는 것은 국가가 국민의 기본권을 제한하는 내용의 입법 활동을 함에 있어서, 준수하여야 할 기본원칙 내지 입법활동의 한계를 의미하는 것으로서 국민의 기본권을 제한하려는 입법의 목적이 헌법 및 법률의 체제상 그 정당성이 인정되어야 하고(목적의 정당성), 그 목적의 달성을 위하여 그 방법이 효과적이고 적절하여야 하며(방법의 적절성), 입법권자가 선택한 기본권 제한의 조치가 입법목적달성을 위하여 설사 적절하다 할지라도 보다 완화된 형태나 방법을 모색함으로써 기본권의 제한은 필요한 최소한도에 그치도록 하여야 하며

(피해의 최소성), 그 입법에 의하여 보호하려는 공익과 침해되는 사익을 비교형량할 때 보호되는 공익이 더 커야 한다(법익의 균형성)는 헌법상의 원칙(헌법재판소 1990. 9. 3. 선고 89헌가95 결정【국세기본법제35조제 1 항제 3 호의위헌심판】)을 말하는 것으로 그 어느 하나에라도 저촉이 되면 위헌이 됩니다.

(다) 이 사건 처분 근거법령은 청소년의 야간 노래연습장 출입을 제한하여 원고의 헌법 제15조가 보장하는 영업수행의 자유와 헌법 제10조로부터 파생되는 일반적 행동의 자유 및 다른 업종종사자에 비하여 합리적 이유없는 차별을 받게 되어 평등권의 침해를 야기하게 되었으며, 노래연습장에 출입할 수 없게 된 청소년의 행복추구권도 침해하게 되었습니다.

(2) 목적의 정당성

노래연습장은 비교적 어두운 조명 아래에서 선정성이 있는 영상물을 보며 노래를 부르는 현실적 영업실태와 노래연습장의 손님 중 상당수는 음주 후에 노래연습장을 찾는다는 점 등에 비추어 볼 때 선정적·향락적인 장소라 할 수 있습니다. 그 때문에 아직 정서적·인격적으로 미성숙한 청소년의 노래연습장 출입시간을 09시부터 18 : 00까지로 정하여 야간에 출입을 하지 못하도록 제한한 것은 술에 취한 사람이나 범죄자, 가출자 등의 손님으로부터 청소년을 보호하고 건전한 육성을 도모하고자 하는 것으로 그 취지는 인정할 수 있습니다. 그러므로 이러한 제한은 공공복리 또는 질서유지를 위한 것으로서 기본권 제한의 목적이 정당하다고 할 수 있습니다.

(3) 수단의 적합성

청소년의 노래연습장 출입시간을 주간으로만 제한하는 것은 청소년 보호를 달성하기 위하여 동원된 수단으로 적절하지 않습니다. 노래방 출입이 허용되는 오전 9시부터 오후 6시까지 시간은 대부분의 청소년이 학교나 학원 등에서 학업에 전념하고 있을 때입니다. 그런데 위 시간에만 출입을 허용하는 것은 주말을 제외하고는 사실상 청소년의 노래연습장 출입을 금지하는 것과 다름이 없습니다. 그러므로 출입제한 시간을 오후 6시가 아니라 오후 10시까지 확장하여 그 시간에는 성년인 친족이나 소속학교의 교원 또는 이에 준하여 해당청소년을 지도·감독할 수 있는 지위에 있는 자를 동반하도록 하는 것이 적절한 방법이라고 할 수 있습니다. 청소년보호법에서는 청소년이 청소년유해매체물과 청소년유해약물 등 및 청소년유해업소 등에 출입하는 경우에는 친권자 등을 동반한 때 출입을 허용하고 있습니다(청소년보호법시행령 19①). 그럼에도 아무런 예외규정 없이 청소년의 출입제한 시간만을 규제하는 것은 마땅히 놀이공간이 없는 환경 아래 있는 청소년의 건전한 문화생활을 누리는 것을 과도하게 제한하는 것이므로 수단의 상당성 내지 적합성을 결여하였다고 할 수 있습니다.

(4) 침해의 최소성

청소년의 보호라는 입법목적을 달성하는 데 있어서도 특정인의 기본권을 제한하는 데 있어 선택 가능한 방법 중에서 보다 덜 제한적인 방법을 택해야 하는 침해의 최소성을 갖추어야 합니다. 노래연습장의 운영 기준을 엄격하게 정하고 탈법영업에 관한 단속을 강화한다거나, 노래연습장 중에서 '청소년실'을 별도로 설치하여 유해하지 않은 음악과 영상시설을 설치하는 조치를 취하여 출입을 허용한다거나, 청소년의 보호자와 동행하도록 하여 그 출입을 가능하게 하는 등의 완화된 방법으로도 충분히 입법목적을 달성할 수 있습니다. 그런데도 예외 없이 오후 6시 이후에는 그 출입만을 금지하는 것은 청소년의 기본권을 과도하게 제한하는 것입니다. 노래연습장은 대개 하루의 일과를 마친 비교적 여유로운 야간에 출입한다는 점을 고려하면, 오전 9시부터 출입을 허용할지라도 그 이른 시간에 출입할 청소년이 있을리 없습니다. 또한 밤늦게까지 영업을 하는 원고역시 그 이른 시간부터 영업을 할 수도 없습니다. 그러므로 이 사건 처분 근거법령은 입법목적을 달성하기 위한 여러 수단 중에서 가장 권리침해가 작은 방법을 선택해야 하는 침해의 최소성의 원칙에도 반하는 것입니다.

(5) 법익의 균형성

법익의 균형성은 기본권 침해로 얻어지는 법익이 그로 인하여 기본권이 제한되는 자의 법익과 적절한 비례관계가 있을 때 충족됩니다. 따라서 노래연습장 출입시간 제한으로 선량한 풍속의 보호나 청소년의 건전한 육성을 저해하는 행위를 규제하려는 공익이라는 한 측면과 원고의 영업의 자유 및 재산권 행사의 제약, 그리고 청소년이 문화생활을 누릴 수 없는 등의 기본권 침해라는 다른 한 측면 사이에 비례관계가 있어야 합니다. 청소년이 가능하면 오후 6시 이후에 노래연습장 출입을 하지 않게 되면 청소년들의 정신건강과 학업에 악영향을 미칠 가능성이 줄어들어 입법목적에 부합하는 공익 달성에 기여하는 것은 사실입니다. 그러나 청소년은 야간에도 학습에 지장이 가지 않는 한도에서는 노래할 자유가 있는 점, 학교보건법에서 이미 학교정화구역 내에 노래연습장을 설치할 수 없도록 규정하고 있어 위험성이 완화되었다는 점, 국가는 학생들의 다양한 취미생활을 장려하고 장래희망을 보호할 필요가 있다는 점 등을 고려하면 공익과 사익간의 합리적인 비례관계를 현저하게 일탈하여 법익의 균형성을 갖추지 못하고 있다고 할 수 있습니다. 또한 원고로서도 노래연습장 손님의 상당수가 청소년이라는 점을 감안할 때, 청소년의 야간출입 제한은 영업의 자유를 심하게 해치는 것에 해당됩니다.

라. 소   결

따라서 이 사건 처분 근거법령은 포괄위임금지원칙 및 과잉금지원칙에도 위반하는 헌법에 위반된 규정에 해당되고, 위헌법령에 근거하여 행하여진 이 사건 처분 역시 위법하여 취소되어야 합니다. 원고는 향후 재판 진행중에 이 사건 처분 근거법률에 대하여 위헌법률심판제청신청을 할 예정입니다.

5. 결   론

그러므로 이 사건 처분은 위와 같이 행정절차법상의 청문절차의 해태로 인한 하자와 법리오해 내지 사실오인 및 비례원칙과 평등원칙위반이라는 재량권의 일탈·남용의 하자 및 위임입법의 범위와 그 한계를 일탈한 위헌적인 규정에 근거하여 행하여진 위법한 것이므로 취소되어야 마땅하므로, 원고는 청구취지와 같은 판결을 받고자 이 사건 청구에 이르게 되었습니다.

입 증 방 법

첨 부 서 류

2012.   1.   3.

원고 소송대리인
법무법인 필승
담당변호사 나 성 실

대 전 지 방 법 원   귀 중

관리번호	시험과목명 공법	기 록 형	시험관리관 확 인	점 수	채점위원인

소   장

원 고   박미숙 (650605 - 2519910)

천안시 동남구 안서동 369 (5/3)

소송대리인 법무법인 필승

담당변호사 나성실

천안시 신부동 76-2 법조빌딩 3층

전화 : 041-555-1786, 팩스 : 041-555-1856

피 고   천안시장

노래연습장등록취소처분 취소청구의 소

청 구 취 지

1. 피고가 2011. 9. 13. 원고에게 한 노래연습장등록취소처분을 취소한다.

2. 소송비용은 피고가 부담한다.

라는 판결을 구합니다.

청 구 원 인

1. 이 사건 처분의 경위

가. 원고는 2011. 6. 17. 이원숙으로부터 천안시 동남구 안서동 11-1 소재 노래연습장을
양수받아 같은 달 24. 노래연습장업 등록을 하고, 같은 해 7. 1.부터 재미노래연습장
(이하 '이 사건 노래방'이라 한다)이라는 상호로 노래연습장업을 운영하고 있습니다.

나. 피고는 2011. 9. 13. 원고가 같은 해 7. 25. 오후 7시 경 이 사건 노래방에 만 17세
의 청소년 정미성을 출입제한 시간에 출입시켰다는 사유로(이하 '이 사건 위반행위'
라 한다), 이 사건 노래방에 대해 등록취소처분을 하였습니다(이하 '이 사건 처분'
이라 한다).

2. 이 사건 소의 적법성

가. 제소기간의 준수

(1) 취소소송은 처분이 있음을 안 날로부터 90일 이내에 제기하여야 하며(행정소송법 20①), '처분이 있음을 안 날'이란 송달 등의 방법으로 당해 처분이 있었다는 사실을 현실적으로 안 날을 의미합니다(판례).

(2) 원고는 2011. 10. 13. 피고로부터 이 사건 처분 통지서를 송달 받고 이 사건 처분이 있음을 알게 되었으며, 그로부터 90일 이내인 2012. 1. 3. 제소한 이 사건 청구는 제소기간을 준수하여 적법합니다.

(3) 피고가 2010. 9. 13. 송달한 이 사건 처분 통지서는 때마침 원고의 집을 방문하였던 원고의 친정 어머니(윤숙자)가 수령했지만, 원고가 실제로 송달받은 날을 기준으로 제소기간을 산정하여야 합니다.

나. 피고적격

(1) 행정소송의 피고는 다른 법률에 특별한 규정이 없는 한 그 처분 등을 행한 행정청이므로(행정소송법 13①), 원고에 대한 이 사건 처분명의자인 천안시장이 피고가 됩니다.

(2) 다만 피고가 사무처리 편의를 위하여 천안시 동남구청장에게 노래연습장의 단속 및 처분권한을 행사하도록 한 바 있지만, 이는 권한의 내부위임에 불과하고 동남구청장이 처분을 한 사실도 없어 피고가 될 수 없습니다.

3. 이 사건 처분의 위법성

가. 행정절차상의 하자(청문 절차의 결여)

(1) 이 사건 처분 근거법률인 음악산업진흥에 관한 법률(이하 '음악진흥법'이라 한다) 제27조는 영업의 폐쇄명령 또는 등록의 취소를 하고자 하는 경우에는 청문을 실시해야 한다고 규정하고 있습니다.

(2) 행정청이 침해적 행정처분을 하면서 당사자에게 행정절차법상의 사전통지를 하거나 의견제출의 기회를 주지 아니하였다면 사전통지를 하지 않거나 의견제출의 기회를 주지 아니하여도 되는 예외적인 경우에 해당하지 아니하는 한 그 처분은 위법하여 취소를 면할 수 없습니다(판례).

(3) 그런데 피고는 이 사건 처분을 함에 있어 '당사자가 의견진술의 기회를 포기
한다는 뜻을 명백히 표시한 경우'(행정절차법 22④)와 같은 예외적인 경우가
아닌 한 반드시 청문을 실시하여야 함에도 이를 행하지 아니하였으므로, 피고의
원고에 대한 이 사건 처분은 행정절차상의 하자로 위법하여 취소되어야 합니다.

나. 재량권의 일탈 · 남용

(1) 법리오해 · 사실오인

(개) 원고는 이 사건 당일 19:00경 이 사건 노래방에 평소 한두 번 와서 얼굴을
알고 있던 손님 동남전자 주식회사 직원 최성연 대리가 그의 직장동료들
6명과 함께 들어와 6호실로 안내해 주었습니다.

(내) 이 사건 당시 원고는 노래방 영업을 시작한 지 불과 25일째 되는 날이라 노래
방에 청소년 출입제한 시간에 청소년이 출입하거나 술을 판매하는 등의 위법
행위로 영업정지라도 당하면 생업에 막대한 타격을 받는 점을 인식하고,
혹시라도 손님 중에 청소년이 있는지 여부를 눈여겨 보면서 청소년은 오후
6시 이후에는 출입하지 못하도록 하는 등의 주의의무를 다하여 왔습니다.

(대) 그런데 동남구청 직원들이 20:00경 이 사건 노래방에서 청소년 출입시간 준수
와 주류판매 여부를 단속하던 중 제 6 호실에서 노래를 부르고 있던 최성연
일행 중 만 17세의 청소년 정미성이 함께 있는 것을 발견했습니다.

(래) 정미성은 고등학교 과정을 검정고시로 마치고 동남전자 주식회사에 정식직원
으로 최근 입사하였기 때문에 직장 상사인 대리 최성연이 회사 동료들과의
회식에 정미성을 참석시키고 2차로 노래방까지 가게 되었으며, 정미성이 나이가
들어 보여서 원고가 청소년이라는 점을 알아 볼 수도 없었을 것이라는 점을 알
수 있습니다(최성연의 확인서).

(마) 정미성은 당시 약 17세 10개월에 해당되어 2개월 후에는 18세 청소년이 되는
나이였습니다(정미성의 확인서). 그 때문에 원고 역시 정미성이 성년자들인
직장상사들과 함께 노래방에 들어올 때 청소년이라는 점을 인지하고 출입을
제지할 수 있는 기대가능성은 없다고 할 수 있습니다.

(바) 행정법규 위반자에게 의무 해태를 탓할 수 없는 '정당한 사유'가 있는 등의
특별한 사정이 있을 때는 제재조치를 취할 수 없습니다(판례).

이 사건에서 원고는 성인들인 직장 동료들과 함께 들어온 정미성이 청소년임
을 확인하여 출입을 제한하여야 하는 의무를 게을리 하였다고 인정할 만한
사정이 없으므로 그 의무해태를 탓할 수 없는 정당한 사유가 있습니다.

(사) 따라서 원고가 이 사건 당일 청소년인 정미성을 노래방 출입 제한시간을 정하
고 있는 음악진흥법 시행령을 위반하였다는 것을 이유로 한 피고의 이 사건
처분은 청소년 출입제한에 관한 법리를 오해하였거나 사실오인에 의한 것으로
위법하여 취소되어야 합니다.

(2) 행정처분기준의 위반으로 인한 평등의 원칙 위반

(개) 피고는 원고에 대한 이 사건 처분근거 법령으로 음악산업진흥에 관한 법률 제
22조(노래연습장업자의 준수사항 등) 제 1 항 제 4 호 및 동법 시행령 제 9 조(노래
연습장업자의 준수사항) 제 1 호를 위반하였다는 이유로 동법 제23조(영업의
승계 등), 제27조(등록취소 등) 제 1 항 제 5 호 및 동법 시행규칙 제15조(행정
처분의 기준 등) [별표 2]의 규정을 들고 있습니다.

(내) 설령 원고가 청소년을 영업장소에 출입시간 외에 출입시킨 점이 인정될지라도
피고의 이 사건 처분은 법령이 정하는 처분기준에 반하여 위법합니다.

원고는 이 사건 노래방을 이원숙으로부터 양수받아 2011. 6. 24. 피고에게
노래연습장업 변경등록을 하고 같은 해 7. 1.부터 영업을 시작했습니다.

따라서 노래연습장 등록을 한 원고는 종전 영업자의 지위를 승계하며(음악진흥
법 23①), 종전 영업자에게 등록취소 등의 위반을 사유로 행한 행정제재처분의
효과는 그 행정제재처분일로부터 1년간 영업자의 지위를 승계 받은 자에게
승계되고(음악진흥법 23③), 다만, 영업자의 지위를 승계 받은 자가 승계시에
그 처분 또는 위반사실을 알지 못한 경우에는 그러하지 아니하다(음악진흥법
법 23③ 단서)는 규정을 적용받게 됩니다.

그런데 이원숙은 이 사건 노래방 영업 중에 원고의 이 사건 처분 사유와 같은
청소년 출입제한 시간 위반 사유로 ① 2010. 3. 3. 영업정지 10일, ② 같은
해 11. 19. 영업정지 1월, ③ 2011. 2. 1. 영업정지 3월의 처분을 받았습니다.

원고는 이 사건 노래방의 양도양수계약 당시에 동일한 사유로 제재처분이

관리번호	시험과목명 **공법**	**기 록 형**	시험관리관 확 인	채점위원인	**5쪽**

1 이미 3회 있었다는 점을 이원숙으로부터 들어 알게 되었습니다.

3 따라서 피고가 2011. 9. 13. 원고에게 최초로 행정처분을 한 날로부터 1년
전에 이원숙이 받았던 행정제재처분인 2010. 11. 19. 영업정지 1월 처분과
5 2011. 2. 1. 영업정지 3월 처분을 승계 받게 됩니다.

7 위반행위의 횟수에 따른 행정처분의 기준은 최근 1년간 같은 위반행위로 행
정처분을 받은 경우에 적용하며, 이 경우 행정처분 기준의 적용은 같은
9 위반행위에 대하여 최초로 행정처분을 한 날을 기준으로 합니다(음악진흥법
시행규칙 15① [별표 2] 1. 일반기준, 다.항).
11

13 따라서 원고의 이 사건 처분사유와 이원숙이 받았던 제재처분 사유 역시 청소
년 출입제한 위반행위로 '같은 위반행위'에 해당됩니다. 그리고 위반행위의
15 횟수에 따른 가중처분의 기준은 '최초로 행정처분을 한 날'을 기준으로 하기
때문에, 원고는 최초의 행정처분일 2010. 11. 19.(이원숙이 받은 '영업정지
17 1월')부터 1년 이내에 해당하는 2011. 7. 25.자 이 사건 위반행위는 가중
처분 요건에 해당됩니다.
19

21 따라서 피고는 원고에 대한 이 사건 처분을 함에 있어 [별표 2]가 정하는 3차
위반 행정처분기준에 따라 '영업정지 3월' 범위 내에서 처분을 하여야 함에도
처분기준에 위반하여 '등록취소'를 하였습니다.
23

(대) 이 사건 처분기준과 같은 재량권 행사의 준칙인 규칙이 그 정한 바에 따라
25 되풀이 시행되어 행정관행이 이룩되게 되면, 평등의 원칙이나 신뢰보호의
원칙에 따라 행정기관은 그 상대방에 대한 관계에서 그 규칙에 따라야 할
27 자기구속을 받게 됩니다(판례).

29 피고가 이원숙을 비롯한 다른 자에 대하여는 위 처분기준에 따른 처분을 하면
서 원고에 대해서는 합리적인 이유 없이 특별히 무거운 처분을 한 것은 평등
의 원칙에 위반하는 처분입니다.

(3) 비례의 원칙위반

(가) 원고에 대한 행정처분에 있어서 피고의 재량행위 기준은 행정처분으로 인하여 달성하려는 공익상의 필요와 이로 인하여 상대방이 받는 불이익을 비교·형량하여 그 처분으로 인하여 공익상 필요보다 상대방이 받게 되는 불이익 등이 막대한 경우에는 재량권의 한계를 일탈한 것으로서 위법합니다(판례).

(나) 피고가 원고에게 이 사건 처분을 함에 있어서 원고가 청소년을 출입시키게 된 경위, 영업시작한 지 불과 25일째에 불과한 점, 원고가 그 동안 위반행위를 한 사실이 없는 점, 원고가 이혼 후 10년간 식당에서 일하면서 저축한 돈 등을 포함하여 전 재산을 투자한 점, 노래방 영업으로 자녀들을 양육해야 하는 점 등을 고려하여야 함에도 이를 간과한 채 공익상의 필요만으로 이 사건 처분을 한 것은 비례의 원칙에 위반하는 처분이라 하겠습니다.

다. 소 결

따라서 이 사건 처분은 행정절차를 거치지 않은 절차상의 하자와 행정처분기준에 반하여 비례의 원칙 및 평등의 원칙에도 위반하는 재량권의 일탈·남용에 해당하는 위법한 처분으로 취소되어야 합니다.

4. 이 사건 처분 근거법령의 위헌성

가. 음악산업법 제22조 제1항 제4호, 제27조 제1항 제5호의 위헌성

(1) 헌법 제75조는 "대통령은 법률에서 구체적으로 범위를 정하여 위임받은 사항과 법률을 집행하기 위하여 필요한 사항에 관하여 대통령령을 발할 수 있다"고 규정하여 위임입법의 근거를 마련하면서 구체적·개별적인 위임이 행하여질 것을 요구하고 있습니다.

(2) 여기서 '법률에서 구체적으로 범위를 정하여 위임받은 사항'이란 법률에 이미 대통령령으로 규정될 내용 및 범위의 기본사항이 구체적으로 규정되어 있어서 누구라도 당해 법률로부터 대통령령에 규정될 내용의 대강을 예측할 수 있어야 함을 의미합니다(헌재 결정).

(3) 그런데 음악진흥법 제22조 제1항 제4호는 노래연습장업자의 준수사항을 정하는 위임입법 범위에 관하여 '기타 대통령령이 정하는 사항'이라고 규정하고, 제27조 제1항 제5호 역시 '제22조에서 정하는 사항을 위반한 때'에는 등록취소 등을 할 수 있도록 하고 있는데, 이는 위임입법으로 규정되어야 할 내용과 범위에 관한

기본사항이 없어 최소한의 예측가능성도 없기 때문에 포괄위임금지의 원칙에 위반됩니다.

나. 음악산업법 시행령 제 9 조 제 1 호의 위헌성

(1) 헌법 제37조 제 2 항에 의하면 국민의 자유와 권리는 국가안전보장, 질서유지 또는 공공복리를 위하여 필요한 경우에 한하여 법률로써 제한할 수 있으며 그 경우에도 자유와 권리의 본질적인 내용을 침해할 수 없다고 규정하여 국가가 국민의 기본권을 제한하는 내용의 입법을 함에 있어서 준수하여야 할 기본원칙인 과잉금지의 원칙을 천명하고 있습니다.

(2) 과잉금지의 원칙이라는 것은 국민의 기본권을 제한하려는 입법의 목적이 헌법 및 법률의 체제상 그 정당성이 인정되어야 하고(목적의 정당성), 그 목적의 달성을 위하여 그 방법이 효과적이고 적절하여야 하며(방법의 적절성), 입법권자가 선택한 기본권 제한의 조치가 입법목적달성을 위하여 설사 적절하다 할지라도 보다 완화된 형태나 방법을 모색함으로써 기본권의 제한은 필요한 최소한도에 그치도록 하여야 하며(피해의 최소성), 그 입법에 의하여 보호하려는 공익과 침해되는 사익을 비교형량 할 때 보호되는 공익이 더 커야 한다(법익의 균형성)는 헌법상의 원칙을 말합니다(헌재 결정).

위와 같은 과잉금지의 원칙을 준수하지 않은 법률 내지 법률조항은 기본권제한의 입법적 한계를 벗어난 것으로 헌법에 위반된다 할 것입니다.

(3) 따라서 위 시행령 제 9 조 제 1 호는 청소년의 노래연습장 출입시간을 오전 9시부터 오후 6시로 제한하고 있어 원고의 영업수행의 자유(헌법 15), 일반적 행동의 자유(헌법 10), 다른 업종종사자 보다 합리적 이유 없는 차별로 평등권(헌법 11)을 침해받는지 여부 및 노래방 출입제한으로 인한 청소년의 행복추구권(헌법 10)의 침해 여부를 과잉금지의 원칙에 의한 심사를 할 필요가 있습니다.

(가) **목적의 정당성** - 노래연습장은 어두운 조명 아래에서 선정성이 있는 영상물을 보며 노래를 하는 영업실태 및 손님 중 상당수는 음주 후에 찾는다는 점을 볼 때 아직 정서적·인격적으로 미성숙한 청소년의 노래연습장 출입시간을 제한하여 청소년을 보호하고자 하는 입법취지는 인정할 수 있습니다.

(나) **방법의 적정성** - 청소년의 노래연습장 출입시간을 주간으로만 제한하는 것은

청소년 보호를 위하여 동원된 수단으로 적절하지 않습니다. 야간에도 출입을 허용하되, 그 시간에는 성년의 친족이나 소속 학교의 교원 또는 이에 준하여 그 청소년을 지도·감독할 수 있는 지위에 있는 자를 동반하도록 해야 합니다.

㈐ **침해의 최소성 –** 청소년의 보호라는 입법목적 달성을 위해서도 그 기본권의 제한은 선택가능한 방법 중 덜 제한적인 방법을 택하여야 합니다. 노래연습장 안에 '청소년실'을 두거나 보호자와 동행하여 출입을 완화하는 방법이 있음에도 오후 6시 이후에 그 출입만을 금지하는 것은 과도한 기본권 제한입니다.

㈑ **법익의 균형성 –** 청소년이 오후 6시 이후에 노래연습장 출입을 하지 않으면 청소년의 정신건강과 학업에 악영향이 줄어들어 공익 달성은 가능합니다. 그러나 청소년은 야간에도 학습에 지장이 없는 한도에서 노래할 자유가 있고, 다양한 취미활동의 필요성도 있는 점을 고려할 때 법익균형성이 없습니다.

5. 결 론

따라서 이 사건 처분은 행정절차법상의 청문절차의 해태로 인한 하자와 법리오해 내지 사실오인 및 평등원칙과 비례원칙 위반이라는 재량권의 일탈·남용의 하자 및 위임입법의 범위와 그 한계를 일탈한 위헌적인 규정에 근거하여 행하여진 위법한 것이므로 취소되어야 합니다.

입 증 방 법

1. 갑 제1호증	등록취소처분통지 및 행정처분서	1부
1. 갑 제2호증	확인서(최성연)	1부
1. 갑 제3호증	확인서(정미성)	1부

첨 부 서 류

1. 위 입증방법	각 1부
1. 소장부본	1부
1. 소송위임장·담당변호사 지정서	각 1부

2012. 1. 3.

원고 소송대리인 법무법인 필승

담당변호사   나 성 실

대 전 지 방 법 원   귀 중

쟁 점 해 설

1. 처분의 경위

가. 원고는 2011. 7. 1.부터 충남 천안시 동남구 안서동 11-1에서 '재미노래연습장'이라는 상호로 노래연습장업을 운영하고 있다.

나. 피고는 2011. 9. 13. 원고에 대하여 청소년을 노래방 출입제한 시간에 출입시켰다는 사유로 이 사건 처분을 하였다.

2. 적법요건

가. 취소소송의 적법요건

취소소송을 제기하기 위하여서는 ① 행정청의, ② 처분 등이 존재하고, ③ 그것이 위법하여, ④ 원고적격을 가진 자가, ⑤ 피고적격을 가진 행정청을 피고로 하여, ⑥ 제소기간 내에, ⑦ 일정한 형식의 소장에 의하여, ⑧ 예외적으로는 행정심판을 거쳐, ⑨ 관할 행정법원에, ⑩ 취소·변경을 구하는 것이어야 한다. 소송요건의 구비 여부는 직권조사사항이다(대법원 1977. 4. 12. 선고 76누268 판결【재산세부과처분취소】 등).

나. 당 사 자

(1) 원고적격

원고는 이 사건 처분으로 노래연습장 영업의 자유와 재산권 행사의 제약을 받게 되는 법률상 직접적이고 구체적인 이익을 침해받은 직접 상대방이므로 원고적격이 있다.

(2) 피고적격

(가) **외부적으로 처분을 한 행정청**

행정처분의 취소를 구하는 행정소송은 원칙적으로 소송의 대상인 행정처분 등을 외부적으로 그의 명의로 행한 행정청을 피고로 하여야 한다(대법원 1995. 3. 14. 선고 94누9962 판결【담장설치신고서반려처분취소】).

(나) **권한의 위임·위탁을 받은 수임행정청**

권한의 위임이나 위탁을 받아 수임행정청이 정당한 권한에 기하여 그 명의로 한 처분에 대하여는 말할 것도 없고, 내부위임이나 대리권을 수여받은 데 불과하여 원행정청 명의나 대리관계를 밝히지 아니하고는 그의 명의로 처분 등을 할 권한이 없는 행정청이 권한 없이 그의 명의로 한 처분에 대하여도 처분명의자인 행정청이 피고가 되어야 할 것이다(대법원 1995. 12. 22. 선고 95누14688 판결【농지조성비등부과처분취소】).

(다) **처분권한 없는 행정청**

행정처분을 행할 적법한 권한 있는 상급행정청으로부터 내부위임을 받은 데 불과한 하급행정청이 권한 없이 행정처분을 한 경우에도 실제로 그 처분을 행한 하급행정청을 피고로 하여야 할 것이지 그 처분을 행할 적법한 권한 있는 상급행정청을 피고로 할 것은 아니다(대법원 1994. 8. 12. 선고 94누2763 판결【자동차운전면허정지처분취소등】).

(라) **이 사건의 경우**

처분명의자인 천안시장이 피고가 된다. 천안시장이 동남구청장에게 노래연습장 단속 및 처분권한을 행사하게 하는 내부위임을 하여 이 사건 원고에 대한 단속을 하였지만, 이 사건 처분명의자는 천안시장이므로 동남구청장은 피고적격이 없다.

다. 제소기간

(1) 처분이 있음을 안 날

취소소송은 처분 등이 있음을 안 날부터 90일 이내에 제기하여야 한다(행정소송법 20①). 처분의 송달은 우편·교부 또는 정보통신망 이용 등의 방법에 의하되 송달받을 자(대표자 또는 대리인을 포함한다. 이하 같다)의 주소·거소·영업소·사무소 또는 전자우편주소(이하 "주소등"이라 한다)로 한다. 다만, 송달받을 자가 동의하는 경우에는 그를 만나는 장소에서 송달할 수 있다(행정절차법 14①). 교부에 의한 송달은 수령확인서를 받고 문서를 교부함으로써 행하며, 송달하는 장소에서 송달받을 자를 만나지 못한 때에는 그 사무원·피용자 또는 동거자로서 사리를 분별할 지능이 있는 자에게 이를 교부할 수 있다(행정절차법 14②).

(2) 이 사건의 경우

(개) 원고의 친정 어머니 윤숙자는 피고의 원고에 대한 이 사건 처분통지서를 수령한 후 그 사실을 원고에게 알리지 않았으며, 원고 역시 이 사건 처분이 있음을 알지 못하였기 때문에 윤숙자가 처분통지서를 수령한 날을 원고가 처분이 있음을 안 날로 기산할 수 없다.

(나) 혼인하여 별도의 주소지에서 생활하면서 일시 송달명의인의 주소지를 방문한 송달명의인의 아들에게 납세고지서를 수교한 것만으로는 그 납세고지서가 송달을 받아야 할 자에게 도달하였다고 볼 수 없으므로, 원심이 위 윤○○이 위 납세고지서를 수령한 날이 아니고 원고가 동인으로부터 납세고지서를 실제로 전달받은 날에 그 송달의 효력이 발생한 것이라고 본 판단 또한 정당하다(대법원 1992. 10. 13. 선고 92누725 판결【증여세등부과처분취소】).

(다) 따라서 원고가 2011. 10. 13. 이 사건 처분통지서를 수령한 날에 처분이 있음을 안 날로 보아야 하며, 그로부터 90일 이내에 제소한 이 사건 소는 적법한 제소기간을 준수하였다. 만약 원고가 직접 이 사건 처분통지서를 수령하지 않았다면, 윤숙자가 이 사건 처분통지서를 수령한 사실을 알게 되어 비로소 처분이 있음을 알게 된 날인 2011. 11. 5.부터 제소기간을 기산하여야 한다.

3. 이 사건 처분의 적법 여부

가. 행정절차상의 하자

(1) 청문사유

행정청이 처분을 함에 있어서 ① 다른 법령 등에서 실시하도록 규정하고 있는 경우, ② 행정청이 필요하다고 인정하는 경우에는 청문을 실시하여야 한다(행정절차법 22①). 다만 청문 절차를 거쳐야 하는 경우에도 당사자가 의견진술의 기회를 포기한다는 뜻을 명백히 밝힌 경우 및 행정절차법 제21조 제4항 각호의 사유에 해당하는 경우에는 청문을 거치지 않을 수 있다.

(2) 청문을 실시하지 않은 경우

행정절차법 제21조 제 4 항 제 3 호는 침해적 행정처분을 할 경우 청문을 실시하지 않을 수 있는 사유로서 "당해 처분의 성질상 의견청취가 현저히 곤란하거나 명백히 불필요하다고 인정될 만한 상당한 이유가 있는 경우"를 규정하고 있으나, 여기에서 말하는 '의견청취가 현저히 곤란하거나 명백히 불필요하다고 인정될 만한 상당한 이유가 있는지 여부'는 당해 행정처분의 성질에 비추어 판단하여야 하는 것이지, 청문통지서의 반송 여부, 청문통지의 방법 등에 의하여 판단할 것은 아니며, 또한 행정처분의 상대방이 통지된 청문일시에 불출석하였다는 이유만으로 행정청이 관계 법령상 그 실시가 요구되는 청문을 실시하지 아니한 채 침해적 행정처분을 할 수는 없을 것이므로, 행정처분의 상대방에 대한 청문통지서가 반송되었다거나, 행정처분의 상대방이 청문일시에 불출석하였다는 이유로 청문을 실시하지 아니하고 한 침해적 행정처분은 위법하다(대법원 2001. 4. 13. 선고 2000두3337 판결【영업허가취소처분취소】).

식품위생법 제64조, 같은법 시행령 제37조 제 1 항 소정의 청문절차를 전혀 거치지 아니하거나 거쳤다고 하여도 그 절차적 요건을 제대로 준수하지 아니한 경우에는 가사 영업정지사유 등 위 법 제58조 등 소정 사유가 인정된다고 하더라도 그 처분은 위법하여 취소를 면할 수 없다(대법원 1991. 7. 9. 선고 91누971 판결【식품위생접객업소영업정지명령취소등】).

(3) 이 사건의 경우

이 사건 처분 근거법령인 음악진흥법은 노래연습장등록 취소를 하는 경우에는 청문을 실시하도록 하고 있다. 그럼에도 피고는 이를 행하지 아니한 절차상의 하자로 인하여 이 사건 처분은 위법하다.

나. 실체법적 하자

(1) 법리오해·사실오인

이 사건 처분은 원고가 성인들인 직장동료 6명과 함께 들어오는 청소년을 사전에 알아내서 출입을 제한시킬 수 있는 행위를 기대하기 어렵기 때문에 청소년 출입제한에 관한 법리오해 또는 사실오인이 있다.

음악진흥법 제 2 조 제14호는 청소년을 18세 미만의 자를 말한다고 정의하고 있다.

반면, '청소년보호법'은 청소년을 만 19세 미만의 자로 한다(청소년보호법 2(1)). 개별 법률마다 청소년의 나이를 달리 정하고 있음을 유의하여야 한다.

(2) 행정처분기준의 위반

피고는 이 사건 처분을 함에 있어 음악진흥법 시행규칙 제15조 제 1 항 [별표 2]가 정하는 '3차위반'의 행정처분기준에 따라 '영업정지 3월' 범위 내에서 처분을 하여야 하는데도, '4차위반'에 해당하는 이 사건 처분인 등록취소를 하여 행정처분기준을 위반하였다.

(3) 비례의 원칙 위반

피고는 이 사건 처분으로 달성되는 공익과 원고의 불이익을 비교 형량하지 않은 가운데 지나치게 무거운 처분을 하여 비례의 원칙을 위반하였다. 피고는 원고가 청소년을 출입시킨 경위, 영업 시작 25일째인 점, 그동안 위반행위의 전력이 없는 점, 원고가 이원숙의 행정제재처분을 승계하였지만, 원고의 위반행위는 1회인 점, 원고가 노래방을 양수하여 영업하기 위하여 권리금과 보증금, 인테리어비용 등을 투자한 점, 노래방 영업이 자녀들과 유일한 생계수단인 점을 고려하지 않은 재량권의 일탈·남용의 점이 있다.

(4) 평등의 원칙 위반

피고는 특별한 사정이 있거나 합리적인 이유 없이 원고에게 과거 이원숙을 비롯한 다수인들에게 행하였던 것보다 그 처분기준을 벗어난 무거운 처분을 하여 평등의 원칙에도 위반하는 재량권의 일탈·남용의 점이 있다.

다. 소   결

이 사건 처분은 행정절차상의 하자와 행정처분기준에 반하며, 비례의 원칙 및 평등의 원칙에도 위반하는 재량권의 일탈·남용에 해당하는 위법한 처분으로 취소되어야 한다.

4. 이 사건 처분 근거법령의 위헌성

가. 포괄위임금지원칙의 위반

노래연습장업자의 주의사항의 위임규정인 음악진흥법 제22조 제 1 항 제 4 호는 '기타 대통령령이 정하는 사항'이라고 규정하여 하위법규에 규정될 내용 및 범위에 관한 기본 사항이 가능한 한 구체적이고 명확하게 규정되어 있지 않아 최소한의 예측가능성도 없어 포괄위임금지원칙에 위반하였다.

나. 과잉금지원칙의 위반

이 사건 처분 근거법령과 같이 기본권을 제한하는 입법은 과잉금지원칙에 따라 입법목적의 정당성, 수단의 상당성, 피해의 최소성, 법익의 균형성의 요건을 충족하여야 함에도 이를 위반하였다.

5. 관   할

행정사건은 행정법원에 제기하는 것이 원칙이나, 행정법원이 설치되지 않은 지역에 있어서의 행정사건은 해당 지방법원 본원이 관할하도록 되어 있으므로, 이 사건은 충청남도 천안시를 관할하는 대전지방법원에 제소하여야 한다.

제2회 변호사시험

— 미용업자위생관리기준 위헌확인 —

제4장

Contents
목 차

04

2013년도 제2회 변호사시험 문제

시험과목	공 법(기록형)

응시자 준수사항

1. 시험 시작 전 문제지의 봉인을 손상하는 경우, 봉인을 손상하지 않더라도 문제지를 들추는 행위 등으로 문제 내용을 미리 보는 경우 모두 부정행위로 간주되어 그 답안은 영점처리 됩니다.
2. 답안은 흑색 또는 청색 필기구(사인펜이나 연필 사용 금지) 중 한 가지 필기구만을 사용하여 답안 작성 난(흰색 부분) 안에 기재하여야 합니다.
3. 답안지에 성명과 수험 번호를 기재하지 않아 인적사항이 확인되지 않는 경우에는 영점처리 등 불이익을 받게 됩니다. 특히 답안지를 바꾸어 다시 작성하는 경우, 성명 등의 기재를 빠뜨리지 않도록 유의하여야 합니다.
4. 답안지에는 문제내용을 기재할 필요가 없으며, 답안 내용 이외의 사항을 기재하거나 밑줄 기타 어떠한 표시도 하여서는 아니됩니다. 답안을 정정할 경우에는 두 줄로 긋고 다시 기재하여야 하며, 수정액 등은 사용할 수 없습니다.
5. 시험종료 시각에 임박하여 답안지를 교체요구한 경우라도 시험시간 종료 후 즉시 새로 작성한 답안지를 회수합니다.
6. 시험 종료 후에는 답안지 작성을 일절 할 수 없으며, 이에 위반하여 시험시간이 종료되었음에도 불구하고 시험관리관의 답안지 제출지시에 불응한 채 계속 답안을 작성하거나 답안지를 늦게 제출할 경우 그 답안은 영점처리 됩니다.
7. 답안은 답안지 쪽수 번호 순으로 기재하여야 하고, 배부받은 답안지는 백지 답안이라도 모두 제출하여야 하며, 답안지를 제출하지 아니한 경우 그 시험시간 및 나머지 시험시간의 시험에 응시할 수 없습니다.
8. 지정된 시간까지 지정된 시험실에 입실하지 아니하거나 시험관리관의 승인을 얻지 아니하고 시험시간 중에 그 시험실에서 퇴실한 경우 그 시험시간 및 나머지 시험시간의 시험에 응시할 수 없습니다.
9. 시험시간이 종료되기 전에는 어떠한 경우에도 문제지를 시험장 밖으로 가지고 갈 수 없고, 시험 종료 후 가지고 갈 수 있습니다.

공법 기록형 문제

2013. 1. 4.

법 무 부

□ 문　　제

1. 의뢰인 송미령을 위하여 김신뢰 변호사의 입장에서 <u>헌법소원심판청구서</u>를 작성하시오. 단, '청구이유' 중 '2. 이 사건 헌법소원의 적법성'에서는 문제되는 적법요건을 중심으로 기술할 것. (80점)

2. 의뢰인 전화랑을 위하여 김신뢰 변호사의 입장에서 영업정지 처분의 취소를 구하는 소장의 '<u>청구취지</u>'와 '<u>청구원인</u>' 중 '<u>3. 이 사건 처분의 위법성</u>' 부분을 작성하시오. 단, '3. 이 사건 처분의 위법성'에서는 처분의 근거법령의 위헌성·위법성을 다투는 내용을 제외할 것. (20점)

□ 작성요령 및 주의사항

1. 참고자료로 제시된 법령은 가상의 것으로, 이에 근거하여 작성할 것. 이와 다른 내용의 현행 법령이 있다면, 제시된 법령이 현행 법령에 우선하는 것으로 할 것.
2. 기록에 나타난 사실관계만을 기초로 하고, 그것이 사실임을 전제로 할 것.
3. 기록 내의 각종 서류에는 필요한 서명, 날인, 무인, 간인, 정정인이 있는 것으로 볼 것.
4. 송달이나 접수, 통지, 결재가 필요한 서류는 모두 적법한 절차를 거친 것으로 볼 것.
5. 헌법소원심판청구서의 작성일과 제출일은 2013. 1. 4.로 할 것.

헌법소원심판청구서 양식

헌법소원심판청구서

청 구 인

청구취지

침해된 권리

침해의 원인이 되는 공권력의 행사 또는 불행사

청구이유

1. 쟁점의 정리
2. 이 사건 헌법소원의 적법성
3. 이 사건 규정의 위헌성
4. 결   론

첨부서류

○○○○. ○○. ○○.

청구인의   ○○○

귀중

소장 양식

소   장

원   고
피   고

○○○○의 소

청구취지

청구원인

1. 이 사건 처분의 경위
2. 이 사건 소의 적법성
3. 이 사건 처분의 위법성
4. 결   론

입증방법

첨부서류

○○○○. ○○. ○○.
원고 ○○○

귀중

기록내용 시작

수임번호 2012-501	법률상담일지		2012. 12. 20.	
의 뢰 인	1. 송미령 2. 전화랑	의뢰인 전화	1. ***-****-**** 2. ***-****-****	
의뢰인 영업장 주소	1. 서울 서대문구 홍은동 300 2. 서울 서대문구 홍은동 79	의뢰인 전송		

상 담 내 용

1. 의뢰인 송미령은 중국 국적의 여성으로서 미용사 자격을 취득한 후 2012. 9. 3. 미용실을 개설하였으나, 공중위생 관련 규정이 점빼기와 귓볼뚫기를 금지하고 있다며 헌법소원을 청구하기 위해 국선대리인 선임신청을 하였고, 헌법재판소가 본 변호사를 국선대리인으로 선정하자, 송미령이 본 법인을 방문하였다.

2. 의뢰인 전화랑은 미용사 면허를 가진 자로서 2010. 8. 30.부터 미용실을 운영하여 오다가 2012년 여름에 단골손님 2명에게 점빼기와 귓볼뚫기를 했다는 사유로 공중위생 관련 법령에 따라 영업정지 2월의 행정처분을 받고 이웃 동네에 사는 송미령과 함께 본 법인을 방문하였다.

3. 전화랑은 오랜 단골 고객인 김미순이 오랜만에 휴가를 얻어 얼굴의 점을 빼달라고 간곡히 부탁하기에 거절하지 못하고 점빼기를 해 주었다고 한다.

4. 전화랑은 그 후 위 김미순의 동생이자 역시 단골 고객인 김용순이 연휴 때 찾아와 병원에서 점을 빼면 너무 비싸다며 간곡히 부탁해서 역시 거절하지 못하였고 서비스로 귓볼뚫기도 해 주었다고 한다.

5. 의뢰인 전화랑에게 문의한바, 영업정지 처분을 하기 전에 사전 통지 및 청문절차를 거쳤다고 한다.

6. 의뢰인 희망사항

    의뢰인 송미령은 미용사가 점빼기와 귓볼뚫기를 할 수 있도록 공중위생 관련 규정에 대한 헌법소원을 청구하여 주기를 희망하고 있고, 의뢰인 전화랑은 단골 고객 2명에게 마지못해 점빼기와 귓볼뚫기 시술을 해 준 것인 데도 영업정지 2월의 처분을 받은 것은 억울하다며 위 영업정지 처분에 대한 취소소송을 제기하여 줄 것을 희망하고 있다.

법무법인 정의(담당변호사 김신뢰)
전화 02-555-****, 전송 02-555-****, 전자우편 ***@justicelaw.com
서울 서초구 서초동 100-2 정의빌딩 3층

법무법인 정의 내부회의록

일   시: 2012. 12. 21. 14 : 00 ~ 15 : 00
장   소: 법무법인 정의 소회의실
참석자: 이길수 변호사(송무팀장), 김신뢰 변호사

이 변호사: 송미령, 전화랑 의뢰인 사건과 관련하여 몇 가지 논의할 사항이 있을 것 같습니다. 김 변호사님, 전화랑 씨에 대한 영업정지 처분에 대해 절차상 하자가 있다고 주장할 만한 점은 없는지요?

김 변호사: 저도 그 점에 착안해서 검토하고 전화랑 씨와 서대문구청에 확인했습니다만, 절차상의 하자는 없는 것 같습니다. 처분에 관한 사전 통지도 했고, 공중위생관리법 제12조에서 요구하는 청문도 실시한 것으로 확인되었습니다. 처분의 방식이나 이유 제시에 관해서도 별다른 하자가 발견되지 않았습니다.

이 변호사: 점빼기나 귓볼뚫기가 의료행위에 해당하는지에 관한 판례가 있는지 확인해 보았나요?

김 변호사: 점빼기나 귓볼뚫기에 관한 판례는 없는 것 같습니다. 관련 판례로는 '곰보수술, 눈쌍꺼풀, 콧날세우기 등 미용성형수술은 질병의 예방 또는 치료행위가 아니므로 오직 일반 의사에게만 허용된 의료법 제25조 소정의 의료행위라고 단정할 수 없다.'는 취지의 1972년 대법원 판결이 있었지만, 1974년 이 판결을 폐기하면서 '코높이기 성형수술행위도 의료행위에 해당한다.'는 대법원 판결이 있었습니다. 문신시술행위는 의료행위에 해당한다는 대법원 판례가 있고, 이를 전제로 하여 판단한 헌법재판소 결정도 있습니다. 비교적 최근인 2007년에도 속눈썹 이식과 같은 미용성형술은 의료행위라고 본 대법원 판례가 있습니다.

이 변호사: 송미령 씨의 헌법소원 말인데요, 심판대상을 무엇으로 삼아 헌법소원을 청구해야 하나요?

김 변호사: 송미령 의뢰인의 경우 아직 위반행위를 하지 않아 행정처분을 받은 바 없고, 형사처벌 규정은 없습니다. 그래서 공중위생관리법이나 그 하위 규정 중 점빼기나 귓볼뚫기를 할 수 없게 하고 있는 근거규정을 심판대상으로 삼아 기본권 침해를 주장하는 헌법소원이 될 것 같습니다. 그런데 헌법재판소의 주류적 판례에 비추어보면 상위법인 공중위생관리법 규정보다는 보건복지부 고시의 해당 규정을 심판대상으로 삼아 헌법소원을 청구하는 것이 타당할 것 같습니다.

이 변호사: 좋은 생각입니다. 그렇게 하시죠. 헌법소원 요건은 상당히 까다로운 것으로 알고 있는데, 적법요건에 다른 문제는 없는지 잘 검토해 주시기 바랍니다.

김 변호사: 네, 잘 알겠습니다.

이 변호사: 그럼, 소장과 헌법소원 청구서 작성 준비를 잘 해주기 바랍니다. 이상으로 회의를 마치겠습니다. 끝.

대법원 2007. 6. 28. 선고 2005도8317 판결【의료법위반】(발췌)

[공 2007. 8. 1.(279), 1206]

【판시사항】

[1] 의료행위의 의미 및 미용성형술이 의료행위에 포함되는지 여부(한정 적극)

[2] 속눈썹 또는 모발의 이식시술행위가 의료행위에 해당한다고 한 사례

[3] 무면허 의료행위가 정당행위로서 위법성이 조각되기 위한 요건

[4] 의사가 모발이식시술을 하면서 이에 관하여 어느 정도 지식을 가지고 있는 간호조무사로 하여금 모발이식시술행위 중 일정 부분을 직접 하도록 맡겨둔 채 별반 관여하지 않은 것이 정당행위에 해당하지 않는다고 한 사례

【판결요지】

[1] 의료행위라 함은 질병의 예방과 치료행위뿐만 아니라 의학적 전문지식이 있는 의료인이 행하지 아니하면 사람의 생명, 신체나 공중위생에 위해를 발생시킬 우려가 있는 행위를 포함하므로, 질병의 치료와 관계가 없는 미용성형술도 사람의 생명, 신체나 공중위생에 위해를 발생시킬 우려가 있는 행위에 해당하는 때에는 의료행위에 포함된다.

[2] 의사가 속눈썹이식시술을 하면서 간호조무사로 하여금 피시술자의 후두부에서 채취한 모낭을 속눈썹 시술용 바늘에 일정한 각도로 끼우고 바늘을 뽑아낸 뒤 이식된 모발이 위쪽을 향하도록 모발의 방향을 수정하도록 한 행위나, 모발이식시술을 하면서 간호조무사로 하여금 식모기(植毛機)를 피시술자의 머리부위 진피층까지 찔러 넣는 방법으로 수여부에 모낭을 삽입하도록 한 행위가 진료보조행위의 범위를 벗어나 의료행위에 해당한다고 한 사례.

[3] 의료행위에 해당하는 어떠한 시술행위가 무면허로 행하여졌을 때, 그 시술행위의 위험성의 정도, 일반인들의 시각, 시술자의 시술의 동기, 목적, 방법, 횟수, 시술에 대한 지식수준, 시술경력, 피시술자의 나이, 체질, 건강상태, 시술행위로 인한 부작용 내지 위험 발생 가능성 등을 종합적으로 고려하여 법질서 전체의 정신이나 그 배후에 놓여 있는 사회윤리 내지 사회통념에 비추어 용인될 수 있는 행위에 해당한다고 인정되는 경우에만 사회상규에 위배되지 아니하는 행위로서 위법성이 조각된다.

[4] 의사가 모발이식시술을 하면서 이에 관하여 어느 정도 지식을 가지고 있는 간호조무사로 하여금 모발이식시술행위 중 일정 부분을 직접 하도록 맡겨둔 채 별반 관여하지 않은 것이 정당행위에 해당하지 않는다고 한 사례.

【전   문】

【피 고 인】 피고인 1외 6인
【상 고 인】 피고인들
【변 호 인】 변호사 노인수외 7인
【원심판결】 서울중앙지법 2005. 10. 13. 선고 2005노1994 판결

【주   문】
원심판결 중 피고인 1에 대한 부분을 파기하고, 이 부분 사건을 서울중앙지방법원 합의부에 환송
한다. 나머지 피고인들의 상고를 모두 기각한다.

【이   유】
상고이유를 판단한다.

1. 피고인들에 대한 무면허의료행위 부분에 대하여

가. 의료행위라 함은 질병의 예방과 치료행위뿐만 아니라 의학적 전문지식이 있는 의료인이 행
하지 아니하면 사람의 생명, 신체나 공중위생에 위해를 발생시킬 우려가 있는 행위를 포함하므로
(대법원 1992. 5. 22. 선고 91도3219 판결, 2000. 2. 22. 선고 99도4541 판결, 2003. 9. 5. 선고 2003도
2903 판결 등 참조), 질병의 치료와 관계가 없는 미용성형술도 사람의 생명, 신체나 공중위생에 위
해를 발생시킬 우려가 있는 행위에 해당하는 때에는 의료행위에 포함된다(대법원 1974. 11. 26. 선
고 74도1114 전원합의체 판결, 2005. 6. 10. 선고 2005도2740 판결 등 참조).

위와 같은 법리 및 기록에 비추어 보건대, 원심은 제1심이 적법하게 채택한 증거를 종합하여
판시와 같은 사실을 인정한 다음, 의사인 피고인 1이 속눈썹이식시술을 하면서 피시술자의 후두부
에서 채취한 모낭을 간호조무사인 제1심 공동피고인 1로 하여금 속눈썹시술용 바늘(안과용 각침)
에 일정한 각도로 끼우고 바늘을 뽑아낸 뒤 이식된 모발이 위쪽을 향하도록 모발의 방향을 수정
하도록 한 행위나, 나머지 피고인들이 모발이식시술을 하면서 위 제1심 공동피고인 1로 하여금
식모기(植毛機)를 피시술자의 머리부위 진피층까지 찔러 넣는 방법으로 수여부에 모낭을 삽입하
도록 한 행위가 진료보조행위의 범위를 벗어나 의료행위에 해당한다고 보아, 피고인들이 의료행
위 중 일부인 위와 같은 행위를 위 제1심 공동피고인 1로 하여금 하게 한 이상 무면허의료행위의
공범이 된다고 판단하여, 피고인들에 대한 이 사건 무면허의료행위의 공소사실을 유죄로 인정한
제1심판결을 유지하였는바, 원심의 위와 같은 증거취사 및 사실인정과 판단은 옳고, 상고이유로
주장하는 바와 같은 채증법칙 위반 및 무면허의료행위에 관한 법리오해나 이로 인한 심리미진 등

의 위법이 없다.

　나. 의료행위에 해당하는 어떠한 시술행위가 무면허로 행하여졌을 때, 그 시술행위의 위험성의 정도, 일반인들의 시각, 시술자의 시술의 동기, 목적, 방법, 횟수, 시술에 대한 지식수준, 시술경력, 피시술자의 나이, 체질, 건강상태, 시술행위로 인한 부작용 내지 위험발생 가능성 등을 종합적으로 고려하여 법질서 전체의 정신이나 그 배후에 놓여 있는 사회윤리 내지 사회통념에 비추어 용인될 수 있는 행위에 해당한다고 인정되는 경우에만 사회상규에 위배되지 아니하는 행위로서 위법성이 조각된다(대법원 2002. 12. 26. 선고 2002도5077 판결, 2004. 10. 28. 선고 2004도3405 판결, 2006. 3. 23. 선고 2006도1297 판결 등 참조).

　위와 같은 법리 및 기록에 비추어 보건대, 간호조무사에 불과한 위 제1심 공동피고인 1이 모발이식시술에 관하여 어느 정도 지식을 가지고 있다고 하여도 의료 전반에 관한 체계적인 지식과 의사 자격을 가지고 있지는 못한 사실, 피고인 5는 모발이식시술을 하면서 식모기를 환자의 머리 부위 진피층까지 찔러 넣는 방법으로 수여부에 모발을 삽입하는 행위 자체 중 일정 부분에 대해서는 위 제1심 공동피고인 1에게만 맡겨둔 채 별반 관여를 하지 아니한 사실 등을 인정한 다음, 이러한 위 피고인의 행위는 의료법을 포함한 법질서 전체의 정신이나 사회통념에 비추어 용인될 수 있는 행위에 해당한다고 볼 수 없어 위법성이 조각되지 아니한다고 하여, 위 피고인의 정당행위 주장을 배척한, 원심의 조치는 옳고 정당행위에 관한 법리오해의 위법이 없다.

　(중략)

3. 결　론

　그러므로 원심판결 중 피고인 1에 대한 부분을 파기하고, 이 부분 사건을 다시 심리·판단하게 하기 위하여 원심법원에 환송하며, 나머지 피고인들의 상고를 모두 기각하기로 관여 대법관의 의견이 일치되어 주문과 같이 판결한다.

　　　　　　　　　　　　　대법관　　이홍훈(재판장) 김영란(주심) 김황식 안대희

외 국 인 등 록 증
ALIEN REGISTRATION CARD

사진 (첨부된 것으로 볼 것)	외 국 인 등록번호	******-*******	성 별	F
	성 명	MI-RYONG SONG		
	국 가 지 역	CHINA		
	체류자격	영주(F-5)		

발급일자 2005. 11. 1.

서울출입국관리사무소장
CHIEF, SEOUL IMMIGRATION OFFICE

제 2012 - 45 호

영업신고증

대표자	성명 송 미 령	생년월일 1985. 10. 15.
영업소	명칭(상호) 힐링미용실	
	소재지 서울 서대문구 홍은동 300	
	영업의 종류 미용업	
조 건		

　　「공중위생관리법」 제 3 조 제 1 항 및 같은 법 시행규칙 제 3 조 제 1 항에 따라 영업의 신고를 하였음을 증명합니다.

2012년   9월   3일

서대문구청장

질 의 서

송미령: 미용업 영업신고증 번호(제2012-45호)
영업소 소재지: 서울 서대문구 홍은동 300 힐링미용실
전화: 02)399-****

　저는 서대문구에서 힐링미용실을 개업한 송미령이라고 합니다. 저는 올해 여름 미용사 면허를 취득
하였으나, 예전에 다른 분이 운영하는 미용실에서 보조로 일할 때 그 미용실에서 헤어 펌이나 염색
외에도 입술 문신, 점제거, 귀뚫기 등의 기술을 배워서 그로 인한 수입이 상당했던 경험이 있습니다.
그래서 제가 미용실을 개업하면서 아는 분들에게 제 미용실에 오시면 두피케어도 해드리고 점도 빼드
린다면서 꼭 들러달라고 말씀을 드렸더니 어떤 분이 이제 점은 미용실에서 빼면 안 되는 것으로 알고
있다고 하셔서 문의를 드립니다. 과연 그런지, 그 외에 구체적으로 어떠한 행위가 금지되는 것인지
알려주시기 바랍니다. 만약 금지된다면, 귀 협회에서 미용실에서 점을 빼는 행위 등이 안 되는 것으
로 정한 것인지요.

2012.　9.　3.

대한미용업협회장 귀하

대 한 미 용 업 협 회

수신자 : 송미령(영업소 소재지 : 서울 서대문구 홍은동 300 힐링미용실)

제　목 : 질의서 회신

회신일 : 2012. 9. 10.

- 귀하가 요청한 질의에 대하여 다음과 같이 회보합니다.
- 공중위생관리법 관련 법령 및 보건복지부 고시에 따라 2011. 10. 15.부터 미용업자가 점빼기·귓
  볼뚫기·쌍꺼풀수술·문신·박피술 그 밖에 유사한 의료행위를 더 이상 할 수 없도록 규율되고
  있습니다. 또한 그 외에 피부미용을 위하여 약사법에 따른 의약품 또는 의료기기법에 따른 의
  료기기를 사용하여서도 아니됩니다.
- 따라서 귀하가 문의한 점빼기, 귓볼뚫기 등 비교적 간단한 시술도 더 이상 미용업자의 면허로
  행할 수 없음을 알려드립니다.
- 만약 이를 위반할 경우 관련 법령에 의하여 영업정지나 면허취소 등의 행정조치를 받을 수 있
  으므로 항상 이를 숙지하시고 영업시 착오가 없도록 만전을 기해주시기 바랍니다.

대한미용업협회장　[대한미용업협회장인]

우편번호 150-010　서울 중구 신당동 38 고려빌딩 4층　전화 02)709-****　팩스 02)709-****

국선대리인선임신청서

신 청 인   송 미 령
　　　　　서울 서대문구 홍은동 101 소망빌라 지층 1호
　　　　　전화   ***-****-****

신 청 이 유

1. 헌법소원 사유

　신청인은 한국에서 태어난 중국 국적의 여자로서 2005년 1월경부터 서울 서대문구 소재 미용실에서 미용사 보조원으로 다년간 일하다가 퇴직한 후, 미용사가 되기 위해 서울 강남구 소재 미용학원에서 1년 여 간 수강 및 실습을 하고 미용사 면허시험에 응시하여 2012. 8. 31. 미용사 자격을 취득하였습니다.

　신청인은 2012. 9. 3. 미용실을 개설하여 그동안 배우고 익힌 기술을 활용하여 점빼기와 귓볼뚫기 등 미용행위를 하려고 하였으나, 대한미용업협회에 질의한 결과 공중위생 관련 규정에서 미용사는 점빼기와 귓볼뚫기를 할 수 없도록 하고 있다는 회신을 같은 달 10. 받았습니다. 이에 본인이 미용업을 하는 데 커다란 장애가 있어 동 규정을 대상으로 헌법소원심판을 청구하려고 합니다.

2. 무자력 사유

　신청인의 부모님은 신청인이 어렸을 때 돌아가셨기 때문에 신청인은 일찍부터 미용실에서 미용사 보조원으로 일했고, 그때 받은 월급의 일부를 떼어 적금을 들어 돈을 모아 미용학원에 다녔고, 2012. 8. 31. 드디어 꿈에 그리던 미용사 자격을 취득하였습니다. 따라서 신청인은 현재 일정한 수입이 없는 상태이고 금전적으로 도와줄 수 있는 친척이나 형제들도 없는 터라 헌법소원을 청구하기 위한 변호사를 대리인으로 선임할 자력이 전혀 없습니다.

접수
No. 500
2012. 11. 20.
헌법재판소
심판사무국

3. 결   론

이상과 같은 이유로 헌법소원심판청구를 위한 국선대리인을 선정해 주시기를 앙망합니다.

2012.   11.   20.

신 청 인   송   미   령 (인)

헌법재판소   귀중

헌 법 재 판 소

제 1 지정재판부

결   정

사   건   2012헌사500 국선대리인선임신청

신   청   인   송   미   령
　　　　　　　　　서울 서대문구 홍은동 101 소망빌라 지층 1호

주   문

　신청인이 청구하고자 하는 헌법소원심판사건에 관하여 변호사 김신뢰를 신청인의 국선대리인으로 선정한다.

이   유

　신청인의 국선대리인 선임신청은 헌법재판소법 제70조 제 1 항에서 정한 국선대리인 선임요건에 해당되므로 주문과 같이 결정한다.

2012.   12.   14.

재판장   재판관   김 ○ ○＿＿＿＿＿＿＿＿＿＿＿＿＿＿＿

　　　　 재판관   이 ○ ○＿＿＿＿＿＿＿＿＿＿＿＿＿＿＿

　　　　 재판관   박 ○ ○＿＿＿＿＿＿＿＿＿＿＿＿＿＿＿

정본입니다.

헌법재판소
사무관   인

제 2010 - 75 호

영업신고증

대표자	성명 전 화 랑	생년월일 1975. 11. 7.

영업소	명칭(상호) 화랑미용실
	소재지 서울 서대문구 홍은동 79
	영업의 종류 미용업

조 건	

「공중위생관리법」제 3 조 제 1 항 및 같은 법 시행규칙 제 3 조 제 1 항에 따라 영업의 신고를 하였음을 증명합니다.

2010년   8월   30일

서대문구청장   [서대문 구청장인]

단속결과보고서

제2012-189호

수 신: 서대문구청장
참 조: 환경위생과장
제 목: 공중위생관리법 위반업소 단속결과 보고

미용업소 불법영업 신고에 따라 해당업소에 현지 출장한 결과를 아래와 같이 보고합니다.

출장일시	2012. 7. 30. 13 : 00 ~ 17 : 00
단 속 반	1개반 2명
단속업소	서울특별시 서대문구 관할 구역 내 미용실
중점단속사항	점빼기 등 의료행위 금지 준수 여부
단속결과	– 위반업소: 화랑미용실(홍은동 79) – 공중위생관리법 제4조(공중위생영업자의 위생관리의무등) 제4항에 따라 미용업자는 점빼기・귓볼뚫기를 하여서는 아니됨에도 불구하고, 위 미용업소 영업자 전화랑이 2012. 7. 25. 10 : 00경 자신이 운영하는 화랑미용실에서 김미순(만 27세)을, 2012. 7. 30. 14 : 00경 같은 장소에서 김용순(만 21세)을 상대로 점을 빼고 귓볼을 뚫어주는 영업을 하였음을 확인하고, 전화랑, 김미순, 김용순으로부터 해당행위에 대한 자술서와 확인서를 받았습니다.

위와 같이 조치결과를 보고합니다.

2012년   7월   31일

보고자: 서대문구청 환경위생과 6급 정수인 (정수인)

서대문구청 환경위생과 7급 정성원 (정성원)

자 술 서

이름: 전화랑(******-*******)
주소: 서울 서대문구 홍은동 일품아파트 2동 103호

　저는 2010년 여름부터 서울 홍은동 상가에서 "화랑미용실"을 운영하고 있는 전화랑입니다. 제가 17세부터 약 3년 전까지 제가 살던 읍내 미용실에서 미용보조로 일했었는데 그 곳에서 미용사가 손님들 점도 빼주고 귀를 뚫어주기도 하는 것을 옆에서 보고 배웠습니다. 손기술만 있으면 간단히 배울 수 있었으니까요. 그 당시 손님들이 미용실에서 하니 간편하고 저렴하다며 매우 만족하셨던 기억이 납니다. 그 때 옆에서 보고 배운 기술로 이번에 제 미용실에 찾아온 손님 김미순 등에게 해드린 것입니다.

　그래도 제가 제 이름으로 미용실을 운영한 이후에 요새는 미용실에서 헤어나 메이크업 외에 함부로 손님들에게 점빼기, 귀뚫기 등은 하면 안 된다고 미용업협회로부터 들은 적이 있었던 것 같아 사실 한 번도 하지 않았는데, 예전부터 저의 오랜 단골 고객인 김미순씨가 오랜만에 휴가를 얻었는데 점을 빼달라고 간절히 부탁하여 그만 거절하지 못하고 해드렸습니다. 그런데 이후에 그 손님 동생 분이자 역시 단골 고객인 김용순씨가 연휴 때 또 찾아오셔서 병원 가서 점을 빼면 너무 비싸다며 간곡히 부탁하기에 그만 거절하지 못하고 해드렸습니다. 그 분이 아직 귀를 뚫지 않아서 거의 서비스 차원에서 그 분 귀도 뚫어주게 되었던 것이고요. 미용실을 해보신 분은 아실 것입니다. 단골 고객 관리가 얼마나 어려운 일인지요.

　저는 가정 형편이 어려워 17세부터 집을 나와 미용실 보조로 일했습니다. 그 때 미용실 보조 월급은 너무 적었고 심지어 어떤 달에는 못받기도 하였는데 그래도 그렇게 10년 이상 한푼 두푼 모은 돈에다 은행대출을 받아 겨우 서른이 넘어 제 이름으로 미용실을 열었고 지금 결혼하여 두 아이의 아빠로 한 가정을 책임지고 있는 가장입니다. 미용실 운영수입으로 상가월세매달 150만원 내고 직원 월급 주고 나면 겨우 가족들 먹고 사는 정도여서 저축 한 번 제대로 해보지 못했습니다. 그래도 제 스스로의 힘으로 기술도 익히고 제 이름으로 미용실도 열어서 동네 손님들 상대로 일요일도 쉬지 않고 일하면서 소시민으로 행복하게 살아왔는데, 행여 이번 일로 영업정지라도 받으면 월세는 어떻게 낼지, 동네 장사인데 이미지에 손상을 입게 되는 것은 아닌지, 손님들이 다른 상가에 있는 미용실로 모두 옮기시지 않을지 너무 걱정되어서 요새 밥도 입에 들어가지 않습니다.

저는 지금까지 살면서 한 번도 법을 어긴 사실이 없었습니다. 그런데 이번에 제가 단골 손님들 부탁으로 점을 빼 준 일 등으로 단속을 당하고 보니 너무 억울합니다.

앞으로는 아무리 부탁하더라도 절대로 법을 어기는 일이 없도록 할 테니 저의 어려운 처지를 생각해서 선처해 주실 것을 간절히 부탁드립니다.

2012년   7월   30일

전화랑 (서명)

확 인 서

성   명 : 김미순

주민등록번호 : ******-*******

주   소 : 서울 서대문구 홍은동 일동빌라 3동 23호

　　저는 서울 서대문구 홍은동에 있는 한식당 '다헌'에서 서빙일을 하고 있습니다. 저희 한식당은 고급 한식집이라 손님들 서빙이 중요해서 제가 근처 화랑미용실에서 드라이 등 헤어관리를 자주 받았습니다. 그런데 식당일 때문에 평소 눈썹 아래 늘 거슬러던 점을 빼기 위해 휴가를 얻기가 참 어려웠습니다. 게다가 근처에 피부과도 없고 병원 예약도 잡기 어려워 답답해하고 있던 차에, 화랑미용실 사장님과 대화하다가 예전에 미용보조로 일하던 미용실에 점을 빼러 온 손님에 관한 에피소드를 얘기하시기에 하실 수 있다 생각하고 부탁하게 된 것입니다. 저희 어머니도 예전에 다른 미용실에서 점을 빼셨는데 너무 잘 마무리되었다며 안심시켜주셨고 제가 점을 빼고 난 후 제 동생도 부탁하게 된 것입니다. 전화랑 사장님이 요새는 미용실에서 점 빼면 안 된다고 몇 번을 거절하셨는데도 말입니다. 성실하고 바른 분이니 제발 이번 일로 인하여 미용실 사장님께 피해가 가지 않도록 해 주십시오.

2012.   7.   30.

김미순 (서명)

확 인 서

이   름 : 김용순
주민등록번호 : ******-*******
주   소 : 서울 서대문구 홍은동 일동빌라 3동 23호

　저는 서울 서대문구에 살고 있는 대학생입니다. 저의 언니 김미순이 평소 화랑미용실 단골이라 저도 가끔 따라가서 파마도 하고 그랬는데 언니가 그 미용실에서 이번에 점을 빼고 인상이 환해져서 저도 친구들이 평소 지적하던 얼굴의 점이 더 커지기 전에 빨리 빼야겠다는 생각에 찾아가게 된 것입니다. 언니는 더 이상 부탁하면 안 된다며 말렸지만, 제 대학 학비로 허리가 휘어지는 부모님께 점 빼려 피부과 비용 달라는 말이 떨어지지 않아 언니 몰래 화랑미용실에 찾아가서 고집을 피웠습니다. 전 화랑 미용실 사장님이 정말 곤란하다고 몇 번 거절하셨는데 작은 점 하나이고 앞으로 머리할 친구들 많이 데려오겠다며 집요하게 부탁했습니다.

　요새 보기 드물게 성실하고 바르게 살아가시는 분인데 저희 자매 때문에 영업정지까지 당할 수 있다고 하니 정말 괴롭습니다.

　솔직히 점 빼는 일이 1, 2분 만에 끝나는 간단한 일이고, 위험한 일도 아니며, 무슨 대단한 의료기기나 의료기술이 필요한 일도 아닌 것 같은데 그리고 일반인 입장에서는 병원 가서 점 빼려면 비싸고 번거로운데 왜 기술 있는 미용사가 점을 제거하면 위법이라고 단속하는 건지 잘 모르겠습니다. 게다가 저는 그날 귀도 뚫어 달라고 했는데 귀 뚫는 것도 병원 가서 하지 않으면 안 된다니 좀 과도하다고 생각합니다.

　제발 미용실 사장님이 영업정지만큼은 받지 않도록 선처해주시길 부탁드립니다.

2012.   7.   30.

김용순 (서명)

서대문구청

우 123-456 / 서울 서대문구 연희동 133-2	전화 02-345-****	전송 02-345-****
처리과 환경위생과 과장 박병두	계장 이희열	담당 이민우

문서번호   환경위생 12-531
시행일자   2012. 12. 13.
받   음   전화랑(상호: 화랑미용실) 귀하
제   목   미용업소 영업정지처분 통지

───

1. 항상 구정 발전에 협조하여 주시는 귀하께 감사드립니다.

2. 귀하께서는 공중위생관리법 제4조(공중위생영업자의 위생관리의무등) 제4항에 의하여 미용업자는 위생관리기준 등을 준수하여야 함에도 이를 위반하여, 2012. 7. 25. 및 같은 달 30. 점빼기 · 귓볼뚫기를 하였으므로, 동법 제11조(공중위생영업소의 폐쇄등) 제2항 및 동법 시행규칙 제19조(행정처분기준) [별표 기의 규정에 의하여 붙임과 같이 행정처분하오니 양지하시기 바랍니다.

3. 만약 이 처분에 불복이 있는 경우 처분이 있음을 안 날부터 90일 이내에 행정심판법에 의한 행정심판 또는 행정소송법에 의한 행정소송을 제기할 수 있음을 알려드립니다.

붙임: 행정처분서(화랑미용실) 1부.   끝.

서 대 문 구 청 장

행정처분서

영업소의 소재지	서울 서대문구 홍은동 79		
영업소의 명칭	화랑미용실		
영업자의 성명	전화랑	주민등록번호	******-*******
위 반 사 항	미용업자가 점빼기·귓볼뚫기를 한 행위 (1차 위반)		
행정처분 내역	영업정지 2월(2013. 1. 9. ~ 2013. 3. 8.)		
지시(안내)사항	생략(이 부분은 제대로 기재된 것으로 볼 것)		

귀 업소는 위 위반사항으로 적발되어 공중위생관리법 제 4 조 제 4 항, 제11조 제 2 항, 동법 시행규칙 제19조 [별표 7]에 의하여 위와 같이 행정처분합니다.

2012년   12월   13일

서 대 문 구 청 장

우편송달보고서

증서 2012년   제402호   2012년   12월 13일   발송

송달서류	미용업소 영업정지처분 통지 및 행정처분서 1부(환경위생 12-531)
	발송자 서대문구청장

송달받을 자   전화랑 귀하

서울 서대문구 홍은동 일품아파트 2동 103호

영수인	**전화랑** (서명)

영수인 서명날인 불능

①	송달받을 자 본인에게 교부하였다.

②	송달받을 자가 부재 중이므로 사리를 잘 아는 다음 사람에게 교부하였다.
	사무원
	피용자
	동거자

③	다음 사람이 정당한 사유 없이 송달받기를 거부하므로, 그 장소에 서류를 두었다.
	송달받을 자
	사무원
	피용자
	동거자

송달연월일	2012. 12. 17. 11시 20분

송달장소	서울 서대문구 홍은동 일품아파트 2동 103호

위와 같이 송달하였다.

2012.   12.   18.

우체국 집배원   박 무 섭   (인)

주 민 등 록 표
(등 본)

이 등본은 세대별 주민등록표의 원본
내용과 틀림없음을 증명합니다.

2012년 12월 20일

서울특별시 서대문구 홍은동장

세대주	전 화 랑	세대구성 사유 및 일자	전입세대구성 2010-5-25
번호	주 소 (통/반)		전입일 / 변동일 변 동 사 유
현주소 전입	서울특별시 서대문구 홍은동 일품아파트 2동 103호(4/3) 2010-5-25/2010-5-25		전입
현주소	서울특별시 서대문구 홍은동 일품아파트 2동 103호(4/3)		

번호	세대주 관계	성 명 주민등록번호	전입일/변동일	변 동 사 유
1	본인	전 화 랑 ******-*******		
2	처	이 지 희 ******-*******		
3	자	전 도 윤 ******-*******		
4	자	전 혜 윤 ******-*******		
		= 이 하 여 백 =		

서기 2012년 12월 20일

수입 증지
350원
서울특별시

서울특별시 서대문구 홍은동장

홍은동
장의인

소 송 위 임 장

사 건	영업정지처분 취소
원 고	전화랑
피 고	서울특별시 서대문구청장

위 사건에 관하여 다음 표시 수임인을 소송대리인으로 선임하고,
다음 표시에서 정한 권한을 수여합니다.

수임인	법무법인 정의 서울 서초구 서초동 100-2 정의빌딩 3층 전화 02-555-**** 전송 02-555-****
수권사항	1. 일체의 소송행위 1. 반소의 제기 및 응소, 상소의 제기, 동 취하 1. 소의 취하, 화해, 청구의 포기 및 인낙, 참가에 의한 탈퇴 1. 복대리인의 선임 1. 목적물의 수령 1. 공탁물의 납부, 공탁물 및 이자의 반환청구와 수령 1. 담보권의 행사 최고 신청, 담보 취소 신청, 동 신청에 대한 동의, 담보 취소 결정 정본의 수령, 동 취소 결정에 대한 항고권 포기 1. 강제집행신청, 대체집행신청, 가처분, 가압류등 보전처분과 관련한 모든 소송 행위 1. 인지환급금의 수령에 관한 행위, 소송비용액확정결정신청 등 1. 등록사항별 증명서, 주민등록등·초본, 기타 첨부서류 발급에 관한 행위

2012.   12.   20.

위임인	전화랑 ⟨전화랑⟩ 서울 서대문구 홍은동 일품아파트 2동 103호

서울행정법원 귀중

담 당 변 호 사 지 정 서

사 건	영업정지처분 취소
원 고	전화랑
피 고	서울특별시 서대문구청장

위 사건에 관하여 당 법인은 원고의 소송대리인으로서 변호사법 제50조 제1항에 의하여 그 업무를 담당할 변호사를 다음과 같이 지정합니다.

담당변호사	변호사 김신뢰

2012.   12.   20.

법무법인   정 의
대표변호사 김정대
서울 서초구 서초동 100-2 정의빌딩 3층
전화 02-555-****   전송 02-555-****

서울행정법원 귀중

기록이면표지

참고자료 1

공중위생관리법(발췌)

제 1 조(목적)

이 법은 공중이 이용하는 영업과 시설의 위생관리등에 관한 사항을 규정함으로써 위생수준을 향상시켜 국민의 건강증진에 기여함을 목적으로 한다.

제 2 조(정의)

① 이 법에서 사용하는 용어의 정의는 다음과 같다.

1. "공중위생영업"이라 함은 다수인을 대상으로 위생관리서비스를 제공하는 영업으로서 숙박업·목욕장업·이용업·미용업·세탁업·위생관리용역업을 말한다.

2. "숙박업"이라 함은 손님이 잠을 자고 머물 수 있도록 시설 및 설비등의 서비스를 제공하는 영업을 말한다. 다만, 농어촌에 소재하는 민박등 대통령령이 정하는 경우를 제외한다.

3. "목욕장업"이라 함은 다음 각목의 어느 하나에 해당하는 서비스를 손님에게 제공하는 영업을 말한다. 다만, 숙박업 영업소에 부설된 욕실 등 대통령령이 정하는 경우를 제외한다.

　가. 물로 목욕을 할 수 있는 시설 및 설비 등의 서비스

　나. 맥반석·황토·옥 등을 직접 또는 간접 가열하여 발생되는 열기 또는 원적외선 등을 이용하여 땀을 낼 수 있는 시설 및 설비 등의 서비스

4. "이용업"이라 함은 손님의 머리카락 또는 수염을 깎거나 다듬는 등의 방법으로 손님의 용모를 단정하게 하는 영업을 말한다.

5. "미용업"이라 함은 손님의 얼굴·머리·피부등을 손질하여 손님의 외모를 아름답게 꾸미는 영업을 말한다.

6. "세탁업"이라 함은 의류 기타 섬유제품이나 피혁제품등을 세탁하는 영업을 말한다.

7. "위생관리용역업"이라 함은 공중이 이용하는 건축물·시설물등의 청결유지와 실내공기정화를 위한 청소등을 대행하는 영업을 말한다.

8. "공중이용시설"이라 함은 다수인이 이용함으로써 이용자의 건강 및 공중위생에 영향을 미칠 수 있는 건축물 또는 시설로서 대통령령이 정하는 것을 말한다.

② 제 1 항 제 2 호 내지 제 7 호의 영업은 대통령령이 정하는 바에 의하여 이를 세분할 수 있다.

제 3 조(공중위생영업의 신고 및 폐업신고)

① 공중위생영업을 하고자 하는 자는 공중위생영업의 종류별로 보건복지부령이 정하는 시설 및

설비를 갖추고 시장·군수·구청장(자치구의 구청장에 한한다. 이하 같다)에게 신고하여야 한다. 보건복지부령이 정하는 중요사항을 변경하고자 하는 때에도 또한 같다.

② 제1항의 규정에 의하여 공중위생영업의 신고를 한 자(이하 "공중위생영업자"라 한다)는 공중위생영업을 폐업한 날부터 20일 이내에 시장·군수·구청장에게 신고하여야 한다.

③ 제1항 및 제2항의 규정에 의한 신고의 방법 및 절차 등에 관하여 필요한 사항은 보건복지부령으로 정한다.

제4조(공중위생영업자의 위생관리의무등)

① 공중위생영업자는 그 이용자에게 건강상 위해요인이 발생하지 아니하도록 영업관련 시설 및 설비를 위생적이고 안전하게 관리하여야 한다.

② 목욕장업을 하는 자는 다음 각호의 사항을 지켜야 한다. 이 경우 세부기준은 보건복지부장관이 고시로 정한다.

1. 제2조 제1항 제3호 가목의 서비스를 제공하는 경우: 목욕장의 수질기준 및 수질검사방법 등 수질 관리에 관한 사항

2. 제2조 제1항 제3호 나목의 서비스를 제공하는 경우: 위생기준 등에 관한 사항

③ 이용업을 하는 자는 다음 각호의 사항을 지켜야 한다.

1. 이용기구는 소독을 한 기구와 소독을 하지 아니한 기구로 분리하여 보관하고, 면도기는 1회용 면도날만을 손님 1인에 한하여 사용할 것. 이 경우 이용기구의 소독기준 및 방법은 보건복지부장관이 고시로 정한다.

2. 이용사면허증을 영업소안에 게시할 것

3. 이용업소표시등을 영업소 외부에 설치할 것

④ 미용업을 하는 자는 다음 각호의 사항을 지켜야 한다.

1. 미용기구는 소독을 한 기구와 소독을 하지 아니한 기구로 분리하여 보관하고, 면도기는 1회용 면도날만을 손님 1인에 한하여 사용할 것

2. 미용사면허증을 영업소안에 게시할 것

3. 그 밖에 미용업자가 준수하여야 할 위생관리기준은 보건복지부장관이 고시로 정한다.

⑤ 세탁업을 하는 자는 세제를 사용함에 있어서 국민건강에 유해한 물질이 발생되지 아니하도록 기계 및 설비를 안전하게 관리하여야 한다. 이 경우 유해한 물질이 발생되는 세제의 종류와 기계 및 설비의 안전관리에 관하여 필요한 사항은 보건복지부장관이 고시로 정한다.

⑥ 위생관리용역업을 하는 자는 사용장비 또는 약제의 취급시 인체의 건강에 해를 끼치지 아니하도록 위생적이고 안전하게 관리하여야 한다.

제6조(이용사 및 미용사의 면허등)

① 이용사 또는 미용사가 되고자 하는 자는 다음 각호의 1에 해당하는 자로서 보건복지부령이 정하는 바에 의하여 시장·군수·구청장의 면허를 받아야 한다.

1. 전문대학 또는 이와 동등 이상의 학력이 있다고 교육과학기술부장관이 인정하는 학교에서 이용 또는 미용에 관한 학과를 졸업한 자

1의 2. 「학점인정 등에 관한 법률」 제8조에 따라 대학 또는 전문대학을 졸업한 자와 동등 이상의 학력이 있는 것으로 인정되어 같은 법 제9조에 따라 이용 또는 미용에 관한 학위를 취득한 자

2. 고등학교 또는 이와 동등의 학력이 있다고 교육과학기술부장관이 인정하는 학교에서 이용 또는 미용에 관한 학과를 졸업한 자

3. 교육과학기술부장관이 인정하는 고등기술학교에서 1년 이상 이용 또는 미용에 관한 소정의 과정을 이수한 자

4. 국가기술자격법에 의한 이용사 또는 미용사의 자격을 취득한 자

② 다음 각호의 1에 해당하는 자는 이용사 또는 미용사의 면허를 받을 수 없다.

1. 금치산자

2. 「정신보건법」 제3조 제1호에 따른 정신질환자. 다만, 전문의가 이용사 또는 미용사로서 적합하다고 인정하는 사람은 그러하지 아니하다.

3. 공중의 위생에 영향을 미칠 수 있는 감염병환자로서 보건복지부령이 정하는 자

4. 마약 기타 대통령령으로 정하는 약물 중독자

5. 제7조 제1항 제1호 또는 제3호의 사유로 면허가 취소된 후 1년이 경과되지 아니한 자

제8조(이용사 및 미용사의 업무범위등)

① 제6조 제1항의 규정에 의한 이용사 또는 미용사의 면허를 받은 자가 아니면 이용업 또는 미용업을 개설하거나 그 업무에 종사할 수 없다. 다만, 이용사 또는 미용사의 감독을 받아 이용 또는 미용 업무의 보조를 행하는 경우에는 그러하지 아니하다.

② 이용 및 미용의 업무는 영업소외의 장소에서 행할 수 없다. 다만, 보건복지부령이 정하는 특별한 사유가 있는 경우에는 그러하지 아니하다.

③ 제1항의 규정에 의한 이용사 및 미용사의 업무범위에 관하여 필요한 사항은 보건복지부장관이 고시로 정한다.

제9조의2(영업의 제한)

시·도지사는 공익상 또는 선량한 풍속을 유지하기 위하여 필요하다고 인정하는 때에는 공중위

생영업자 및 종사원에 대하여 영업시간 및 영업행위에 관한 필요한 제한을 할 수 있다.

제10조(위생지도 및 개선명령)

시·도지사 또는 시장·군수·구청장은 다음 각호의 1에 해당하는 자에 대하여 즉시 또는 일정한 기간을 정하여 그 개선을 명할 수 있다.

1. 제3조 제1항의 규정에 의한 공중위생영업의 종류별 시설 및 설비기준을 위반한 공중위생영업자
2. 제4조의 규정에 의한 위생관리의무등을 위반한 공중위생영업자
3. 제5조의 규정에 의한 위생관리의무를 위반한 공중위생시설의 소유자 등

제11조(공중위생영업소의 폐쇄등)

① 시장·군수·구청장은 공중위생영업자가 이 법 또는 이 법에 의한 명령에 위반하거나 또는 「성매매알선 등 행위의 처벌에 관한 법률」·「풍속영업의 규제에 관한 법률」·「청소년 보호법」·「의료법」에 위반하여 관계행정기관의 장의 요청이 있는 때에는 6월 이내의 기간을 정하여 영업의 정지 또는 일부 시설의 사용중지를 명하거나 영업소폐쇄등을 명할 수 있다. 다만, 관광숙박업의 경우에는 당해 관광숙박업의 관할행정기관의 장과 미리 협의하여야 한다.
② 제1항의 규정에 의한 영업의 정지, 일부 시설의 사용중지와 영업소폐쇄명령등의 세부적인 기준은 보건복지부령으로 정한다.
③ 시장·군수·구청장은 공중위생영업자가 제1항의 규정에 의한 영업소폐쇄명령을 받고도 계속하여 영업을 하는 때에는 관계공무원으로 하여금 당해 영업소를 폐쇄하기 위하여 다음 각호의 조치를 하게 할 수 있다.

1. 당해 영업소의 간판 기타 영업표지물의 제거
2. 당해 영업소가 위법한 영업소임을 알리는 게시물등의 부착
3. 영업을 위하여 필수불가결한 기구 또는 시설물을 사용할 수 없게 하는 봉인

④ 시장·군수·구청장은 제3항 제3호의 규정에 의한 봉인을 한 후 봉인을 계속할 필요가 없다고 인정되는 때와 영업자등이나 그 대리인이 당해 영업소를 폐쇄할 것을 약속하는 때 및 정당한 사유를 들어 봉인의 해제를 요청하는 때에는 그 봉인을 해제할 수 있다. 제3항 제2호의 규정에 의한 게시물등의 제거를 요청하는 경우에도 또한 같다.

제11조의2(과징금처분)

① 시장·군수·구청장은 제11조 제1항의 규정에 의한 영업정지가 이용자에게 심한 불편을 주거나 그 밖에 공익을 해할 우려가 있는 경우에는 영업정지 처분에 갈음하여 3천만원 이하의 과

징금을 부과할 수 있다. 다만, 풍속영업의규제에관한법률 제3조 각호의 1 또는 이에 상응하는 위반행위로 인하여 처분을 받게 되는 경우를 제외한다.

② 제1항의 규정에 의한 과징금을 부과하는 위반행위의 종별·정도 등에 따른 과징금의 금액 등에 관하여 필요한 사항은 대통령령으로 정한다.

③ 시장·군수·구청장은 제1항의 규정에 의한 과징금을 납부하여야 할 자가 납부기한까지 이를 납부하지 아니한 경우에는 지방세체납처분의 예에 의하여 이를 징수한다.

④ 제1항 및 제3항의 규정에 의하여 시장·군수·구청장이 부과·징수한 과징금은 당해 시·군·구에 귀속된다.

제12조(청문)

① 시장·군수·구청장은 제7조의 규정에 의한 이용사 및 미용사의 면허취소·면허정지, 제11조의 규정에 의한 공중위생영업의 정지, 일부 시설의 사용중지 및 영업소폐쇄명령등의 처분을 하고자 하는 때에는 청문을 실시하여야 한다.

제18조(위임 및 위탁)

① 보건복지부장관은 이 법에 의한 권한의 일부를 대통령령이 정하는 바에 의하여 시·도지사 또는 시장·군수·구청장에게 위임할 수 있다.

② 보건복지부장관은 대통령령이 정하는 바에 의하여 관계전문기관등에 그 업무의 일부를 위탁할 수 있다.

제20조(벌칙)

① 다음 각호의 1에 해당하는 자는 1년 이하의 징역 또는 1천만원 이하의 벌금에 처한다.

1. 제3조 제1항 전단의 규정에 의한 신고를 하지 아니한 자
2. 제11조 제1항의 규정에 의한 영업정지명령 또는 일부 시설의 사용중지명령을 받고도 그 기간중에 영업을 하거나 그 시설을 사용한 자 또는 영업소 폐쇄명령을 받고도 계속하여 영업을 한 자

② 다음 각호의 1에 해당하는 자는 6월 이하의 징역 또는 500만원 이하의 벌금에 처한다.

1. 제3조 제1항 후단의 규정에 의한 변경신고를 하지 아니한 자
2. 제3조의2 제1항의 규정에 의하여 공중위생영업자의 지위를 승계한 자로서 동조 제4항의 규정에 의한 신고를 하지 아니한 자

③ 다음 각호의 1에 해당하는 자는 300만원 이하의 벌금에 처한다.

1. 제5조의 규정에 위반하여 위생관리기준 또는 오염허용기준을 지키지 아니한 자로서 제10조

의 규정에 의한 개선명령에 따르지 아니한 자

2. 제 7 조 제 1 항의 규정에 의하여 면허가 취소된 후 계속하여 업무를 행한 자 또는 동조 동항의 규정에 의한 면허정지기간중에 업무를 행한 자, 제 8 조 제 1 항의 규정에 위반하여 이용또는 미용의 업무를 행한 자

제22조(과태료)

① 다음 각호의 1에 해당하는 자는 300만원 이하의 과태료에 처한다.

1. 제 3 조 제 2 항의 규정을 위반하여 폐업신고를 하지 아니한 자

1의2. 제 4 조 제 2 항의 규정을 위반하여 목욕장의 수질기준 또는 위생기준을 준수하지 아니한자로서 제10조의 규정에 의한 개선명령에 따르지 아니한 자

2. 제 4 조 제 2 항의 규정에 위반하여 목욕장업소의 시설 및 설비를 위생적이고 안전하게 관리하지 아니한 자

3. 제 9 조의 규정에 의한 보고를 하지 아니하거나 관계공무원의 출입·검사 기타 조치를 거부·방해 또는 기피한 자

4. 제10조의 규정에 의한 개선명령에 위반한 자

5. 제11조의5를 위반하여 이용업소표시등을 설치한 자

② 다음 각호의 1에 해당하는 자는 200만원 이하의 과태료에 처한다.

1. 제 4 조 제 3 항의 규정에 위반하여 이용업소의 위생관리 의무를 지키지 아니한 자

2. 제 4 조 제 4 항의 규정에 위반하여 미용업소의 위생관리 의무를 지키지 아니한 자

3. 제 4 조 제 5 항의 규정에 위반하여 세탁업소의 위생관리 의무를 지키지 아니한 자

4. 제 4 조 제 6 항의 규정에 위반하여 위생관리용역업소의 위생관리 의무를 지키지 아니한 자

5. 제 8 조 제 2 항의 규정에 위반하여 영업소외의 장소에서 이용 또는 미용업무를 행한 자

6. 제17조 제 1 항의 규정에 위반하여 위생교육을 받지 아니한 자

부칙 〈법률 제9839호, 2005. 2. 8.〉

제 1 조(시행일) 이 법은 공포후 6월이 경과한 날부터 시행한다.

참고자료 2

공중위생관리법 시행규칙(발췌)

제19조(행정처분기준) 법 제 7 조 제 2 항 및 법 제11조 제 2 항의 규정에 의한 행정처분의 기준은 별표 7과 같다.

부칙 〈보건복지부령 제19048호, 2010. 5. 25.〉

제 1 조(시행일) 이 규칙은 공포한 날부터 시행한다.

[별표 7]

행정처분기준(제19조 관련)

Ⅰ. 일반기준

1. 위반행위가 2 이상인 경우로서 그에 해당하는 각각의 처분기준이 다른 경우에는 그 중 중한 처분기준에 의하되, 2 이상의 처분기준이 영업정지에 해당하는 경우에는 가장 중한 정지처분기간에 나머지 각각의 정지처분기간의 2분의 1을 더하여 처분한다.

2. 행정처분을 하기 위한 절차가 진행되는 기간 중에 반복하여 같은 사항을 위반한 때에는 그 위반횟수마다 행정처분 기준의 2분의 1씩 더하여 처분한다.

3. 위반행위의 차수에 따른 행정처분기준은 최근 1년간 같은 위반행위로 행정처분을 받은 경우에 이를 적용한다. 이때 그 기준적용일은 동일 위반사항에 대한 행정처분일과 그 처분후의 재적발일(수거검사에 의한 경우에는 검사결과를 처분청이 접수한 날)을 기준으로 한다.

4. 행정처분권자는 위반사항의 내용으로 보아 그 위반정도가 경미하거나 해당위반사항에 관하여 검사로부터 기소유예의 처분을 받거나 법원으로부터 선고유예의 판결을 받은 때에는 Ⅱ. 개별기준에 불구하고 그 처분기준을 다음의 구분에 따라 경감할 수 있다.

   가. 영업정지의 경우에는 그 처분기준 일수의 2분의 1의 범위안에서 경감할 수 있다.

   나. 영업장폐쇄의 경우에는 3월 이상의 영업정지처분으로 경감할 수 있다.

Ⅱ. 개별기준

4. 미용업

위반사항	관련법규	행정처분기준			
		1차 위반	2차 위반	3차 위반	4차 위반
1. 미용사의 면허에 관한 규정을 위반 한 때	법 제7조 제1항				
가. 국가기술자격법에 따라 미용 사자격이 취소된 때		면허취소			
나. 국가기술자격법에 따라 미용 사자격정지처분을 받은 때		면허정지	(국가기술자격법에 의한 자격정지처분기간에 한한다)		
다. 법 제6조 제2항 제1호 내지 제4호의 결격사유에 해당한 때		면허취소			
라. 이중으로 면허를 취득한 때		면허취소	(나중에 발급받은 면허를 말한다)		
마. 면허증을 다른 사람에게 대 여한 때		면허정지 3월	면허정지 6월	면허취소	
바. 면허정지처분을 받고 그 정 지기간중 업무를 행한 때		면허취소			
2. 법 또는 법에 의한 명령에 위반 한 때	법 제11조 제1항				
가. 시설 및 설비기준을 위반 한 때	법 제3조 제1항	개선명령	영업정지 15일	영업정지 1월	영업장 폐쇄명령
나. 신고를 하지 아니하고 영업 소의 명칭 및 상호 또는 영 업장 면적의 3분의 1 이상을 변경한 때	법 제3조 제1항	경고 또는 개선명령	영업정지 15일	영업정지 1월	영업장 폐쇄명령
다. 신고를 하지 아니하고 영업 소의 소재지를 변경한 때	법 제3조 제1항	영업장 폐쇄명령			
라. 영업자의 지위를 승계한 후 1 월 이내에 신고하지 아니한 때	법 제3조의2 제4항	개선명령	영업정지 10일	영업정지 1월	영업장 폐쇄명령
마. 미용업자가 준수하여야 할 위생관리기준을 위반한 때	법 제4조 제4항	영업정지 2월	영업정지 3월	영업장 폐쇄명령	
바. 영업소 외의 장소에서 업무 를 행한 때	법 제8조 제2항	영업정지 1월	영업정지 2월	영업장 폐쇄명령	

사. 시·도지사, 시장·군수·구청장이 하도록 한 필요한 보고를 하지 아니하거나 거짓으로 보고한 때 또는 관계공무원의 출입·검사를 거부·기피하거나 방해한 때	법 제9조 제1항	영업정지 10일	영업정지 20일	영업정지 1월	영업장 폐쇄명령
아. 시·도지사 또는 시장·군수·구청장의 개선명령을 이행하지 아니한 때	법 제10조	경고	영업정지 10일	영업정지 1월	영업장 폐쇄명령
자. 영업정지처분을 받고 그 영업정지기간중 영업을 한 때	법 제11조 제1항	영업장 폐쇄명령			
차. 위생교육을 받지 아니한 때	법 제17조	경고	영업정지 5일	영업정지 10일	영업장 폐쇄명령
3. 「성매매알선 등 행위의 처벌에 관한 법률」·「풍속영업의 규제에 관한 법률」·「의료법」에 위반하여 관계행정기관의 장의 요청이 있는 때	법 제11조 제1항				
가. 손님에게 성매매알선등행위 또는 음란행위를 하게 하거나 이를 알선 또는 제공한 때					
(1) 영업소		영업정지 2월	영업정지 3월	영업장 폐쇄명령	
(2) 미용사(업주)		면허정지 2월	면허정지 3월	면허취소	
나. 손님에게 도박 그 밖에 사행행위를 하게 한 때		영업정지 1월	영업정지 2월	영업장 폐쇄명령	
다. 음란한 물건을 관람·열람하게 하거나 진열 또는 보관한 때		개선명령	영업정지 15일	영업정지 1월	영업장 폐쇄명령
라. 무자격안마사로 하여금 안마사의 업무에 관한 행위를 하게 한 때		영업정지 1월	영업정지 2월	영업장 폐쇄명령	

참고자료 3

보건복지부 고시

미용업자 위생관리기준(2011. 10. 15. 보건복지부 고시 제2011-35호)

공중위생관리법 제4조 제4항의 규정에 의하여 미용업자가 준수하여야 할 위생관리기준은 다음과 같다.

1. 점빼기·귓볼뚫기·쌍꺼풀수술·문신·박피술 그 밖에 이와 유사한 의료행위를 하여서는 아니 된다.
2. 피부미용을 위하여 「약사법」에 따른 의약품 또는 「의료기기법」에 따른 의료기기를 사용하여서는 아니 된다.
3. 미용기구 중 소독을 한 기구와 소독을 하지 아니한 기구는 각각 다른 용기에 넣어 보관하여야 한다.
4. 1회용 면도날은 손님 1인에 한하여 사용하여야 한다.
5. 영업장 안의 조명도는 75룩스 이상이 되도록 유지하여야 한다.
6. 영업소 내부에 미용업 신고증 및 개설자의 면허증 원본을 게시하여야 한다.
7. 영업소 내부에 최종지불요금표를 게시 또는 부착하여야 한다.

부   칙
이 고시는 2011년 10월 15일부터 시행한다.

참고자료 4

관   보

제17914호   관   보   2011. 10. 15.

고   시

◉ 보건복지부 고시 제2011-35호

「미용업자 위생관리기준」을 다음과 같이 고시합니다.

2011년 10월 15일

보건복지부장관

공중위생관리법 제4조 제4항의 규정에 의하여 미용업자가 준수하여야 할 위생관리기준은 다음과 같다.

1. 점빼기・귓볼뚫기・쌍꺼풀수술・문신・박피술 그 밖에 이와 유사한 의료행위를 하여서는 아니 된다.

2. 피부미용을 위하여 「약사법」에 따른 의약품 또는 「의료기기법」에 따른 의료기기를 사용하여서는 아니 된다.

3. 미용기구 중 소독을 한 기구와 소독을 하지 아니한 기구는 각각 다른 용기에 넣어 보관하여야 한다.

4. 1회용 면도날은 손님 1인에 한하여 사용하여야 한다.

5. 영업장 안의 조명도는 75룩스 이상이 되도록 유지하여야 한다.

6. 영업소 내부에 미용업 신고증 및 개설자의 면허증 원본을 게시하여야 한다.

7. 영업소 내부에 최종지불요금표를 게시 또는 부착하여야 한다.

부   칙

이 고시는 2011년 10월 15일부터 시행한다.

◇ 개정이유

미용업은 공중위생영업으로서 손님의 외모를 아름답게 꾸미는 업인데도 불구하고 최근 미용업자가 미용시술을 빙자하여 쌍꺼풀수술, 문신, 박피술 등을 시행하거나 의약품 또는 의료기기를 사용하는 사례가 많고, 이로 인한 피해 사례가 발생하였거나 우려되고 있으므로, 미용업자가 의료에 관한 전문적 지식과 기술을 필요로 하는 시술을 하거나 의약품 또는 의료기기 사용을 하지 못하게 하는 등 미용업자 위생관리기준을 명확히 정함으로써 국민의 건강과 위생보호에 만전을 기하려는 것임.

◇ 주요내용

가. 점빼기·귓볼뚫기·쌍꺼풀수술·문신·박피술 그 밖에 이와 유사한 의료행위를 금지함(제 1 호).

나. 피부미용을 위하여 「약사법」에 따른 의약품 또는 「의료기기법」에 따른 의료기기의 사용을 금지함(제 2 호).

참고자료 5

달   력

■ 2012년 2월 ~ 2013년 1월

2012년 2월

일	월	화	수	목	금	토
			1	2	3	4
5	6	7	8	9	10	11
12	13	14	15	16	17	18
19	20	21	22	23	24	25
26	27	28	29			

2012년 3월

일	월	화	수	목	금	토
				1	2	3
4	5	6	7	8	9	10
11	12	13	14	15	16	17
18	19	20	21	22	23	24
25	26	27	28	29	30	31

2012년 4월

일	월	화	수	목	금	토
1	2	3	4	5	6	7
8	9	10	11	12	13	14
15	16	17	18	19	20	21
22	23	24	25	26	27	28
29	30					

2012년 5월

일	월	화	수	목	금	토
		1	2	3	4	5
6	7	8	9	10	11	12
13	14	15	16	17	18	19
20	21	22	23	24	25	26
27	28	29	30	31		

2012년 6월

일	월	화	수	목	금	토
					1	2
3	4	5	6	7	8	9
10	11	12	13	14	15	16
17	18	19	20	21	22	23
24	25	26	27	28	29	30

2012년 7월

일	월	화	수	목	금	토
1	2	3	4	5	6	7
8	9	10	11	12	13	14
15	16	17	18	19	20	21
22	23	24	25	26	27	28
29	30	31				

2012년 8월

일	월	화	수	목	금	토
			1	2	3	4
5	6	7	8	9	10	11
12	13	14	15	16	17	18
19	20	21	22	23	24	25
26	27	28	29	30	31	

2012년 9월

일	월	화	수	목	금	토
						1
2	3	4	5	6	7	8
9	10	11	12	13	14	15
16	17	18	19	20	21	22
23/30	24	25	26	27	28	29

2012년 10월

일	월	화	수	목	금	토
	1	2	3	4	5	6
7	8	9	10	11	12	13
14	15	16	17	18	19	20
21	22	23	24	25	26	27
28	29	30	31			

2012년 11월

일	월	화	수	목	금	토
				1	2	3
4	5	6	7	8	9	10
11	12	13	14	15	16	17
18	19	20	21	22	23	24
25	26	27	28	29	30	

2012년 12월

일	월	화	수	목	금	토
						1
2	3	4	5	6	7	8
9	10	11	12	13	14	15
16	17	18	19	20	21	22
23/30	24/31	25	26	27	28	29

2013년 1월

일	월	화	수	목	금	토
		1	2	3	4	5
6	7	8	9	10	11	12
13	14	15	16	17	18	19
20	21	22	23	24	25	26
27	28	29	30	31		

확 인: 법무부 법조인력과장

설문 1.
해 답

헌 법 소 원 심 판 청 구 서

청 구 인   송 미 령(외국인등록번호: 851015-2345678)

서울 서대문구 홍은동 101 소망빌라 지층 1호

국선대리인 법무법인 정의

담당변호사 김 신 뢰

서울 서초구 서초동 100-2 정의빌딩 3층

전화 02-555-6789, 팩스 02-555-6790

전자우편 srk@justicelaw.com

청 구 취 지

"미용업자 위생관리기준(2011. 10. 15. 보건복지부 고시 제2011-35호) 제 1 호 중 '점빼기·귓볼뚫기' 부분은 헌법에 위반된다."라는 결정을 구합니다.

침해된 권리

헌법 제15조 직업의 자유(직업수행의 자유)

침해의 원인이 되는 공권력의 행사 또는 불행사

미용업자 위생관리기준(2011. 10. 15. 보건복지부 고시 제2011-35호) 제 1 호 중 '점빼기·귓볼뚫기' 부분

청 구 이 유

1. 쟁점의 정리

가. 심판청구에 이르게 된 경위

⑴ 청구인은 중국국적의 여성으로 2005. 1.경부터 서울 서대문구 소재 미용실에서 미용사 보조원으로 다년간 일하다 퇴직한 후, 2012. 8. 31. 국내 미용사 자격을 취득한 자입니다.

⑵ 청구인은 2012. 9. 3. 미용실을 개업하여 그동안 배우고 익힌 기술을 활용하여 점빼기와 귓볼뚫기 등 미용행위도 하려고 하였지만, 주변에서 미용실에서 점빼기를 할 수 없다고 하여, 개업 당일에 대한미용업협회에 실제로 미용실에서 과거와 달리 점빼기를 할 수 없는지 여부를 질의하게 되었습니다.

⑶ 대한미용업협회는 2012. 9. 10. 공중위생관리법 관련법령 및 보건복지부 고시인 이 사건 규정에 따라 2011. 10. 15.부터는 그 이전에 허용되던 '점빼기·귓볼뚫기' 시술을 할 수 없다고 회신하여 주었습니다.

⑷ 이에 청구인은 미용업자의 점빼기·귓볼뚫기를 금지하는 이 사건 규정이 청구인의 직업의 자유를 침해하여 위헌이라고 판단하여 이 사건 심판청구에 이르게 된 것입니다.

나. 심판의 대상

미용업자 위생관리기준(2011. 10. 15. **보건복지부 고시 제2011-35호**)

공중위생관리법 제4조 제4항의 규정에 의하여 미용업자가 준수하여야 할 위생관리 기준은 다음과 같다.

1. 점빼기·귓볼뚫기·쌍꺼풀수술·문신·박피술 그 밖에 이와 유사한 의료행위를 하여서는 아니 된다.

2. 이 사건 헌법소원의 적법성

가. 문제되는 적법요건

이 사건 규정과 관련하여 문제되는 헌법소원 적법요건은 ① 외국인인 청구인에게 헌법소원 청구인 능력이 인정되는지 여부, ② 이 사건 규정이 헌법소원 대상으로서 공권력의 행사에 해당하는지 여부, ③ 기본권 침해의 자기관련성이 인정되는지 여부, ④ 보충성의 원칙을 충족하는지 여부, ⑤ 헌법소원 심판 청구기간 준수 여부입니다.

나. 외국인의 청구인 능력

(1) 헌법재판소는 헌법재판소법 제68조 제 1 항 소정의 헌법소원은 기본권의 주체이어야만 청구할 수 있다고 한 다음, '국민' 또는 국민과 유사한 지위에 있는 '외국인'은 기본권의 주체가 될 수 있다고 판시하여(헌법재판소 1994. 12. 29. 선고 93헌마120 결정【불기소처분취소】), 일정한 경우 외국인의 기본권 주체성을 인정하고 있습니다.

(2) 이 사건 청구인이 침해되었다고 주장하는 직업의 자유는 대체로 '인간의 권리'로서 외국인도 주체가 될 수 있다고 보아야 하고, 외국인도 제한적으로라도 직업수행의 자유를 향유할 수 있다고 보아야 할 것입니다.

(3) 헌법재판소도 외국인근로자의 고용 등에 관한 법률 제25조 제 4 항 등 위헌확인 사건(헌법재판소 2011. 9. 29. 선고 2007헌마1083 결정【외국인근로자의고용등에관한법률 제25조제 4 항등위헌확인등】)에서 "직장선택의 자유는 인간의 존엄과 가치 및 행복추구권과도 밀접한 관련을 가지는 만큼 단순히 국민의 권리가 아닌 인간의 권리로 보아야 할 것이므로 외국인도 제한적으로라도 직장 선택의 자유를 향유할 수 있다고 보아야 한다"고 판시한 바 있습니다.

(4) 따라서, 청구인이 중국국적을 가진 외국인이지만, 우리나라에서 일정한 생활관계를 형성 유지하고 우리 사회에 정당한 노동인력으로 지위를 부여받은 이상 청구인에게 직업수행의 자유에 대한 기본권 주체성을 인정할 수 있다 할 것입니다.

다. 이 사건 규정의 헌법소원 대상성

⑴ 고시의 법적 성질은 일률적으로 판단될 것이 아니라 고시에 담겨진 내용에 따라 구체적인 경우마다 달리 결정됩니다. 즉, 고시가 일반·추상적 성격을 가질 때에는 법규명령 또는 행정규칙에 해당하지만, 고시가 구체적인 규율의 성격을 갖는다면 행정처분에 해당합니다(헌법재판소 1998. 4. 30. 선고 97헌마141 결정【특별소비세법시행령제37조제 3 항등위헌확인】).

⑵ 이 사건 고시는 미용업자가 준수하여야 할 위생관리기준을 정하고 있는데, 이는 특정인에 대한 개별적·구체적인 처분의 성격을 지닌 것이라기보다는 미용업자의 위생관리 일반에 관한 일반적·추상적인 규정의 성격을 지닌 것이라 봄이 상당합니다. 나아가 이 사건 고시는 모법인 공중위생관리법의 위임에 의하여 제정된 것으로서 국민의 기본권을 제한하는 내용을 담고 있으므로 상위법령과 결합하여 대외적 구속력을 갖는 법규명령으로 기능하고 있는 것이라 볼 수 있습니다.

⑶ 우리 헌법재판소는 이와 같이 고시가 상위법령과 결합하여 대외적 구속력을 갖는 법규명령으로 기능하고 있는 경우 이는 국민의 기본권을 제한하는 것으로 헌법소원의 대상인 '공권력의 행사'에 해당한다고 판시한 바 있습니다(헌법재판소 2004. 1. 29. 선고 2001헌마894 결정【정보통신망이용촉진및정보보호등에관한법률제42조등위헌확인】).

⑷ 따라서, 이 사건 규정은 헌법소원의 대상인 '공권력의 행사'에 해당하여 헌법소원 대상성을 갖추었습니다.

라. 기본권 침해의 직접성

⑴ 이 사건 심판청구와 같은 법령소원에서 기본권 침해의 직접성이란 별도의 집행행위 매개 없이 법령 그 자체에 의하여 자유의 제한, 의무의 부과, 법적지위 박탈 등 기본권 침해가 발생하는 것을 의미합니다(헌법재판소 2009. 9. 24. 선고 2006헌마1298 결정【치료감호법제32조제 1 항제 1 호위헌확인】).

⑵ 다만, 집행행위가 존재하는 경우라도 그 집행행위를 대상으로 하는 구제절차가 없거나 구제절차가 있다고 하더라도 권리구제의 가능성이 없고 다만 기본권 침

해를 당한 청구인에게 불필요한 우회절차를 강요하는 것밖에 되지 않는 경우에는 당해 법령을 직접 대상으로 삼을 수 있습니다(헌법재판소 1997. 8. 21. 선고 96헌마48 결정【국가보안법제19조위헌확인】; 1999. 11. 25. 선고 98헌마55 결정【금융실명거래및비밀보장에관한법률부칙제12조위헌확인】).

(3) 이 사건 규정을 위반할 경우에는 관련 행정청의 집행행위를 통하여 청구인은 영업정지나 면허취소 등의 행정처분을 받을 수 있고, 이러한 행정조치에 구제절차가 존재합니다. 그러나 이를 통한 권리구제의 가능성이 사실상 낮고 이는 청구인에게 불필요한 우회절차를 강요하는 것밖에 되지 않습니다.

(4) 따라서, 이 사건 심판청구는 기본권 침해의 직접성 요건을 갖추었습니다.

마. 현 재 성

이 사건 규정은 2011. 10. 15.부터 발효되어 현재 시행중인바, 청구인이 아직 이 사건 고시 위반에 따른 제재를 받은 사실이 없더라도 이 사건 고시가 시행중인 사실에는 차이가 없는 것이므로 위 고시의 규율대상자는 이를 준수하여야 할 것이기 때문에 권리침해의 현재성도 인정됩니다.

바. 보충성의 원칙

(1) 헌법소원은 다른 법률에 구제절차가 있는 경우에는 그 절차를 모두 마친 후가 아니면 청구할 수 없는바(헌법재판소법 제68조 제1항 단서), 이와 관련하여 이 사건 규정에 대한 항소소송이 허용되는지 문제됩니다.

(2) 만약 이 사건 규정의 처분성이 인정된다면 행정소송법 제2조 제1항 제1호에 의하여 행정법원에 항고소송을 제기하여야 하는 것이고, 이에 대하여 헌법소원을 제기한다면 다른 법률에 구제절차가 있는 경우에 해당되어 보충성원칙 위반으로 각하될 것이기 때문입니다.

(3) 행정소송의 대상이 되는 처분이란 구체적 사실에 관한 공권력행사로서(행정소송법 제2조 제1항 제1호) 그 처분의 '관련자가 개별적'이고, '규율대상이 구체적'인 것을 의미하는바, 앞서 밝힌 바와 같이 이 사건 규정은 미용업자가 준수하여야 할 위생관리기준을 정하고 있고, 이는 특정인에 대한 개별적·구체적인 처분의

성격을 지닌 것이라기보다는 미용업자의 위생관리 일반에 관한 일반적·추상적인 규정의 성격을 지닌 것이라 봄이 상당합니다.

⑷ 이처럼 이 사건 규정은 처분성이 결여된 법규명령인바, 법령 자체에 의한 직접적인 기본권침해가 문제될 때에는 그 법령 자체의 효력을 직접 다투는 것을 소송물로 하여 일반법원에 그 소송을 제기하는 길이 없어 결국 구제절차가 있는 경우가 아니므로, 다른 구제절차를 거치지 아니한 채 바로 이 사건 규정에 대하여 헌법소원심판을 청구할 수 있습니다.

⑸ 헌법재판소도 일관되게 고시가 처분성이 결여된 일반적·추상적 성격을 지닌 행정규칙 형식의 법규명령의 성격을 갖는 경우, 법령 자체를 직접 다툴 수 있는 방법이 없으므로 다른 구제절차를 거치지 아니한 채 고시에 대하여 바로 헌법소원심판을 청구할 수 있다는 입장입니다(헌법재판소 2010. 9. 30. 선고 2008헌마758 결정【요양급여의적용기준및방법에관한세부사항(약제)개정고시위헌확인】).

⑹ 따라서, 이 사건 규정에 대한 심판청구는 보충성의 원칙 요건을 갖춘 것입니다.

사. 심판청구기간 준수

⑴ 법령에 대한 헌법소원은, 그 법령의 공포와 동시에 기본권을 침해당한 사람은 그 법령이 공포된 사실을 안 날로부터 90일 이내에, 아니면 법령이 공포된 날로부터 1년 이내에 제기하여야 합니다. 그렇지 아니하고 법령공포 후 그 법령에 해당하는 사유가 발생하여 비로소 그 기본권의 침해를 받게 된 사람은 그 사유가 발생하였음을 안 날로부터 90일 이내에, 아니면 그 사유가 발생한 날로부터 1년 이내에 헌법소원을 제기하여야 합니다(헌법재판소 1996. 8. 29. 선고 94헌마113 결정【지가공시및토지등의평가에관한법률시행령제39조등위헌확인】).

⑵ 이 사건 규정은 2011. 10. 15.부터 시행되었으나, 청구인이 기본권침해 사유가 발생하였음을 안 것은 2012. 9. 10. 대한미용업협회의 질의회신을 통해서이고, 그로부터 90일 내인 2012. 11. 20. 국선대리인선임을 신청하였으므로, 국선대리인 선임신청이 있는 날을 기준으로 청구기간을 산정해야 한다는 헌법재판소법 제70조 제1항 후문의 규정에 의할 경우 청구기간을 준수하였다 할 것입니다. 또한 청구인의 국선대리인은 대리인 선정된 날부터 60일 이내에 이 심판청구서를 제출

하였으므로, 청구기간을 모두 준수하였습니다.

(3) 한편, '사유가 발생한 날로부터 1년'과 관련하여서도 청구인에게 기본권 침해사
유가 발생한 것은 청구인이 미용실을 개설한 2012. 9. 3.이므로 이로부터 1년 내
에 제기한 것이 명백한 이 사건 심판청구는 청구기간을 준수하였습니다.

따라서, 이 사건 심판청구는 헌법소원 청구기간을 준수하였습니다.

아. 소   결

이 사건 헌법소원 심판청구는 청구인 능력, 대상적격, 기본권 침해의 직접성, 현재
성, 보충성 원칙, 청구기간준수, 변호사대리 등의 요건을 모두 충족하였으므로 적법한
심판청구에 해당됩니다.

3. 이 사건 규정의 위헌성

가. 관련되는 기본권

청구인과 같은 미용업자들은 종전에는 손님들에게 점빼기와 귓볼뚫기를 할 수 있었
습니다. 그런데 이 사건 규정이 제정·시행된 2011. 10. 15.부터 이를 할 수 없게 되어 청
구인의 직업의 자유(헌법 15), 평등권(헌법 11)의 침해여부가 문제됩니다.

나. 직업의 자유 침해여부

(1) 직업의 자유의 의의

헌법은 제15조에서 "모든 국민은 직업선택의 자유를 가진다"고 하여 직업의 자유를
보장하고 있습니다. 헌법은 "직업선택의 자유"만을 언급하고 있지만, 제15조는 개인이
국가의 간섭을 받지 아니하고 원하는 직업을 자유롭게 선택하는 '직업선택의 자유'뿐만
아니라 선택한 직업을 자신이 원하는 대로 자유롭게 행사할 수 있는 '직업수행의 자유'
를 보장하는 기본권입니다(헌법재판소 2008. 11. 27. 선고 2005헌마161 결정【게임제공업소의경
품취급기준고시위헌확인】).

(2) 직업선택의 자유의 제한과 단계이론

단계이론이란 이른바 독일의 약국판결에 의해 확립된 이론으로 직업의 자유의 제한
을 정도에 따라 낮은 단계부터 제 1 단계 직업수행의 자유 제한, 제 2 단계 주관적 사유에

의한 직업결정의 자유 제한, 제3단계 객관적 사유에 의한 직업결정의 자유 제한으로 구별하는데, 헌법재판소도 이 이론을 수용하고 있는 것으로 볼 수 있습니다.

단계이론에 따르면 직업의 자유를 제한함에 있어서 가장 적은 제한을 가져오는 제1단계부터 제한하여야 하며, 각 단계마다 위헌심사의 기준을 달리하는바, 제1단계 제한에 있어서는 완화된 과잉금지의 원칙이 합목적적인 관점에서 적용되고(헌법재판소 2002. 7. 18. 선고 99헌마574 결정【음반비디오물및게임물에관한법률부칙제5조제4항단서등위헌확인】), 제2단계 제한에 있어서는 보다 엄격한 과잉금지의 원칙을 적용하되, 개인의 자유보다 우월한 공익이 있어야 합니다. 마지막으로 제3단계의 제한에 있어서는 엄격한 과잉금지의 원칙의 적용과 함께 중대한 공익에 명백하고 현존하는 위험을 방지하기 위한 사유가 있어야 합니다(헌법재판소 2002. 4. 25. 선고 2001헌마614 결정【경비업법제7조제8항등위헌확인】).

이 사건 심판 대상규정은 미용업자인 청구인에게 점빼기와 귓볼뚫기를 하지 못하게 하는 것이므로 미용업의 영업방법을 규율하는 규정으로서 청구인의 직업수행의 자유를 제한하는 규정입니다. 따라서 단계이론에 따를 경우 제1단계 제한에 해당하며, 위헌심사 기준으로 완화된 과잉금지의 원칙이 적용되어야 합니다.

⑶ 과잉금지의 원칙 위배여부

㈎ 목적의 정당성 및 수단의 적절성

이 사건 규정은 미용업자가 의료에 관한 전문적 지식과 기술을 필요로 하는 시술이나 의약품 또는 의료기기 사용을 하지 못하게 함으로써 국민의 건강과 위생보호에 만전을 기하려는 것으로서, 그 목적의 정당성과 수단의 적절성은 인정됩니다.

㈏ 침해의 최소성

이 사건 규정은 점빼기와 귓볼뚫기를 "의료행위"로 보고 일률적으로 미용업자의 위 행위를 금지하고 있습니다. 그런데 점빼기와 귓볼뚫기 같은 미용성형술이 의료행위에 포함되기 위해서는 사람의 생명, 신체나 공중위생에 위해를 발생시킬 우려가 있어야 한다는 것이 대법원 판례의 태도이며, 대법원은 이와 같은 견지에서 속눈썹 또는 모발의 이식시술행위를 의료행위라고 판단한 바 있습니다(대법원 1974. 11. 26. 선고 74도1114 판결【의료법위반】; 2005. 6. 10. 선고 2005도2740 판결【의료법위반】).

그러나, 점빼기와 귓볼뚫기의 경우 속눈썹 또는 모발의 이식시술행위와 비교해 볼 때, 의료에 관한 전문적 지식이나 기술이 필요하지 않고, 간단한 도구를 이용하여 사람의 얼굴과 귓볼 부위에 시술되는 것으로 시술시간이 짧고 시술로 피부절개나 봉합 등이 이루어지지 않는 간단한 시술에 불과합니다. 또한 위 시술로 인하여 사람의 생명에 위험을 주는 경우가 없고, 부작용 역시 거의 없습니다.

더욱이, 미용실 시설과 시술자에 따라 시술의 안전성이 쉽게 확보될 수 있음에도 불구하고, 이 사건 규정이 시술자의 경력, 지식수준, 시술시설, 피시술자의 나이, 건강상태 등을 전혀 고려하지 아니한 채 일률적으로 미용업자에게 점빼기와 귓볼뚫기를 금지하는 것은 청구인과 같은 미용업자의 직업수행의 자유를 과도하게 침해하는 것으로 최소 침해의 원칙에 위반되는 것입니다.

㈐ 법익의 균형성

이 사건 규정이 추구하는 공익은 미용업자의 점빼기와 귓볼뚫기 시술 금지를 통한 국민의 건강과 공중위생 보호로 이러한 공익은 그 자체로 중요한 것임에 틀림이 없습니다. 그러나, 한편으로 미용업자에게 점빼기와 귓볼뚫기 시술을 금지하면 미용업을 영위함에 있어 수입의 상당부분을 차지하던 위 시술을 못하게 됨으로써 미용업자에게 막대한 경제적 타격이 초래됨은 물론, 미용업자에게 고용된 근로자들 또한 직장을 잃게 되어 생계의 어려움에 직면하게 됩니다. 그렇다면 입법자로서는 미용업자에게 위 시술행위를 금지함에 있어서 그로 인하여 보호되는 공익과 침해되는 사익을 적절하게 형량해야 될 것입니다.

점빼기와 귓볼뚫기를 미용업자가 행할 경우 극히 일부 부작용이 있을 수 있는 것은 사실이지만, 미용업자의 시술행위가 국민의 건강을 직접적이고도 중대하게 위협하고 있어 이에 대하여 특단의 조치를 취하여야 할 정도로 급박한 필요성이 있다고 보기는 어렵습니다. 반면에 점빼기와 귓볼뚫기 시술금지로 미용업자들이 입게 되는 불이익은 매우 직접적이고도 심대하다고 하지 아니할 수 없습니다.

그렇다면 미용업자에게 일률적으로 점빼기와 귓볼뚫기 시술을 금지할 것이 아니라 구체적 사안의 개별성과 특수성을 고려하여 공익침해의 정도에 상응하는 제재조치를 선택할 수 있는 재량의 여지를 부여하는 것이 법익형량의 요청을 충족하는 길이라 할 것입니다.

그럼에도 불구하고 이 사건 규정은 시술자의 경력 등을 전혀 고려하지 아니하고 일률적으로 점빼기와 귓볼뚫기를 금지함으로써, 시술자의 전문성이 보장되는 등 시술로 인한 부작용이 없는 등 공익침해의 정도가 현저히 낮은 경우까지 이를 금지하고 있으니, 이는 보호하고자 하는 공익에 비하여 기본권침해의 정도가 과중하다고 하지 아니할 수 없으므로 법익균형성의 원칙에 위배된다 할 것입니다.

⒭ 소   결

그러므로 점빼기와 귓볼뚫기 시술의 안전성이 확보되지 않는 경우에만 이를 금지함으로써 국민건강 및 위생보호라는 입법목적을 충분히 달성할 수 있음에도 불구하고 이를 넘어 일률적으로 점빼기와 귓볼뚫기를 금지하고 있는 이 사건 규정은 기본권침해입법이 갖추어야 할 피해최소성의 원칙과 법익균형성의 원칙을 지키지 아니한 것이어서, 결국 헌법 제37조 제 2 항의 과잉입법금지원칙에 위반하여 미용업자의 직업수행의 자유를 지나치게 침해하는 것이라 할 것입니다.

다. 법률유보의 원칙 위반 여부

(1) 법률유보 원칙의 의의

국민의 기본권은 헌법 제37조 제 2 항에 의하여 국가안전보장·질서유지 또는 공공복리를 위하여 필요한 경우에 한하여 이를 제한할 수 있으나, 그 제한의 방법은 원칙적으로 법률로써만 가능하고 제한의 정도도 기본권의 본질적 내용을 침해할 수 없으며 필요한 최소한도에 그쳐야 합니다. 여기서 기본권 제한에 관한 법률유보 원칙은 '법률에 근거한 규율'일 것을 요청하는 것이므로, 그 형식이 반드시 법률일 필요는 없다 하더라도 법률상의 근거는 있어야 하고(헌법재판소 2006. 5. 25. 선고 2003헌마715 결정【안마사에관한규제제 3 조제 1 항제 1 호등위헌확인】), 모법의 위임범위를 벗어난 하위법령은 법률의 근거가 없는 것으로 법률유보 원칙에 위반된다 할 것입니다(헌법재판소 2010. 4. 29. 선고 2007헌마910 결정【행정사법시행령제 4 조제 3 항위헌확인】).

(2) 이 사건 규정의 경우

이 사건 규정은 모법인 공중위생관리법 제 4 조 제 4 항 제 3 호의 위임에 의한 것으로 동조 각항의 내용을 살펴보면, 그 내용은 모두 미용업, 이용업 등 공중위생업자의 영업시설 및 설비에 대한 관리기준에 관한 것이고, 공중위생업자가 할 수 없는 특정 영업의 종류에 대해서는 정하고 있는 바가 전혀 없습니다.

따라서, 이 사건 규정이 공중위생관리법 제 4 조에 의하여 위임받은 범위는 미용업자가 공중위생업자로서 관련 영업시설 및 설비를 운용함에 있어 지켜야 할 위생관리에 관한 사항일 뿐이며, 여기에 점빼기와 귓볼뚫기 금지와 같은 미용업자의 업무범위에 관한 규정은 포함되지 않음이 분명합니다.

그렇다면, 이 사건 규정은 모법에서 위임하고 있지도 않은 미용업자의 업무범위를 제한함으로써 기본권 제한의 법률유보원칙에 위배하여 청구인의 직업수행의 자유를 침해하고 있다고 할 것입니다.

라. 평등의 원칙 위반여부

(1) 헌법 전문과 제11조는 평등권에 관한 기본적인 규정을 두고 있습니다. 평등은 절대적 평등이 아니라 합리적 근거 없는 차별을 받지 않는다는 상대적 평등을 의미합니다. 헌법재판소는 평등 위반에 관한 위험심사 기준으로 '자의금지'의 원칙을 채택하여 합리적인 이유가 없는 불합리한 차별인 자의적인 차별만을 위헌이라 하였습니다. 자의금지의 원칙에 따른 심사는 합리적 이유의 유무에 관한 '완화된 심사'를 의미하므로 복수의 비교집단이 동일한 경우에는 그 비교집단은 동일하게 대우해야 합니다. 그러나 헌법이 특별히 평등을 요구하고 있거나 차별적 취급으로 인하여 관련 기본권에 대하여 중대한 제한을 초래하게 되는 경우에는 '엄격한 심사'기준인 '비례의 원칙'에 따른 심사를 하고 있습니다.

(2) 헌법재판소는 평등권을 침해하는지 여부를 심사함에 있어 적용되는 심사의 기준을 다음과 같이 판시하고 있습니다.

평등권의 침해 여부에 대한 심사는 그 심사기준에 따라 자의금지원칙에 의한 심사와 비례의 원칙에 의한 심사로 크게 나누어 볼 수 있다. 자의심사의 경우에는 차별을 정당화하는 합리적인 이유가 있는지만을 심사하기 때문에 그에 해당하는 비교대상간의 사실상의 차이나 입법목적(차별목적)의 발견·확인에 그치는 반면에, 비례심사의 경우에는 단순히 합리적인 이유의 존부문제가 아니라 차별을 정당화하는 이유와 차별간의 상관관계에 대한 심사, 즉 비교대상간의 사실상의 차이의 성질과 비중 또는 입법목적(차별목적)의 비중과 차별의 정도에 적정한 균형관계가 이루어져 있는가를 심사한다.

헌법재판소는 비례의 원칙에 따른 심사를 하여야 할 경우로서 첫째, 헌법에서 특별히 평등을 요구하고 있는 경우 즉, 헌법이 차별의 근거로 삼아서는 아니 되는 기준 또는 차별을 금지하고 있는 영역을 제시하고 있음에도 그러한 기준을 근거로 한 차별이나 그러한 영역에서의 차별의 경우 둘째, 차별적 취급으로 인하여 관련 기본권에 대한 중대한 제한을 초래하게 되는 경우를 들면서, 제대군인가산점제도는 위 두 경우에 모두 해당한다고 하여 비례심사를 하고 있다(헌재 2001. 2. 22. 2000헌마25).

⑶ 사안의 경우 문신이나 박피술과 달리 '점빼기·귓볼뚫기' 시술은 건강에 위해성
이 존재하지 않음에도 의사에게는 이를 허용하면서 청구인과 같은 미용업자에
게는 이를 금지하는 것은 자의금지의 원칙이나 비례의 원칙에 비추어 볼 때, 그
차별의 합리성을 찾을 수 없어 이 사건 규정은 평등권을 침해하고 있습니다.

4. 결   론

이 사건 심판청구는 헌법소원심판 청구요건을 모두 갖춘 적법한 심판청구이며, 이
사건규정은 과잉금지의 원칙에 위배하여 청구인의 직업수행의 자유를 침해하고, 법률유
보 원칙 및 평등권을 침해하는 위헌규정이므로 이 사건 심판청구를 인용하여 주시기 바
랍니다.

첨 부 서 류

1. 외국인등록증   1부
1. 영업신고증   1부
1. 질의서 회신(대한미용업협회)   1부
1. 소송위임장, 담당변호사 지정서   1부

2013.   1.   4.

청구인의 국선대리인

법무법인 정의

담당변호사 **김 신 뢰**   (인)

헌법재판소 귀중

설문 2.
해 답

청 구 취 지

1. 피고가 2012. 12. 13. 원고에 대하여 한 영업정지처분을 취소한다.

2. 소송비용은 피고가 부담한다.

라는 판결을 구합니다.

청 구 원 인

3. 이 사건 처분의 위법성

가. 공중위생관리법 시행규칙 제19조 [별표 7]에 규정된 행정처분기준의 법적성격과 이 사건 처분의 위법성 판단 기준

⑴ 공중위생관리법 시행규칙 제19조 [별표 7]은 공중위생관리법 제11조 제2항에 따른 행정처분의 기준을 정하고 있습니다. 행정처분의 기준 형식은 부령으로 되어 있으나 성질은 행정기관 내부의 사무처리준칙(이른바 재량준칙)을 정한 것에 불과한 것으로서, 보건복지부 장관이 관계 행정기관 및 직원에 대하여 직무권한 행사의 지침을 정하여 주기 위하여 발한 행정명령의 성질을 가지는 것이지 같은 법 제11조 제2항의 규정에 보장된 재량권을 기속하는 것이라고 할 수 없고 대외적으로 국민이나 법원을 기속하는 힘이 있는 것은 아닙니다.

⑵ 대법원 판례도 이 사건 공중위생법과 규율 형식이 동일한 식품위생법 시행규칙 별표에 규정된 행정처분 기준의 법적성격을 위와 같은 재량준칙으로 보고 있으며(대법원 1994. 10. 14. 선고 94누4370 판결【대중음식점영업정지처분취소】; 1995. 3. 28. 선고 94누6925 판결【영업정지처분취소】), 하급심 판례 중에는 이 사건 문제기준인 공중위생관리법 시행규칙 제19조 [별표 7]에 규정된 행정처분기준을 재량준칙으로

본 판례가 있습니다(서울행정법원 2001. 4. 13. 선고 2000구14978 판결【영업정지처분취소】).

(3) 따라서 위 시행규칙이 정하는 행정처분의 기준에 의하여 영업정지 요건에 해당 된다고 하여 반드시 영업정지 처분을 할 것은 아니고, 이 사건 처분의 적법 여부 는 공중위생관리법의 규정과 그 취지 및 당해 사건의 모든 정황을 전반적으로 살펴보아 영업허가를 정지하는 것이 적절한지의 여부에 따라 영업정지 여부를 결정하여야 할 것입니다.

나. 이 사건 처분의 재량권의 일탈·남용(비례의 원칙 위반)

(1) 이 사건 처분과 같은 제재적 행정처분이 비례의 원칙에 위반하는 재량권 일탈·남 용의 위법한 처분인지 여부는 처분사유인 위반행위의 내용과 당해 처분행위에 의 하여 달성하려는 공익목적 및 이에 따르는 제반 사정 등을 객관적으로 심리하여 공익 침해의 정도와 그 처분으로 인하여 개인이 입게 될 불이익을 비교·형량하여 판단하여야 합니다(대법원 2007. 9. 20. 선고 2007두6946 판결【과징금부과처분취소】).

(2) 원고가 이 사건 위반행위를 하게 된 경위를 살펴보면 원고는 2010. 8. 30. 미용실 영업신고를 한 이래 단 한 번도 공중위생관리법 위반 등으로 처벌받거나 영업정 지를 당하는 등의 행정처분을 받은 사실도 없이 성실하게 생활해 온 자인데, 단 골 고객인 소외 김미순과 김용순이 원고에게 점을 빼달라고 간절하고 집요하게 부탁하여 단골 고객 관리 차원에서 어쩔 수 없이 단 2회 시술을 하였음을 알 수 있습니다(소외 김미순, 김용순 확인서 참조).

(3) 한편, 원고는 가정형편이 어려워 17세 무렵 집을 나와 10년 이상 미용실 보조로 일을 하며 한푼 두푼 모은 돈에 은행대출까지 받아 아파트 상가에 어렵사리 조 그만 미용실을 개업하게 되었습니다. 미용실 운영 수입으로 상가 월세 150만원 을 내고 직원 월급을 주면 겨우 가족들이 먹고 사는 정도의 수입만 남는 정도입 니다. 특히, 아파트 단지 상가에서 미용업을 하는 원고가 영업정지라도 받으면 아직 기저귀도 떼지 못한 아이 둘을 둔 원고 가족의 생계가 막막해지는 것은 물 론이며, 그동안 어렵사리 만들어 놓은 단골 고객들을 모두 잃을 수 있으며, 대출 금 이자, 월세, 직원 급여, 생활비 등 막대한 금전적 손해를 받게 됩니다.

⑷ 따라서, 원고가 이 사건 위반행위를 하게 된 경위, 원고가 단 한 차례도 형사처벌이나 행정처분을 받은 전력 없이 성실하게 살아 온 사실, 원고의 미용실의 규모 및 개업사정, 원고가 이 사건 처분으로 인하여 막대한 경제적 손실을 입고 영업상의 어려움을 당하게 되는 점 등을 고려하면 영업정지를 통하여 달성하려는 공익목적보다 원고가 입게 될 불이익이 현저하게 크다고 하지 않을 수 없습니다.

⑸ 피고는 원고의 이 사건 위반행위에 대한 제재를 가할 공익상 필요가 있을지라도 이 사건 처분법령이 위헌성을 지닌 점과 원고의 위반 경위 등을 참작하여 행정처분의 기준의 정하는 최고한도인 영업정지 2월의 처분을 할 것이 아니라 그 처분기준 일수의 2분의 1 범위 안에서 경감할 수 있다는 행정처분의 기준 제4호 가.항이 정하는 바에 따라 영업정지 1월 정도로 할 수 있었음에도 기계적으로 위 처분기준에 따라 영업정지 2월의 처분을 한 것은 너무 가혹하여 비례의 원칙에 반하여 결국 재량권을 일탈·남용한 위법을 면할 수 없다 할 것입니다.

다. 소 결

그러므로 피고의 원고에 대한 이 사건 처분은 비례의 원칙에 위반하는 재량권 일탈·남용에 해당되는 위법한 처분이므로 취소되어야 합니다.

관리번호	시험과목명 공법	기 록 형	시험관리관 확 인	점 수	채점위원인

[문제 1]

헌 법 소 원 심 판 청 구 서

청 구 인   송 미 령(외국인등록번호 : 851015-2345678)

서울 서대문구 홍은동 101 소망빌라 지층 1호

대리인 법무법인 정의

담당변호사 김 신 뢰

서울 서초구 서초동 100-2 정의빌딩 3층

전화 02-555-6789, 팩스 02-555-6790

청 구 취 지

"미용업자 위생관리기준(2011. 10. 15. 보건복지부 고시 제2011-35호) 제1호 중

'점빼기 · 귓볼뚫기' 부분은 헌법에 위반된다."라는 결정을 구합니다.

침해된 권리

헌법 제15조 직업의 자유(직업수행의 자유)

침해의 원인이 되는 공권력의 행사 또는 불행사

미용업자 위생관리기준(2011. 10. 15. 보건복지부 고시 제2011-35호) 제1호 중

'점빼기 · 귓볼뚫기' 부분

청 구 이 유

1. 쟁점의 정리

청구인은 중국국적의 여성으로 2005. 1.경부터 서울 서대문구 소재 미용실에서 미용사

보조원으로 일하다 2012. 8. 31. 국내 미용사 자격을 취득한 후 2012. 9. 3. 미용실을

개업한 후 그간 배운 기술로 점빼기와 귓볼뚫기 등 미용행위도 하려고 하였습니다.

그러나 "미용업자 위생관리기준(2011. 10. 15. 보건복지부 고시 제2011-35호) 제1호

'점빼기 · 귓볼뚫기' 부분(이하 '이 사건 규정'이라 한다)은 이를 금지하고 있습니다.

따라서 이 사건 규정이 청구인의 직업의 자유 및 평등권을 침해하는지가 문제됩니다.

2. 이 사건 헌법소원의 적법성

가. 문제되는 적법요건

이 사건 규정과 관련하여 ① 외국인인 청구인에게 헌법소원 청구인 능력이 인정되는지, ② 이 사건 규정이 헌법소원 대상으로서 공권력의 행사에 해당하는지, ③ 기본권 침해의 자기관련성이 인정되는지, ④ 보충성의 원칙을 충족하는지, ⑤ 헌법소원 심판 청구기간 준수 여부입니다.

나. 외국인의 청구인 능력

헌법재판소법 제68조 제1항의 헌법소원은 기본권의 주체이어야 청구할 수 있습니다. '국민' 또는 국민과 유사한 지위에 있는 '외국인'은 일정한 경우 기본권의 주체가 될 수 있습니다(헌재 결정).

청구인이 침해되었다고 주장하는 직업의 자유는 대체로 '인간의 권리'로서 외국인도 주체가 될 수 있다고 보아야 하고, 외국인도 제한적으로라도 직업수행의 자유를 향유할 수 있습니다.

따라서, 청구인이 중국국적을 가진 외국인이지만, 우리나라에서 일정한 생활관계를 형성 유지하고 우리 사회에 정당한 노동인력으로 지위를 부여받은 이상 청구인에게 직업수행의 자유에 대한 기본권 주체성을 인정할 수 있다 할 것입니다.

다. 헌법소원 대상성

헌법재판소법 제68조 제1항의 헌법소원은 '공권력의 행사 또는 불행사'로 인하여 기본권을 침해받아야 합니다. 여기서 '공권력'은 입법·사법·행정 등 모든 공권력을 말하므로 행정부에서 제정한 시행령이나 시행규칙이 별도의 집행행위를 기다리지 않고 직접 기본권을 침해하는 것일 때에는 헌법소원의 대상이 됩니다(헌재 결정).

이 사건 규정은 모법인 공중위생관리법의 위임에 의하여 제정된 것으로서 국민의 기본권을 제한하는 내용을 담고 있고 상위법령과 결합하여 대외적 구속력을 갖는 법규명령으로 기능하고 있으므로 헌법소원의 대상인 '공권력의 행사'에 해당합니다.

라. 기본권 침해의 직접성

법령소원에서 기본권 침해의 직접성이란 별도의 집행행위 매개 없이 법령 그 자체에 의하여 자유의 제한, 의무의 부과, 법적지위 박탈 등 기본권 침해가 발생하는 것을 의미합니다(헌재 결정).

청구인이 이 사건 규정을 위반할 경우 행정청의 집행행위를 통하여 영업정지 등의
불이익처분을 받을 수 있고, 이에 대한 구제절차가 존재하지만 그 권리구제의 가능성
이 낮아 불필요한 절차를 거치도록 강요하는 것이라 할 수 있습니다. 따라서 이 사건
심판청구는 기본권 침해의 직접성 요건을 갖추었습니다.

마. 기본권 침해의 현재성, 자기관련성

이 사건 규정은 2011. 10. 15.부터 현재까지 시행중에 있어 미용업자인 청구인은
점빼기와 귓볼뚫기 등 미용행위를 할 수 없어 현재 자신의 기본권을 침해당하고
있습니다.

바. 헌법소원의 보충성

헌법소원은 다른 법률에 구제절차가 있는 경우에는 그 절차를 모두 마친 후가 아니
면 청구할 수 없습니다(헌법재판소법 68① 단서). 그런데 이 사건 규정은 특정인에
대한 개별적·구체적인 처분의 성격을 지닌 것이 아니라 처분성이 결여된 일반적·
추상적 성격을 지닌 행정규칙이라 할 것입니다. 따라서 청구인은 이 사건 규정의
효력을 다투는 소송을 제기할 수는 없으므로 바로 헌법소원을 청구할 수 있습니다.

사. 심판청구기간 준수

이 사건 규정은 2011. 10. 15.부터 시행되었고, 청구인이 기본권침해 사유가 발생
하였음을 안 것은 2012. 9. 10. 대한미용업협회 질의회신을 통해서입니다. 그로부터
90일 내인 2012. 11. 20. 국선대리인선임을 신청하였고, 대리인 선정된 날부터 60일
이내에 이 심판청구서를 제출하는 것이므로 청구기간도 준수하였습니다.

3. 이 사건 규정의 위헌성

가. 관련되는 기본권

청구인과 같은 미용업자들은 종전에는 손님들에게 점빼기와 귓볼뚫기를 할 수 있었
습니다. 그런데 이 사건 규정이 제정·시행된 2011. 10. 15.부터 이를 할 수 없게
되었기에 청구인의 직업의 자유(헌법 15), 평등권(헌법 11)의 침해여부가 문제됩니다.

나. 직업의 자유 침해여부

(1) 직업의 자유의 의의

헌법 제15조는 '모든 국민은 직업선택의 자유를 가진다'고 하여 직업의 자유를
보장하고 있습니다. 헌법은 '직업선택의 자유'만을 언급하고 있지만, 개인이 국가의
간섭을 받지 아니하고 원하는 직업을 자유롭게 선택하는 '직업선택의 자유'뿐만

아니라 선택한 직업을 자신이 원하는 대로 자유롭게 행사할 수 있는 '직업수행의

자유'까지 보장하는 기본권입니다(헌재 결정).

(2) 직업선택의 자유의 제한과 단계이론

직업의 자유는 제한의 정도에 따라 낮은 단계부터 제 1 단계 직업수행의 자유 제한,

제 2 단계 주관적 사유에 의한 직업결정의 자유 제한, 제 3 단계 객관적 사유에 의한

직업결정의 자유 제한으로 구별할 수 있습니다(단계이론).

직업의 자유를 제한함에 있어서 가장 적은 제한을 가져오는 제 1 단계부터 제한

하여야 하며, 제 1 단계 제한에서는 완화된 과잉금지의 원칙이 합목적적인 관점에서

적용되고, 제 2 단계 제한에 있어서는 보다 엄격한 과잉금지의 원칙을 적용하되,

개인의 자유보다 우월한 공익이 있어야 합니다. 마지막 제 3 단계의 제한에서는

엄격한 과잉금지의 원칙의 적용과 함께 중대한 공익에 명백하고 현존하는 위험을

방지하기 위한 사유가 있어야 합니다(헌재 결정).

이 사건 심판 대상 고시는 미용업자인 청구인에게 점빼기와 귓볼뚫기를 하지 못

하게 하는 것이므로, 미용업의 영업방법을 규율하는 규정으로서 청구인의 직업

수행의 자유를 제한하는 규정입니다. 따라서 단계이론에 따를 경우 제 1 단계 제한

에 해당하며, 위헌심사 기준으로 완화된 과잉금지의 원칙이 적용되어야 합니다.

(3) 과잉금지의 원칙 위반여부

(가) **목적의 정당성** – 이 사건 규정은 공중이 이용하는 영업과 시설의 위생관리 등에

관한 규정으로 위생수준을 향상시켜 국민의 건강증진에 기여함을 목적으로 하는

입법목적의 정당성을 인정할 수 있습니다.

(나) **수단의 적정성** – 미용업자가 의료에 관한 전문적 지식과 기술을 필요로 하는

시술이나 의약품 또는 의료기기 사용을 하지 못하게 한다는 점에서 수단의

적정성도 긍정할 수 있습니다.

(다) **침해의 최소성** – 이 사건 규정은 점빼기와 귓볼뚫기를 "의료행위"로 보고 일률적

으로 미용업자의 위 행위를 금지하고 있습니다. 그런데 점빼기와 귓볼뚫기 같은

미용성형술이 의료행위에 포함되기 위해서는 사람의 생명, 신체나 공중위생에

위해를 발생시킬 우려가 있어야 합니다(판례). 대법원은 속눈썹 또는 모발의 이식

시술행위를 의료행위라고 판시한 바 있습니다.

관리번호	시험과목명 공법	기 록 형	시험관리관 확 인	채점위원인	5쪽

그러나, 점빼기와 귓볼뚫기의 경우 속눈썹 또는 모발의 이식시술행위와 비교해 볼
때, 의료에 관한 전문적 지식이나 기술이 필요하지 않고, 간단한 도구를 이용하여
사람의 얼굴과 귓볼 부위에 시술되는 것으로 시술시간이 짧고 피부절개나 봉합
등이 이루어지지 않는 간단한 시술에 불과합니다. 또한 위 시술로 인하여 사람의
생명에 위험을 주는 경우가 없고, 부작용 역시 거의 없습니다.

더욱이, 미용실 시설과 시술자에 따라 시술의 안전성이 쉽게 확보될 수 있음에도
불구하고, 이 사건 규정이 시술자의 경력, 지식수준, 시술시설, 피시술자의 나이,
건강상태 등을 전혀 고려하지 아니한 채 일률적으로 미용업자에게 점빼기와 귓볼
뚫기를 금지하는 것은 청구인과 같은 미용업자의 직업수행의 자유를 과도하게 침
해하여 최소 침해의 원칙에 위반됩니다.

(라) **법익의 균형성 -** 이 사건 규정이 추구하는 공익은 미용업자의 점빼기와 귓볼뚫기
시술 금지를 통한 국민건강과 공중위생 보호라 할 수 있습니다. 반면, 미용업자
는 이로 인하여 수입의 상당부분을 차지하던 위 시술을 못하게 됨으로써 막대한
경제적 타격과 미용업자에게 고용된 근로자들은 실직의 위험에 처하게 됩니다.
그럼에도 이 사건 규정은 시술자의 경력 등을 전혀 고려하지 않고 시술로 인한
부작용만을 고려하여 공익침해의 정도가 낮은 경우까지 금지하여 법익균형성의
원칙에 위반됩니다.

(마) **소 결**

따라서 이 사건 규정은 기본권침해 입법이 갖추어야 할 피해최소성의 원칙과
법익균형성의 원칙을 지키지 아니한 것이어서 헌법 제37조 제 2 항의 과잉금지원칙
에 위반한 위헌규정이라 하겠습니다.

다. 법률유보 원칙 위반 여부

(1) 기본권 제한에 관한 법률유보 원칙은 '법률에 근거한 규율'일 것을 요청하는 것
이므로, 그 형식이 반드시 법률일 필요는 없다 하더라도 법률상의 근거는 있어야
합니다. 그러므로 모법의 위임범위를 벗어난 하위법령은 법률의 근거가 없는 것
으로 법률유보 원칙에 위반됩니다(헌재 결정).

(2) 이 사건 규정은 모법인 공중위생관리법 제 4 조 제 4 항 제 3 호의 위임에 의한 것으로 그 내용을 살펴보면, 모두 미용업, 이용업 등 공중위생업자의 영업시설 및 설비에 대한 관리기준에 관한 것이고, 공중위생업자가 할 수 없는 특정 영업의 종류에 대해서는 정하고 있지 않습니다.

(3) 그럼에도 이 사건 규정은 모법에서 위임하고 있지도 않은 미용업자의 업무범위를 제한함으로써 기본권 제한의 법률유보 원칙에 위반하여 청구인의 직업수행의 자유를 침해하고 있습니다.

라. 평등의 원칙 위반여부

(1) 헌법 전문과 제11조는 평등권에 관한 기본적인 규정을 두고 있습니다. 평등은 절대적 평등이 아니라 합리적 근거 없는 차별을 받지 않는 상대적 평등을 의미합니다.

(2) 헌법재판소는 평등 위반에 관한 위험심사 기준으로 '자의금지'의 원칙을 채택하여 합리적인 이유가 없는 불합리한 차별인 자의적인 차별만을 위헌이라 합니다. 자의금지의 원칙에 따른 심사는 합리적 이유의 유무에 관한 '완화된 심사'를 의미하므로, 복수의 비교집단이 동일한 경우에는 그 비교집단은 동일하게 대우해야 합니다.
그러나 헌법이 특별히 평등을 요구하고 있거나 차별적 취급으로 인하여 관련 기본권에 대하여 중대한 제한을 초래하게 되는 경우에는 '엄격한 심사'기준인 '비례의 원칙'에 따른 심사를 하고 있습니다.

(3) 사안의 경우 문신이나 박피술과 달리 '점빼기 · 귓볼뚫기' 시술은 건강에 위해성이 존재하지 않음에도 의사에게는 이를 허용하고 청구인과 같은 미용업자에게는 금지하는 것은 자의금지의 원칙이나 비례의 원칙에 비추어 볼 때, 그 차별의 합리성을 찾을 수 없어 이 사건 규정은 평등권을 침해하고 있습니다.

4. 결 론

이 사건 심판청구는 헌법소원심판 청구요건을 모두 갖춘 적법한 심판청구이며, 이 사건 규정은 과잉금지의 원칙에 위배하여 청구인의 직업수행의 자유를 침해하고, 법률유보 원칙 및 평등권을 침해하는 위헌규정이므로 이 사건 심판청구를 인용하여 주시기 바랍니다.

첨 부 서 류		
1. 외국인등록증		1부
1. 영업신고증		1부
1. 질의서 회신(대한미용업협회)		1부
1. 소송위임장, 담당변호사 지정서		각 1부

2013. 1. 4.

청구인의 대리인 법무법인 정의

담당변호사　　김 신 뢰　　(인)

헌 법 재 판 소 귀 중

[문제 2]

청 구 취 지

1. 피고가 2012. 12. 13. 원고에 대하여 한 영업정지처분을 취소한다.

2. 소송비용은 피고가 부담한다.

　라는 판결을 구합니다.

청 구 원 인

3. 이 사건 처분의 위법성

　가. 행정처분기준의 법적성격

　　(1) 공중위생관리법 시행규칙 제19조 [별표7]은 공중위생관리법 제11조 제 2 항에

　　　　따른 행정처분기준은 형식은 부령으로 되어 있으나 성질은 행정기관 내부의 사무

　　　　처리준칙(이른바 재량준칙)을 정한 것으로 행정규칙에 해당됩니다.

　　(2) 행정규칙의 법규성에 관하여 고유한 법정립 권한을 가진 행정부가 제정한 행정

　　　　규칙도 외부적 구속력을 갖는 법규라는 견해도 있지만, 다수설은 행정기관 및

　　　　직원에 대하여 직무권한 행사의 지침을 정하여 주기 위하여 발한 행정명령의

　　　　성질을 가지는 것으로 대외적으로 국민이나 법원을 기속하는 힘이 있는 것은

　　　　아니라고 합니다.

　　(3) 판례 역시 이 사건 공중위생법과 규율 형식이 동일한 식품위생법 시행규칙 별표

　　　　에 규정된 행정처분 기준의 법적성격을 위와 같은 재량준칙으로 보고 있으며,

　　　　하급심 판례 중에는 공중위생관리법 시행규칙 제19조 [별표7]에 규정된 행정처분

기준을 대외적 구속력이 없는 재량준칙이라고 하였습니다.

다만, 헌법재판소는 행정규칙이 법령의 규정에 의하여 행정관청에 법령의 구체적 내용을 보충할 권한을 부여한 경우나 재량권행사의 준칙인 규칙이 그 정한 바에 따라 되풀이 시행되어 행정관행이 이룩되게 되면, 평등의 원칙이나 신뢰보호의 원칙에 따라 행정기관은 그 상대방에 대한 관계에서 그 규칙에 따라야 할 자기 구속을 당하게 되는 경우에는 대외적인 구속력을 가지게 된다고 합니다.

(4) 따라서 피고가 원고에게 한 이 사건 처분은 위 행정처분기준에 따른 것이지만, 이 사건 처분의 적법 여부는 공중위생관리법의 규정과 그 취지 및 당해 사건의 모든 정황을 전반적으로 살펴보아 판단하여야 합니다.

나. 재량권의 일탈 · 남용(비례의 원칙 위반)

(1) 원고가 이 사건 위반행위를 하게 된 경위를 살펴보면 원고는 2010. 8. 30. 미용실 영업신고를 한 이래 한 번도 공중위생관리법 위반 등으로 처벌받거나 영업정지를 당하는 등의 행정처분을 받은 사실도 없이 성실하게 생활해 온 자인데, 단골고객 김미순과 김용순이 원고에게 점을 빼달라고 간절하고 집요하게 부탁하여 어쩔 수 없이 단 2회 시술을 하였습니다(김미순, 김용순 확인서 참조).

(2) 한편, 원고는 가정형편이 어려워 17세 무렵 집을 나와 10년 이상 미용실 보조로 일을 하며 모은 돈에 은행대출까지 받아 어렵사리 미용실을 개업하게 되었습니다. 미용실 운영 수입으로 상가 월세 150만원을 내고 직원 월급을 주면 겨우 생계를 유지할 정도입니다. 원고가 영업정지를 당하게 되면 아이 둘을 둔 가족의 생계도 막막해지며, 그간 형성해 놓은 단골고객들을 잃게 되며, 대출금 이자, 월세, 직원 급여 등의 막대한 손해를 받게 됩니다.

(3) 따라서 피고의 이 사건 처분은 원고가 고객의 요청으로 선의로 시술을 해준 점, 처분받은 전력이 없는 점, 경제적 손해를 입게 될 사정, 선처를 구하는 고객들의 탄원이 있는 점, 행정처분기준 중 Ⅰ. 일반기준 제4호는 영업정지처분 기준일수의 2분의 1의 범위에서 경감할 수 있는 점 등을 고려하면 영업정지처분을 통하여 달성하려고 한 공익보다 원고가 입게 될 불이익이 현저하게 크다고 할 수 있습니다.

다. 소 결

그러므로 피고의 원고에 대한 이 사건 처분은 비례의 원칙에 위반하는 재량권 일탈 · 남용에 해당되는 위법한 처분이므로 취소되어야 합니다.

제3회 변호사시험

― 퇴학처분 등 위헌확인 ―

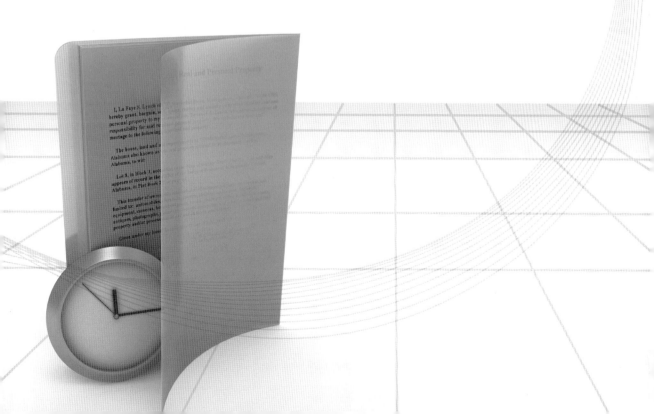

Contents
목 차

2014년도 제3회 변호사시험 문제

시험과목	공 법(기록형)

응시자 준수사항

1. 시험 시작 전 문제지의 봉인을 손상하는 경우, 봉인을 손상하지 않더라도 문제지를 들추는 행위 등으로 문제 내용을 미리 보는 경우 그 답안은 영점으로 처리 됩니다.

2. 답안은 흑색 또는 청색 필기구(사인펜이나 연필 사용 금지) 중 한 가지 필기구만을 사용하여 답안 작성란(흰색 부분) 안에 기재하여야 합니다.

3. 답안지에 성명과 수험번호 등을 기재하지 않아 인적사항이 확인되지 않는 경우에는 영점으로 처리되는 등 불이익을 받게 됩니다. 특히 답안지를 바꾸어 다시 작성하는 경우, 성명 등의 기재를 빠뜨리지 않도록 유의하여야 합니다.

4. 답안지에는 문제내용을 쓸 필요가 없으며, 답안 이외의 사항을 기재하거나 밑줄 기타 어떠한 표시도 하여서는 안 됩니다. 답안을 정정할 경우에는 두 줄로 긋고 다시 써야 하며, 수정액 등은 사용할 수 없습니다.

5. 시험 종료 시각에 임박하여 답안지를 교체했더라도 시험 시간이 끝나면 그 즉시 새로 작성한 답안지를 회수합니다.

6. 시험 시간이 지난 후에는 답안지를 일절 작성할 수 없습니다. 이를 위반하여 시험 시간이 종료되었음에도 불구하고 계속 답안을 작성할 경우 그 답안은 영점으로 처리 됩니다.

7. 답안은 답안지 쪽수 번호 순으로 써야 합니다. 배부된 답안지는 백지 답안이라도 모두 제출하여야 하며, 답안지를 제출하지 아니한 경우 그 시간 시험과 나머지 시험에 응시할 수 없습니다.

8. 지정된 시간까지 지정된 시험실에 입실하지 않거나 시험관리관의 승인 없이 시험 시간 중에 시험실에서 퇴실한 경우, 그 시간 시험과 나머지 시간의 시험에 응시할 수 없습니다.

9. 시험 시간 중에는 어떠한 경우에도 문제지를 시험장 밖으로 가지고 갈 수 없고, 그 시험 시간이 끝난 후에는 문제지를 시험장 밖으로 가지고 갈 수 있습니다.

□ 문   제

1. 의뢰인의 아들 김동식을 위하여 김정의 변호사의 입장에서 <u>헌법소원심판청구서</u>를 주어진 양식에 따라 작성하시오. (80점)

2. 의뢰인의 아들 김동식을 위하여 김정의 변호사의 입장에서 대한중학교장의 각 처분의 취소를 구하는 소장의 '<u>청구취지</u>'와 '<u>청구원인</u>' 중 '<u>3. 이 사건 처분의 위법성</u>' 부분을 작성하시오. 다만, '3. 이 사건 처분의 위법성'에서는 처분의 근거가 된 <u>법령의 위헌·위법성</u>을 다투는 내용을 제외할 것. (20점)

□ 작성요령 및 주의사항

1. 참고자료로 제시된 법령은 가상의 것으로, 이에 근거하여 작성할 것. 이와 다른 내용의 현행 법령이 있다면, 제시된 법령이 현행 법령에 우선하는 것으로 할 것.
2. 기록에 나타난 사실관계만을 기초로 하고, 그것이 사실임을 전제로 할 것.
3. 기록 내의 각종 서류에는 필요한 서명, 날인, 무인, 간인, 정정인이 있는 것으로 볼 것.
4. 송달이나 접수, 통지, 결재가 필요한 서류는 모두 적법한 절차를 거친 것으로 볼 것.
5. (생략)이나 [   ] 로 표시된 것은 모두 기재된 것으로 볼 것.
6. 헌법소원심판청구서의 작성일과 제출일은 2014. 1. 3.로 할 것.
7. 서술어는 경어를 사용할 것.
   ※ 답안의 첨부서류에는 적법요건에 관한 것만 기재하고, 서류명은 목차에 있는 것으로 할 것.

헌법소원심판청구서 양식

헌법소원심판청구서

청 구 인

청구취지

당해사건

위헌이라고 해석되는 법률조항

청구이유

Ⅰ. 쟁점의 정리
Ⅱ. 적법요건의 구비 여부
Ⅲ. 위헌이라고 해석되는 이유
Ⅳ. 결   론

첨부서류

20××.   .   .

청구인의 대리인   (인)

귀중

소장 양식

소   장

원   고
피   고

퇴학처분등 취소의 소

청구취지

청구원인

1. 이 사건 처분의 경위
2. 이 사건 소의 적법성
3. 이 사건 처분의 위법성
4. 결   론

입증방법

첨부서류

2013. 7. 15.

원고 [   ] (인)

서울행정법원 귀중

참고자료 1

학교폭력예방 및 대책에 관한 법률(발췌)
(2012. 12. 28. 법률 제12345호로 전부개정된 것)

제 1 조(목적)

　이 법은 학교폭력의 예방과 대책에 필요한 사항을 규정함으로써 피해 학생의 보호, 가해학생의 선도·교육 및 피해학생과 가해학생 간의 분쟁조정을 통하여 학생의 인권을 보호하고 학생을 건전한 사회구성원으로 육성함을 목적으로 한다.

제 2 조(정의)

　이 법에서 사용하는 용어의 정의는 다음 각 호와 같다.

　1. "학교폭력"이란 학교 내외에서 학생을 대상으로 발생한 상해, 폭행, 강금, 협박, 약취·유인, 명예훼손·모욕, 공갈, 강요·강제적인 심부름 및 성폭력, 따돌림, 사이버 따돌림, 정보통신망을 이용한 음란·폭력 정보 등에 의하여 신체·정신 또는 재산상의 피해를 수반하는 행위를 말한다.

　2. "학교"란 「초·중등교육법」 제2조에 따른 초등학교·중학교·고등학교·특수학교 및 각종학교와 같은 법 제61조에 따라 운영하는 학교를 말한다.

　3. "가해학생"이란 가해자 중에서 학교폭력을 행사하거나 그 행위에 가담한 학생을 말한다.

　4. "피해학생"이란 학교폭력으로 인하여 피해를 입은 학생을 말한다.

제 3 조(해석·적용의 주의의무)

　이 법을 해석·적용함에 있어서 국민의 권리가 부당하게 침해되지 아니하도록 주의하여야 한다.

제 5 조(다른 법률과의 관계)

　① 학교폭력의 규제, 피해학생의 보호 및 가해학생에 대한 조치와 그 절차에 대하여는 다른 법률의 규정에 우선하여 이 법을 적용한다.

　② 제 2 조 제 1 호 중 성폭력은 다른 법률에 규정이 있는 경우에는 이 법을 적용하지 아니한다.

제12조(학교폭력대책자치위원회의 설치·기능)

　① 학교폭력의 예방 및 대책에 관련된 사항을 심의하기 위하여 학교에 학교폭력대책자치위원회

(이하 "자치위원회"라 한다)를 둔다.

② 자치위원회는 학교폭력의 예방 및 대책 등을 위하여 다음 각 호의 사항을 심의한다.

1. 학교폭력의 예방 및 대책수립을 위한 학교 체제 구축

2. 피해학생의 보호

3. 가해학생에 대한 선도 및 징계

4. 피해학생과 가해학생 간의 분쟁조정

5. 그 밖에 대통령령으로 정하는 사항

제13조(자치위원회의 구성·운영)

① 자치위원회는 위원장 1인을 포함하여 5인 이상 10인 이하의 위원으로 구성한다. (이하 생략)

② 자치위원회는 분기별 1회 이상 회의를 개최하고, 자치위원회의 위원장은 다음 각 호의 어느 하나에 해당하는 경우에 회의를 소집하여야 한다.

1. 자치위원회 재적위원 4분의 1 이상이 요청하는 경우

2. 학교의 장이 요청하는 경우

3. 피해학생 또는 그 보호자가 요청하는 경우

4. 학교폭력이 발생한 사실을 신고받거나 보고받은 경우

5. 가해학생이 협박 또는 보복한 사실을 신고받거나 보고받은 경우

6. 그 밖에 위원장이 필요하다고 인정하는 경우

③ 자치위원회는 회의의 일시, 장소, 출석위원, 토의내용 및 의결사항 등이 기록된 회의록을 작성·보존하여야 한다.

제17조(가해학생에 대한 조치)

① 자치위원회는 피해학생의 보호와 가해학생의 선도·교육을 위하여 가해학생에 대하여 다음 각 호의 어느 하나에 해당하는 조치(수개의 조치를 병과하는 경우를 포함한다)를 할 것을 학교의 장에게 요청하여야 한다.

1. 피해학생에 대한 서면사과

2. 피해학생 및 신고·고발 학생에 대한 접촉, 협박 및 보복행위 금지

3. 학교에서의 봉사

4. 사회봉사

5. 학내외 전문가에 의한 특별 교육이수 또는 심리치료

6. 출석정지

7. 학급교체

8. 전학

9. 퇴학처분

②~③ (생략)

④ 학교의 장은 가해학생에 대한 선도가 긴급하다고 인정할 경우 우선 제1항 제1호부터 제3호까지와 제5호 중 어느 하나의 조치를 할 수 있으며, 이 경우 자치위원회에 즉시 보고하여 추인을 받아야 한다.

⑤ 자치위원회는 제1항에 따른 조치를 요청하기 전에 가해학생 및 보호자에게 의견진술의 기회를 부여하는 등 적정한 절차를 거쳐야 한다.

⑥ 제1항에 따른 요청이 있는 때에는 학교의 장은 14일 이내에 해당 조치를 하여야 한다.

⑦ 제4항에 따른 조치에도 불구하고 가해학생이 이를 거부하거나 회피하는 때에는 학교의 장은 자치위원회의 심의를 거쳐 제1항 제4호, 제6호부터 제9호까지 중 어느 하나의 조치를 하여야 한다. 다만, 제9호의 퇴학처분은 다음 각 호의 어느 하나에 해당하는 자에 한하여 행하여야 한다.

1. 품행이 불량하여 개전의 가망이 없다고 인정되는 자

2. 정당한 이유 없이 수업일수의 3분의 1을 초과하여 출석하지 아니한 자

⑧ 학교의 장이 제4항, 제6항, 제7항의 조치를 할 때에는 그 근거와 이유를 제시하여 가해학생과 그 보호자에게 통지하여야 한다.

참고자료 2

교육기본법
(2012. 3. 21. 법률 제12234호로 일부개정된 것)

제 1 조(목적)

이 법은 교육에 관한 국민의 권리·의무 및 국가·지방자치단체의 책임을 정하고 교육제도와 그 운영에 관한 기본적 사항을 규정함을 목적으로 한다.

제 2 조(교육이념)

교육은 홍익인간의 이념 아래 모든 국민으로 하여금 인격을 도야하고 자주적 생활능력과 민주시민으로서 필요한 자질을 갖추게 함으로써 인간다운 삶을 영위하게 하고 민주국가의 발전과 인류공영의 이상을 실현하는 데에 이바지하게 함을 목적으로 한다.

제 3 조(학습권)

모든 국민은 평생에 걸쳐 학습하고, 능력과 적성에 따라 교육 받을 권리를 가진다.

제 4 조(교육의 기회균등)

① 모든 국민은 성별, 종교, 신념, 인종, 사회적 신분, 경제적 지위 또는 신체적 조건 등을 이유로 교육에서 차별을 받지 아니한다.

② 국가와 지방자치단체는 학습자가 평등하게 교육을 받을 수 있도록 지역 간의 교원 수급 등 교육 여건 격차를 최소화하는 시책을 마련하여 시행하여야 한다.

제 5 조(교육의 자주성 등)

① 국가와 지방자치단체는 교육의 자주성과 전문성을 보장하여야 하며, 지역 설정에 맞는 교육을 실시하기 위한 시책을 수립·실시하여야 한다.

② 학교운영의 자율성은 존중되며, 교직원·학생·학부모 및 지역주민 등은 법령으로 정하는 바에 따라 학교운영에 참여할 수 있다.

제 6 조(교육의 중립성)

① 교육은 교육 본래의 목적에 따라 그 기능을 다하도록 운영되어야 하며, 정치적·파당적 또는 개인적 편견을 전파하기 위한 방편으로 이용되어서는 아니 된다.

② 국가와 지방자치단체가 설립한 학교에서는 특정한 종교를 위한 종교교육을 하여서는 아니 된다.

제 7 조(교육재정)

① 국가와 지방자치단체는 교육재정을 안정적으로 확보하기 위하여 필요한 시책을 수립·실시하여야 한다.

② 교육재정을 안정적으로 확보하기 위하여 지방교육재정교부금 등에 관하여 필요한 사항은 따로 법률로 정한다.

제 8 조(의무교육)

① 의무교육은 6년의 초등교육과 3년의 중등교육으로 한다.

② 모든 국민은 제 1 항에 따른 의무교육을 받을 권리를 가진다.

제 9 조(학교교육)

① 유아교육·초등교육·중등교육 및 고등교육을 하기 위하여 학교를 둔다.

② 학교는 공공성을 가지며, 학생의 교육 외에 학술 및 문화적 전통의 유지·발전과 주민의 평생교육을 위하여 노력하여야 한다.

③ 학교교육은 학생의 창의력 계발 및 인성 함양을 포함한 전인적 교육을 중시하여 이루어져야 한다.

④ 학교의 종류와 학교의 설립·경영 등 학교교육에 관한 기본적인 사항은 따로 법률로 정한다.

참고자료 3

초·중등교육법
(2012. 3. 21. 법률 제12235호로 일부개정된 것)

제 1 조(목적)

이 법은 「교육기본법」 제 9 조에 따라 초·중등교육에 관한 사항을 정함을 목적으로 한다.

제 2 조(학교의 종류)

초·중등교육을 실시하기 위하여 다음 각 호의 학교를 둔다.

1. 초등학교·공민학교
2. 중학교·고등공민학교
3. 고등학교·고등기술학교
4. 특수학교
5. 각종학교

기록내용 시작

수임번호 2013-431	법률상담일지		2013. 7. 10.
의 뢰 인	김갑동	의뢰인 전화	010-4545-4545
의뢰인 주소	서울 서초구 잠원로 25	의뢰인 전송	

상 담 내 용

1. 의뢰인의 아들 김동식은 서울 서초구 반포로 45에 있는 공립학교인 대한중학교 2학년 3반에 재학중이다. 대한중학교장은 2013. 6. 21. 김동식이 같은반 급우인 조민우를 학년 초부터 지금까지 지속적으로 괴롭혔다는 이유로 그의 보호자인 의뢰인과 그의 처 이순희를 학교로 불러 김동식과 함께 상담한 후, 김동식이 3일 이내에 조민우에게 서면으로 사과할 것을 명하고 김동식과 의뢰인 부부에게 그와 같은 내용으로 작성된 서면사과명령서를 교부하였다.

2. 이후 의뢰인은 김동식으로부터 조민우와 몇 차례 말싸움을 한 적은 있지만 그를 괴롭히거나 때린 사실이 전혀 없기 때문에 사과와 반성의 뜻이 담긴 서면사과문을 절대로 작성할 수 없다는 말을 들었고, 평소 김동식이 결석을 단 한 번도 하지 않을 정도로 착실하게 학교생활을 해왔기 때문에, 처인 이순희와 상의하여 교장의 서면사과명령에 따르지 않기로 결정하였다. 그리고 의뢰인 부부는 교장을 찾아가 서면사과명령에 따르지 않을 것임을 분명히 함과 동시에 서면사과명령이 조민우의 일방적 주장에 근거한 편파적인 조치라고 항의하였다.

3. 이러한 항의를 접한 대한중학교장은 학교폭력대책자치위원회 위원장에게 김동식이 자신의 가해사실을 전혀 인정하지 않을 뿐 아니라 피해학생인 조민우를 다시 괴롭힐 수도 있어 우선적인 긴급선도조치로서 서면사과명령을 발령하였다는 사실, 서면사과명령에도 불구하고 김동식 및 의뢰인 부부가 응하지 않은 사실, 그 이후에도 김동식이 반성하지 않고 수업시간에 면학 분위기를 저해하고 있다는 사실을 알리고, 위 서면사과명령의 추인과 김동식에 대한 추가적인 징계를 위하여 자치위원회의 소집을 요청하였다.

4. 이에 2013. 7. 3. 소집된 자치위원회는 대한중학교장의 보고를 받고, 김동식 및 의뢰인 부부의 변명을 들은 다음, 위 서면사과명령의 추인과 함께 김동식에 대한 퇴학처분을 의결하여 같은 날 대한중학교장에게 퇴학처분조치를 요청하였다.

5. 이러한 요청에 따라 대한중학교장은 김동식에게 퇴학을 명하는 처분을 하였고, 퇴학처분통지서를 교부받은 의뢰인은 상담을 위하여 본 법무법인 사무실을 방문하였다.

6. 의뢰인 희망사항: 의뢰인은 대한중학교장의 서면사과명령과 퇴학처분이 부당하므로 이를 취소하고, 김동식이 다시 학교에 다닐 수 있기를 희망한다.

법무법인 진리(담당변호사 김정의)
전화 02-555-6789, 전송 02-555-6790, 전자우편 justicekim@truthlaw.com
서울 서초구 서초중앙로 200 진리빌딩 2층

소송위임장

사 건	퇴학처분등 취소
원 고	김동식
피 고	대한중학교장

위 사건에 관하여 다음 표시 수임인을 소송대리인으로 선임하고,
다음 표시에서 정한 권한을 수여합니다.

수 임 인	법무법인 진리 서울 서초구 서초중앙로 200 진리빌딩 2층 전화 02-555-6789 전송 02-555-6790
수권사항	1. 일체의 소송행위 1. 반소의 제기 및 응소, 상소의 제기, 동 취하 1. 소의 취하, 화해, 청구의 포기 및 인낙, 참가에 의한 탈퇴 1. 복대리인의 선임 1. 목적물의 수령 1. 공탁물의 납부, 공탁물 및 이자의 반환청구와 수령 1. 담보권의 행사 최고 신청, 담보 취소 신청, 동 신청에 대한 동의, 담보 취소결정 　　정본의 수령, 동 취소결정에 대한 항고권 포기 1. 강제집행신청, 대체집행신청, 가처분, 가압류 등 보전처분과 관련한 모든 소송 　　행위 1. 인지환급금의 수령에 관한 행위, 소송비용액확정결정신청 등 1. 등록사항별 증명서, 주민등록등·초본, 기타 첨부서류 발급에 관한 행위

2013. 7. 10.

위임인	

서울행정법원 귀중

담 당 변 호 사 지 정 서

사 건	퇴학처분등 취소
원 고	김동식
피 고	대한중학교장

위 사건에 관하여 당 법인은 원고의 소송대리인으로서 변호사법 제50조 제 1 항에 따라 그 업무를 담당할 변호사를 다음과 같이 지정합니다.

담당변호사	변호사 김정의

2013. 7. 10.

법무법인   진 리
대표변호사 송평화

서울 서초구 서초중앙로 200 진리빌딩 2층
전화 02-555-6789 전송 02-555-6790

서울행정법원 귀중

법무법인 진리 내부회의록

일　시: 2013. 7. 11. 14 : 00 ~ 15 : 00
장　소: 법무법인 진리 소회의실
참석자: 이기자 변호사(송무팀장), 김정의 변호사

이 변호사: 다음은 김동식 학생 사건과 관련하여 논의할까요? 의뢰인의 요구사항이 무엇이던가요?

김 변호사: 의뢰인의 아들이 같은 반 친구를 지속적으로 괴롭혔다는 이유로 학교장으로부터 서면 사과명령을 받았고, 명령에 따르지 않겠다고 하자 퇴학처분을 당하였습니다. 그런데 의뢰인은 자신의 아들이 피해학생인 조민우와 몇 차례 말싸움을 한 적이 있긴 하지만 때리거나 괴롭힌 적은 없다고 합니다. 그리고 의뢰인이 같은 반의 다른 친구들에게도 물어보니 김동식이 피해학생을 때리거나 괴롭히는 등의 행위를 하는 것을 보지 못했다고 합니다.

이 변호사: 그래서 의뢰인을 위하여 어떤 구제절차를 생각하고 있나요?

김 변호사: 서울행정법원에 서면사과명령처분과 퇴학처분에 관한 행정소송을 제기하고자 합니다.

이 변호사: 당연히 그래야겠지요. 그런데, 혹시 서면사과명령과 퇴학처분의 사전통지절차에 관해서 문제가 없던가요?

김 변호사: 그렇지 않아도 그 부분에 대하여 검토를 해보았습니다. 「학교폭력 예방 및 대책에 관한 법률」 제 5 조 제 1 항에서는 가해학생에 대한 조치에 대하여 그 법률에서 정한 절차를 다른 법률에 우선하여 적용하게 되어 있습니다. 그리고 의뢰인에게 알아본 결과 사전통지절차에 관해서는 별다른 법적인 문제점을 찾지 못했습니다.

이 변호사: 그러면 사과명령처분과 퇴학처분의 근거가 되는 법률조항에 헌법적으로 문제가 되는 것은 없는지 검토해 보았나요?

김 변호사: 예. 검토해 보았는데, 헌법적인 쟁점이 많이 있는 것 같습니다. 그래서 저는 일단 위 처분들에 대한 행정소송을 제기하여 처분들이 위법하다고 다투면서 위 처분들의 근거가 되는 법률조항들에 대한 위헌제청을 신청할 생각입니다.

이 변호사: 행정법원이 위헌제청 신청을 받아들이지 않을 것을 대비해서 다른 구제수단이 있는지도 생각해 보시기 바랍니다. 쟁점이 많네요. 잘 검토해 주시기 바랍니다.

김 변호사: 네, 잘 알겠습니다.

이 변호사: 그럼, 이상으로 오늘 회의를 마치겠습니다. 끝.

서면사과명령서

인적사항	성 명	김동식 (金棟植) (1999. 4. 5.생)
	학년 / 반	2학년 3반
	보 호 자	김갑동, 이순희
	주 소	서울 서초구 잠원로 25

위 김동식 학생은 피해학생인 2학년 3반 조민우에게 3일 이내에 서면으로 사과할 것을 명합니다.

2013. 6. 21.

대한중학교장

< 2013년도 제3회 >

회 의 록

일 시: 2013. 7. 3. 15 : 00

장 소: 대한중학교 회의실

참석자: 위원장 이정현
　　　　위원 정지원, 박사랑, 주성만, 송윤서
　　　　대한중학교장 하정우, 가해학생 김동식 및 부모 김갑동·이순희

작성자: 간사 김영수

대한중학교 학교폭력대책자치위원회

위원장: 성원이 되었으므로 2013년도 제3회 대한중학교 학교폭력대책자치위원회를 개최합니다. 이번 회의는 학교장의 요청에 의하여 소집된 것입니다. 먼저 교장선생님의 보고가 있겠습니다.

학교장: 우선 보고에 앞서 학교에 불미스러운 일이 발생하여 여러 위원님들께 심려를 끼친 점 사과드립니다. 저희 학교 2학년 3반 담임선생님이 피해자 조민우 학생의 요청으로 상담을 하는 과정에서 같은 반의 급우인 김동식 학생으로부터 지속적으로 괴롭힘을 당했다는 사실을 알고 저에게 보고하였습니다. 그래서 제가 진상을 파악해본 결과 심각한 일이라고 판단되어 2013. 6. 21. 김동식 학생의 부모를 학교로 모셔서 상담을 하고 선도에 긴급한 조치로서 김동식 학생에게 3일 이내에 서면으로 사과할 것을 명하였습니다. 따라서 서면사과명령에 대하여 위원회의 추인을 받고자 이 사실을 보고합니다.

위원장: 보고 잘 들었습니다. 피해학생과 가해학생 모두를 상담하였나요?

학교장: 담임선생님께서 먼저 만나고 제가 추가로 상담하여 내용을 확인하였고, 피해학생과 가해학생의 진술서를 이 자리에 가져왔습니다.

위원장: 위원님들! 서면사과명령 추인 요청 건에 대해 이견 있으시면 말씀해주시기 바랍니다.

위원들 중 이견을 개진한 사람은 없고, 추인에 동의하다.

위원장: 그럼 김동식에 대한 서면사과명령이 추인되었음을 의결합니다. 다음 안건에 대하여 교장선생님께서 설명해주시기 바랍니다.

학교장: 앞에서 말씀드린 것처럼 김동식 학생에게 사면사과를 명하자 김동식 학생과 부모님이 함께 저를 찾아와서 왜 조민우 학생의 말만 믿고 편파적인 조치를 하느냐고 항의하면서 절대로 사과하지 않겠다고 했습니다. 그 이후 김동식 학생은 담임선생님 말씀도 잘 따르지 않고 수업시간에 일부러 딴청을 피우는 일이 많았다고 합니다. 그래서 담임선생님이 여러 차례 타일렀으나 이제 더 이상 타이르는 것만으로는 어렵겠다고 저에게 하소연하고 있습니다. 그러니 여러 위원님들께서 김동식 학생에게 취할 합당한 조치를 논의하여 주시기 바랍니다.

위원장: (회의장 밖에 대기 중이던 김동식 학생 및 그 부모인 김갑동과 이순희를 입장시키고) 교장선생님께서 김동식 학생에 대한 추가적인 조치를 요청하였습니다. 이에 대하여 김동식

학생과 부모님께서 하실 말씀이 있으면 차례로 말씀해주시기 바랍니다.

김갑동: 서면사과명령서를 받은 날 밤에 아들의 이야기를 들었습니다. 아들은 조민우와 솔직히 몇 차례 티격태격 말싸움을 한 적은 있지만 조민우의 말처럼 지속적으로 괴롭히거나 때린 적이 없다고 합니다. 제가 생각하기에도 아들은 절대 그럴 애가 아닙니다. 얼마 전 집에서 기르던 강아지가 심하게 아픈 적이 있었습니다. 그때 우리 애는 끙끙거리며 앓고 있는 강아지가 애처로워 울면서 밤새 그것을 품에 꼭 끌어안고 어쩔 줄을 몰라 했습니다. 한낱 미물에게도 연민과 동정에 사무치는 아이가 사람을 때리고 괴롭히다니 …. 그리고 우리 아들은 지금까지 단 한 번도 결석이나 지각을 하지 않을 정도로 착실한 아이입니다. 좋습니다. 설령 우리 애가 조민우 학생을 몇 대 때렸다고 칩시다. 아이들끼리의 가벼운 다툼 끝에 몇 대 때린 것을 가지고 어린 학생에게 징계를 한다니 너무 심한 것 아닙니까! 절대 수긍 못 합니다.

김동식: 저는 민우와 진짜 친한 친구라 생각했는데, 민우가 이렇게 나오니 정말 억울해요. 같이 다니면서 몇 번 말다툼을 한 적은 있지만, 제가 친구 민우를 왜 때리고 괴롭히겠어요? 저는 그런 적 절대 없어요. 정말 민우가 왜 그러는지 모르겠네요. 진짜 억울해요.

위원장: 위원님들! 김동식 학생과 부모님께 질문할 것이 있습니까?

위원들: 별다른 질문 없습니다.

위원장: (김동식과 김갑동, 이순희를 퇴실시키고) 위원님들! 김동식 학생에게 취할 조치를 논의하여 주시기 바랍니다.

위원 주성만: 가해학생 때문에 조민우 학생이 육체적 피해뿐만 아니라 정신적인 고통도 많이 받은 것 같습니다. 교장의 서면사과명령도 따르지 않고 학교 분위기도 말이 아니고요. 오늘 부모님이 하는 태도를 보십시오. 격리가 필요하다고 봅니다.

위원 박사랑: 그래도 어린 학생인데 선처하는 것이 좋다고 생각합니다.

위원장: (다른 의견 없음을 확인하고) 심의를 마치고 표결을 하도록 하겠습니다.

위원장: (투표용지를 확인하고) 퇴학 4표, 출석정지 1표가 나왔습니다. 개표 결과 법령상의 의결요건을 충족하였으므로 학교장에게 가해학생을 퇴학시키라고 요청하겠습니다. 여러분! 수고 많으셨습니다. 이상으로 2013학년도 제 3 회 대한중학교 학교폭력대책자치위원회를 마치겠습니다. 끝.

진 술 서

이   름: 김동식
학년/반: 2학년 3반

   저는 대한중학교 2학년 3반 김동식입니다. 조민우는 2학년 들어서 처음으로 알게 되었는데 같은 동네 살더라구요. 그래서 함께 학교에서 집으로 다녔어요. 그런데, 알고 보니 되게 바보같고 답답해요. 제가 갑자기 돈이 급해서 빌려달라고 하면 치사하게 빌려주지 않는 거예요. 그래서 두 번인가 싸운 적은 있어요. 그렇지만 패리지는 않았어요. 말로만 싸웠어요.

그게 전부예요. 민우가 선생님께 왜 그렇게 말했는지 모르겠어요. 억울해요.

2013년 5월 31일

김 동 식

진 술 서

이 름: 조민우
학년/반: 2학년 3반

  저는 대한중학교 2학년 3반 조민우입니다. 같은 반 친구인 김동식으로부터 같은 반이 된 이후 줄곧 괴롭힘을 당하고 있어 그 사실에 대해 다음과 같이 말씀드립니다.

  김동식과는 2학년 같은 반이 된 후 처음 알게 되었는데, 같은 동네에 사는 관계로 등하교를 하면서 자주 마주치게 되어 금방 친하게 지냈습니다. 3월쯤인가 수업을 마치고 함께 집으로 가는데, 김동식이 급히 돈이 필요하다고 하면서 내일 아침에 갚을 테니 2만 원을 빌려달라고 하여 마침 아침에 어머니로부터 받은 책값이 생각나 내일 아침까지는 꼭 달라고 하면서 2만 원을 빌려주었습니다. 그런데 다음 날 아침에 김동식이 돈을 갚지 않아 오후에 함께 집에 오면서 조심스럽게 돈을 달라고 하였지만, 김동식은 깜빡 잊었다고 하면서 내일은 꼭 갚겠다고 하였고, 그 후로도 하루하루 그렇게 변명을 하면서 돈을 갚지 않았습니다. 그래서 일주일쯤이 지나 더 이상은 안 되겠다고 생각한 나머지 김동식에게 어머니께 말씀드리겠다고 하였는데, 갑자기 주먹으로 얼굴과 가슴을 마구 때리면서 돈을 갚지 않은 것을 부모님이나 선생님께 알리면 오늘보다도 더 심하게 맞을 거라고 겁을 주었습니다.

  그 후로부터 김동식은 학교를 오가면서 군것질을 할 때마다 저에게 돈을 내라고 하였고, 수업시간에 필요한 준비물도 꼭 자기 것까지 챙겨오라고 하면서 만약 가지고 오지 않으면 그 자리에서나 집으로 가는 길에 욕을 하면서 주먹이나 발로 때렸습니다. 생각해보니 3월 말부터 김동식에 관한 일로 담임선생님과 상담한 날까지 거의 매일 김동식으로부터 군것질 비용이나 학용품 값으로 돈을 빼앗겼거나 맞았습니다.

  이 일로 담임선생님과 상담을 하기 전까지 많은 고민을 하였지만, 더 이상 참아서 해결될 일이 아니라고 생각해서 먼저 부모님과 상의한 후 어머니와 함께 담임선생님을 찾아가 상담을 하게 되었습니다.

  지금까지 제가 한 말은 모두 거짓이 아님을 맹세합니다.

2013년 5월 31일

조 민 우

조 치 요 청 서

가해학생 인적사항	성 명	(한글) 김동식 (한자) 金棟植	생년월일	1999. 4. 5.
	학년/반	2학년 3반		
	주 소	서울 서초구 잠원로 25		
보호자	성 명	김갑동 이순희	학생과의 관계	아버지 어머니
	주 소	서울 서초구 잠원로 25		
	전 화 번 호	자 택	02-5300-4545	
		휴대전화	010-4545-4545	
요청조치	퇴 학			
사 유	품행 불량			

위와 같이 학교폭력의 가해학생에 대한 조치를 요청합니다.

2013년 7월 3일

위원장 이 정 현 (이정현)

위 원 정 지 원 (정지원)

박 사 랑 (박사랑)

주 성 만 (주성만)

송 윤 서 (송윤서)

대한중학교 학교폭력대책자치위원회 위원장 【자치위원회
위원장 인】

대한중학교장 귀중

징계처분통지서

수신자	가해학생	성 명	김동식	소 속	2학년 3반
			金棟植	생년월일	1999. 4. 5.
		주 소	서울 서초구 잠원로 25		
	보호자	성 명	김갑동 이순희	학생과의 관 계	아버지 어머니
		주 소	서울 서초구 잠원로 25		
		연락처	(자택) 02-5300-4545 (휴대전화) 010-4545-4545		

위 학생에 대하여 학교폭력대책자치위원회의 요청에 따라
2013. 7. 5. 퇴학처분하였음을 통지합니다.

○ 덧붙임: 징계처분서 1통

2013년 7월 5일

대한중학교장 [인]

징 계 처 분 서

인적사항	성 명	김동식	소 속	2학년 3반
		金棟植	생년월일	1999. 4. 5.
	주 소	서울 서초구 잠원로 25		
보 호 자	성 명	김갑동 이순희	학생과의 관 계	아버지 어머니
	주 소	서울 서초구 잠원로 25		
	연 락 처	(자택) 02-5300-4545 (휴대전화) 010-4545-4545		
징계내역	퇴 학			
징계사유	품행 불량			

위 학생에 대하여 위와 같이 처분함.

2013년 7월 5일

대한중학교장 [대한중학교장인]

수 령 증

대한중학교 2학년 3반 김동식에 대한 징계처분서와 징계처분 통지서
각각 2통을 정히 수령함.

2013. 7. 8.

수령자   보호자 김갑동   *Kimkapdong*
         보호자 이순희   **이순희**
         본 인 김동식   **김동식**

전달 확인자

소 속 대한중학교 행정실
성 명 이 배 달 (010-3456-****)

대한중학교장 귀하

서 울 행 정 법 원

변 론 조 서

2차

사 건 2013구합246 퇴학처분등 취소

재 판 장 판사 이 명 판   기   일: 2013. 12. 5. 14 : 00

　　　　　판사 박 중 립   장   소: 제215호 법정

　　　　　판사 김 공 정   공개 여부: 공 개

법원주사보 이 사 무   고지된

　　　　　　　　　　　　　　　다음 기일: 2014. 1. 9. 10 : 00

사건과 당사자들 호명

원 고 대리인 [　　　　　　　]   출석

피 고 대리인 변호사 송영서   출석

증거관계 별지와 같음(원고증인 등)

변론속행

　　　　　　　　　　법원 주사보   이 사 무 (인)

　　　　　　　　　　재판장 판사   이 명 판 (인)

위헌법률심판제청신청

신 청 인   김 동 식
　　　　　서울 서초구 잠원로 25
　　　　　(이하 생략)

신 청 취 지

[　　　　　　　　　　　　]의 위헌 여부에 대한 심판을 제청한다.

라는 결정을 구합니다.

신 청 이 유

(생략)

2013. 10. 31.

위 신청인의 대리인　[　　　　　　　　](인)

서울행정법원 제 1 부 귀중

서 울 행 정 법 원

제 1 부

결   정

사   건 2013아135 위헌제정신청

신 청 인 김 동 식

　　　　　서울 서초구 잠원로 25

　　　　　(이하 생략)

당해사건 서울행정법원 2013구합246 퇴학처분등 취소

주   문

신청인의 위헌법률심판제청신청을 기각한다.

이   유

(생략)

그렇다면 이 사건 신청은 이유 없으므로 기각하기로 하여 주문과 같이 결정한다.

2013. 11. 28.

재판장 판사　　이 명 판

　　　판사　　박 중 립

　　　판사　　김 공 정

주 민 등 록 표
(등   본)

2013년   12월   10일

서울특별시 서초구 잠원동장

세대주	김 갑 동	세대구성 사유 및 일자	전입세대구성 2012-2-20
번호	주 소 (통/반)	전입일 / 변동일 변 동 사 유	

현주소 전입	서울특별시 서초구 잠원동 25 2012-2-20/2012-2-20		전입

현주소	서울특별시 서초구 잠원동 25		

번호	세대주 관계	성 명 주민등록번호	전입일/변동일	변 동 사 유
1	본인	김 갑 동 710803-1*****		
2	처	이 순 희 711215-2******		
3	자	김 동 식 990405-1******		

= 이 하 여 백 =

서기 2013년 12월 10일

수입 증지 **350원** 서울특별시	서울특별시 서초구 잠원동장	잠원동 장의인

대리인선임서

사 건	헌법소원심판청구
청 구 인	김동식
피청구인	

위 사건에 관하여 다음 표시 수임인을 대리인으로 선임하고,
다음 표시에서 정한 권한을 수여합니다.

수 임 인	법무법인 진리 서울 서초구 서초중앙로 200 진리빌딩 2층 전화　02-555-6789 전송　02-555-6790
수권사항	1. 일체의 소송행위 1. 반소의 제기 및 응소, 상소의 제기, 동 취하 1. 소의 취하, 화해, 청구의 포기 및 인낙, 참가에 의한 탈퇴 1. 복대리인의 선임 1. 목적물의 수령 1. 공탁물의 납부, 공탁물 및 이자의 반환청구와 수령 1. 담보권의 행사 최고 신청, 담보 취소 신청, 동 신청에 대한 동의, 담보 취소 결정 정본의 수령, 동 취소 결정에 대한 항고권 포기 1. 강제집행신청, 대체집행신청, 가처분, 가압류 등 보전처분과 관련한 모든 소송행위 1. 인지환급금의 수령에 관한 행위, 소송비용액확정결정신청 등 1. 등록사항별 증명서, 주민등록등·초본, 기타 첨부서류 발급에 관한 행위 1. 헌법소원심판청구와 관련된 모든 소송행위

2013. 12. 10.

위임인	

헌법재판소 귀중

담 당 변 호 사 지 정 서

사　　　건	헌법소원심판청구
청 구 인	김동식
피청구인	

위 사건에 관하여 당 법인은 청구인의 대리인으로서 변호사법 제50조 제1항에 의하여 그 업무를 담당할 변호사를 다음과 같이 지정합니다.

담당변호사	변호사 김정의

2013. 12. 10.

법무법인　진　리
대표변호사　송평화　[인: 법무법인 진리]

서울 서초구 서초중앙로 200 진리빌딩 2층
전화 02-555-6789 전송 02-555-6790

헌법재판소 귀중

송달증명원

사 건	2013아135 위헌제청신청
신 청 인	김동식
피신청인	

위 사건에 관하여(판결, (결정), 명령, 화해조서, 인낙조서, 조정조서, 기타:)
에 대한 아래의 신청에 따른 제 증명을 발급하여 주시기 바랍니다.

2013. 12. 13.
신청인 소송대리인 [   ] (인)

신청할 제 증명 사항을 신청번호에 ○표하시고,
필요한 통수와 발급 대상자의 성명을 기재합니다.

신청 번호	발급 통수	신청의 종류	비 고
1		진행문부여	
(2)	1	송달증명	2013. 12. 6. 송달
3		확정증명	
4		승계증명	
5		재판서 · 조서의 정본 · 등본 · 초본	

서울행정법원 귀중

위 증명문서를 틀림없이 수령하였습니다.	2013. 12. 13.	수령인 [ ] (인)

기록이면표지

참고자료

달　력

■ 2013년 2월 ～ 2014년 1월

2013년 2월

일	월	화	수	목	금	토
					1	2
3	4	5	6	7	8	9
10	11	12	13	14	15	16
17	18	19	20	21	22	23
24	25	26	27	28		

2013년 3월

일	월	화	수	목	금	토
					1	2
3	4	5	6	7	8	9
10	11	12	13	14	15	16
17	18	19	20	21	22	23
24/31	25	26	27	28	29	30

2013년 4월

일	월	화	수	목	금	토
	1	2	3	4	5	6
7	8	9	10	11	12	13
14	15	16	17	18	19	20
21	22	23	24	25	26	27
28	29	30				

2013년 5월

일	월	화	수	목	금	토
			1	2	3	4
5	6	7	8	9	10	11
12	13	14	15	16	17	18
19	20	21	22	23	24	25
26	27	28	29	30	31	

2013년 6월

일	월	화	수	목	금	토
						1
2	3	4	5	6	7	8
9	10	11	12	13	14	15
16	17	18	19	20	21	22
23/30	24	25	26	27	28	29

2013년 7월

일	월	화	수	목	금	토
	1	2	3	4	5	6
7	8	9	10	11	12	13
14	15	16	17	18	19	20
21	22	23	24	25	26	27
28	29	30	31			

2013년 8월

일	월	화	수	목	금	토
				1	2	3
4	5	6	7	8	9	10
11	12	13	14	15	16	17
18	19	20	21	22	23	24
25	26	27	28	29	30	31

2013년 9월

일	월	화	수	목	금	토
1	2	3	4	5	6	7
8	9	10	11	12	13	14
15	16	17	18	19	20	21
22	23	24	25	26	27	28
29	30					

2013년 10월

일	월	화	수	목	금	토
		1	2	3	4	5
6	7	8	9	10	11	12
13	14	15	16	17	18	19
20	21	22	23	24	25	26
27	28	29	30	31		

2013년 11월

일	월	화	수	목	금	토
					1	2
3	4	5	6	7	8	9
10	11	12	13	14	15	16
17	18	19	20	21	22	23
24	25	26	27	28	29	30

2013년 12월

일	월	화	수	목	금	토
1	2	3	4	5	6	7
8	9	10	11	12	13	14
15	16	17	18	19	20	21
22	23	24	25	26	27	28
29	30	31				

2014년 1월

일	월	화	수	목	금	토
			1	2	3	4
5	6	7	8	9	10	11
12	13	14	15	16	17	18
19	20	21	22	23	24	25
26	27	28	29	30	31	

확 인: 법무부 법조인력과장

Memo

헌 법 소 원 심 판 청 구 서

청 구 인   김 동 식

서울 서초구 잠원로 25

미성년자이므로 법정대리인 친권자 부 김갑동, 모 이순희

대리인 법무법인 진리

담당변호사 김정의

서울 서초구 서초중앙로 200 진리빌딩 2층

전화: 02-555-6789, 전송: 02-555-6790

청 구 취 지

"학교폭력예방 및 대책에 관한 법률(2012. 12. 28. 법률 제12345호로 전부개정된 것) 제 17조 제 4항 중 제 1항 제 1호 부분 및 제 7항 본문 중 제 9호 부분과 단서 제 1호 부분 은 헌법에 위반된다."라는 결정을 구합니다.

당 해 사 건

서울행정법원 2013구합246 퇴학처분등 취소

위헌이라고 해석되는 법률조항

학교폭력예방 및 대책에 관한 법률(2012. 12. 28. 법률 제12345호로 전부개정된 것) 제 17조 제 4항 중 제 1항 제 1호 부분 및 제 7항 본문 중 제 9호 부분과 단서 제 1호 부분

청 구 이 유

Ⅰ. 사건의 개요

1. 청구인은 서울 서초구 반포로 45에 있는 대한중학교 2학년 3반에 재학중인 학생으로 2학년에 진급한 이후 같은 반 급우 조민우를 처음으로 알게 되어 하교를 함께 하곤 하였습니다. 그러던 중 청구인은 조민우에게 갑자기 필요한 돈을 빌려달라고 하였지만, 그는 이를 거절하였습니다. 청구인은 그 일로 두 번 정도 조민우와 말싸움을 한 사실은 있었지만, 그를 때리거나 한 적은 없었습니다.

2. 그런데 대한중학교장(이하 '학교장'이라 한다)은 2013. 6. 21. 청구인에게 조민우를 학년 초부터 지속적으로 괴롭혔다는 이유로 3일 이내에 서면으로 조민우에게 사과할 것을 명하는 취지의 '서면사과명령'을 하였습니다.

3. 학교장이 위와 같은 서면사과명령을 하게 된 경위는, 조민우가 담임선생님과 상담하는 과정에서 청구인에게 돈 2만원을 빌려 주었는데, 그 돈을 돌려 줄 것을 요구하자 청구인이 조민우를 주먹으로 얼굴 등을 폭행하는 등으로 괴롭혀 왔다고 허위의 사실을 고지하자, 담임선생님은 조민우의 말을 학교장에게 보고하였고, 학교장은 조민우 학생만을 다시 불러 사실관계를 확인한 후 청구인의 부모를 학교로 불러 선도에 긴급한 조치라면서 청구인에게 이 사건 서면사과명령을 한 것입니다.

4. 그 후 학교장은 2013. 7. 5. 청구인이 학교장의 서면사과명령을 이행하지 않을 뿐만 아니라 담임선생님의 말씀을 잘 따르지 않고 수업시간에 일부러 딴청을 피우는 일이 많다는 등의 '품행불량'을 이유로 이 사건 퇴학처분을 하였습니다.

Ⅱ. 쟁점의 정리

1. 청구인의 이 사건 심판청구는 헌법재판소법 제68조 제 2 항 '법률의 위헌여부 심

판의 제청신청이 기각된 때'에 해당하는 것이므로 위 규정이 정하는 적법요건을 구비하였는지 여부를 검토할 필요가 있습니다.

2. 이 사건 심판대상인 학교폭력예방 및 대책에 관한 법률(이하 '학폭법'이라 한다) 제 17조 제 4 항 중 제 1 항 제 1 호 부분(이하 '사과명령조항'이라 한다)이 양심의 자유를 침해하는지 여부가 문제됩니다.

3. 아울러 '학폭법' 제 7 항 본문 중 제 9 호 부분과 단서 제 1 호 부분(이하 '퇴학처분조 항'이라 한다)이 헌법 제31조 제 2 항의 의무교육조항에 위반되는지 여부와 청구인 의 교육을 받을 권리 및 학부모의 자녀교육권을 침해하는지 여부와 함께 퇴학처 분조항이 명확성의 원칙에 위반되는지 여부를 살펴보아야 합니다.

Ⅲ. 적법요건의 구비 여부

1. 의   의

청구인은 학교장의 이 사건 서면사과명령 및 퇴학처분의 취소를 구하는 소송을 서 울행정법원에 제기한 후 처분의 근거법률조항들이 위헌이라는 이유로 위헌법률심판 제 청신청을 하였으나 위 법원은 위 신청을 기각하였습니다. 따라서 청구인은 헌법재판소 법 제68조 제 2 항에 따라 이 사건 심판청구를 하였으므로 그 적법요건을 검토할 필요가 있습니다.

2. 개별적 적법요건의 검토

가. 대상적격

법률이 헌법에 위반되는 여부가 재판의 전제가 된 경우에는 법원은 헌법재판소에 제청하여 그 심판에 의하여 재판하며(헌법 107①), 법률이 헌법에 위반되는지 여부가 재 판의 전제가 된 경우에는 당해 사건을 담당하는 법원(군사법원을 포함한다)은 직권 또는 당사자의 신청에 의한 결정으로 헌법재판소에 위헌 여부 심판을 제청한다(헌법재판소법

41①)는 규정과, 법률의 위헌 여부 심판의 제청신청이 기각된 때에는 그 신청을 한 당사자는 헌법재판소에 헌법소원심판을 청구할 수 있다(헌법재판소법 68②)는 규정에 따라, 이 사건 심판대상은 재판의 전제가 되는 형식적 의미의 법률인 '학폭법'이므로 그 대상적격이 있습니다.

나. 위헌법률심판제청신청에 대한 법원의 기각결정

청구인은 2013. 10. 31. 서울행정법원에 위헌법률심판제청신청을 하였지만, 위 법원은 2013. 11. 28. 위 신청을 기각하는 결정을 하였습니다(서울행정법원 2013아135호).

다. 재판의 전제성

위헌법률심판제청이 적법하기 위해서는 법원에 계속 중인 구체적인 사건에 적용할 법률이 헌법에 위반되는지의 여부가 재판의 전제로 되어야 합니다.

(1) 재판의 '전제성'의 개념

재판의 전제성이라 함은 원칙적으로 ① 구체적인 사건이 법원에 계속 중이어야 하고, ② 위헌 여부가 문제되는 법률이 당해 소송사건의 재판에 적용되는 것이어야 하며, ③ 그 법률이 헌법에 위반되는지의 여부에 따라 당해 사건을 담당하는 법원이 다른 내용의 재판을 하게 되는 경우를 말합니다. 여기서 다른 내용의 재판을 하게 되는 경우라 함은 원칙적으로 법원이 심리 중인 당해 사건의 재판의 결론이나 주문에 어떤 영향을 주는 경우뿐만 아니라 문제된 법률의 위헌 여부가 비록 재판의 주문자체에는 아무런 영향을 주지 않는다고 하더라도 재판의 결론을 이끌어 내는 이유를 달리하는 데 관련되어 있거나 또는 재판의 내용과 효력에 관한 법률적 의미가 달라지는 경우도 포함된다고 할 것입니다(헌재 1992. 12. 24. 92헌가8).

(2) 사안의 경우

이 사건 심판대상 법률조항은 서울행정법원에 계속중인 2013구합246호 퇴학처분 등 취소소송에 적용되는 것으로 위 법률조항들이 위헌으로 결정되면 청구인에 대한 퇴학처분 등이 위헌인 법률에 근거한 처분이 되어 취소될 가능성이 있습니다. 따라서 재판의 결론이나 주문에 영향을 주는 경우로서 법원이 다른 내용의 재판을 하게 되는 경우에 해당되므로, 이 사건 심판청구는 재판의 전제성 요건을 갖추고 있습니다.

라. 청구기간의 준수

헌법재판소법 제68조 제 2 항의 헌법소원심판은 위헌여부심판의 제청신청을 기각하는 결정을 통지받은 날부터 30일 이내에 청구하여야 합니다(헌법재판소법 69②).

청구인은 2013. 12. 6. 서울행정법원 2013아135호 위헌법률심판 제청신청의 기각결정을 송달받고, 그로부터 30일 이내인 2014. 1. 3. 이 사건 심판청구를 하여 청구기간을 준수하였습니다.

마. 변호사 강제주의

각종 심판절차에서 당사자인 사인은 변호사를 대리인으로 선임하지 아니하면 심판청구를 하거나 심판 수행을 하지 못한다(헌법재판소법 25③)는 변호사 강제주의에 따라 법무법인 진리를 대리인으로 선임하여 이 사건 심판청구를 하였습니다.

3. 소   결

따라서 이 사건 심판청구는 헌법재판소법 제68조 제 2 항의 헌법소원의 적법요건을 모두 구비하여 적법합니다.

Ⅳ. 위헌이라고 해석되는 이유

1. 미성년자의 기본권 주체성

헌법 제10조는 '모든 국민'의 기본권을 보장하고 있습니다. 그러므로 대한민국 국적을 가진 모든 자연인은 기본권의 주체가 되며, 대한민국 국적을 가진 모든 국민이 헌법소원을 청구할 수 있습니다(헌재 1994. 12. 29. 93헌마120). 미성년자도 원칙적으로 기본권의 주체가 되고, 다만 기본권 행사에서 제한을 받는 경우는 있습니다. 따라서 1999년생으로 미성년자인 이 사건 청구인 역시 기본권 주체로서 교육을 받을 권리를 향유하고 있으므로, 청구인이 공립학교에 재학중인 강학상 특별행정법관계에 있을지라도 헌법소원 청구는 가능하기 때문에 민법 제909조에 따라 청구인의 친권자인 부모가 이 사건 심판청구에 이르게 되었습니다.

2. 사과명령조항의 위헌성

가. 사과명령조항으로 제한되는 기본권

⑴ 사과명령조항인 학폭법 제17조 제 4 항 중 제 1 항 제 1 호 부분은 학교의 장은 가
해학생에 대한 선도가 긴급하다고 인정할 경우 '피해학생에 대한 서면사과' 조치
를 할 수 있도록 하고 있습니다. 따라서 사과명령조항이 청구인으로 하여금 양
심에 반하는 서면사과를 강제하고 있는데 이로 인하여 제한되는 기본권에 관하
여 살펴볼 필요가 있습니다.

⑵ 헌법 제19조는 '모든 국민은 양심의 자유를 가진다'고 규정하여 양심의 자유를
기본권의 하나로 보장하고 있는바, 여기서 말하는 양심이란 세계관·인생관·주
의·신조 등은 물론 이에 이르지 아니하여도 보다 널리 개인의 인격형성에 관계
되는 내심에 있어서의 가치적·윤리적 판단도 포함됩니다. 그러므로 양심의 자
유에는 널리 사물의 시시비비나 선악과 같은 윤리적 판단에 국가가 개입해서는
아니 되는 내심적 자유는 물론, 이와 같은 윤리적 판단을 국가권력에 의하여 외
부에 표명하도록 강제 받지 아니할 자유까지 포괄한다고 할 것입니다. 헌법 제
19조가 보호하고 있는 양심의 자유는 양심형성의 자유와 양심적 결정의 자유를
포함하는 내심적 자유 뿐만 아니라, 양심적 결정을 외부로 표현하고 실현할 수
있는 양심실현의 자유를 포함한다고 할 수 있습니다. 내심적 자유, 즉 양심형성
의 자유와 양심적 결정의 자유는 내심에 머무르는 한 절대적 자유라고 할 수 있
습니다(헌재 1991. 4. 1. 89헌마160).

⑶ 사과명령조항은 학교폭력을 행한 사실이 없는 청구인에게 그 본심에 반하여 깊
이 "사과한다"라고 표현케 하여 폭력을 자인하도록 하는 의미의 사죄의 의사표
시를 강요하는 것에 해당됩니다.[1] 이는 학교장의 긴급한 선도 조치라는 권력작
용을 통하여 청구인의 신념에 반하여 자기의 행위가 비행이며 죄가 된다는 윤리

---

1) 이 기록형 문제의 [작성요령 및 주의사항]에는 "2. 기록에 나타난 사실관계만을 기초로 하고, 그것이 사
실임을 전제로 할 것."이라는 기술이 있다. 그런데 이 사건 사안에서 김동식은 말싸움을 한 적이 있지
만 때리거나 괴롭힌 적이 없다고 하면서 징계처분의 원인이 되는 학교폭력 사실을 부인하고 있고, 피해
를 입었다는 조민우는 돈을 빼앗기고 폭력을 당한 것이 사실이라며 청구인과 상반된 주장을 하고 있
다. 따라서 이 기록에 있는 자료만으로는 과연 무엇이 사실인지 확정하기 어렵다. 그럼에도 변호사 김
정의 입장(수험생 역시 같다)에서는 의뢰인의 주장이 사실임을 전제로 필요한 주장을 할 수밖에 없고,
실제로 이 헌법소원심판청구서와 소장은 김동식의 주장에 기초하여 작성된 것이다. 그렇기 때문에 '기
록에 나타난 사실관계가 사실임을 전제'로 하라는 취지의 주의사항은 적절하지 않아 보인다.

적 판단을 형성하기를 강요하여 외부에 표시하기를 명령하는 한편, 청구인의 의사와 감정에 맞지 않는 사과를 강제시키는 행위입니다.

(4) 또한 사과하는 행위는 윤리적인 판단·감정 내지 의사의 발로인 것이므로 본질적으로 마음으로부터 우러나오는 자발적인 것이어야 하며 결코 외부로부터 강제 당하기에는 적합하지 않습니다. 따라서 청구인이 사과문을 서면으로 작성하는 과정에서 인격의 자유로운 발현을 위해 보호받아야 할 인격권이 무시되고 공권력에 의한 인격의 외형적 변형이 초래되어 인격형성에 분열이 수반될 수 있어 헌법이 보장하는 인간의 존엄과 가치 및 그를 바탕으로 하는 인격권에 큰 위해도 될 수 있습니다.

(5) 따라서 이 사건 심판대상인 사과명령조항이 청구인의 의사에 반한 사과행위를 강제함으로써 양심의 자유를 제한하게 되는데, 이러한 제한이 그 목적과 방법 등에 있어서 헌법 제37조 제 2 항에 의한 헌법적 한계를 벗어나서는 아니 되므로 이를 검토해 볼 필요가 있습니다.

나. 과잉금지의 원칙의 위반여부

(1) 목적의 정당성

사과명령은 학폭법 제 1 조의 규정대로 학교폭력의 예방과 대책을 위하여 피해학생의 보호, 가해학생의 선도·교육 및 피해학생과 가해학생 간의 분쟁조정을 통하여 학생의 인권을 보호하고 학생을 건전한 사회구성원으로 육성하기 위한 것이므로 그 입법목적의 정당성은 인정됩니다.

(2) 수단의 적합성

가해학생으로 하여금 피해학생에 대하여 말이 아닌 서면으로 사과를 하도록 하는 것은 학교폭력으로 피해학생이 입은 상처를 회복하고, 가해학생이 범한 지난 잘못을 반성하고 앞으로는 더 이상 폭력을 행사하지 않도록 다짐시켜 피해학생 뿐만 아니라 불특정 다수의 학생을 보호할 수 있다는 점에서 수단의 적합성을 긍정할 수도 있습니다.

그렇지만 가해학생이 서면으로 피해학생에게 학교폭력에 대하여 사과를 하면 피해학생은 그 서면을 보관하고 있으면서 향후 가해학생을 공격하는 자료가 될 수 있을 뿐만 아니라 서면사과로 만족하지 못하는 피해학생의 학부모는 그 서면으로 손해배상을 청구하는 자료로 악용할 수 있는 위험성이 있으며, 어린 학생간의 화해는 담임선생님이 참석한 가운데 미안하다는 취지의 말로써 하는 것이 오히려 자연스럽고 분쟁조정에 적합한 수단이라는 점에서 서면으로 사과를 명령하는 것은 수단의 적합성을 갖는다고 할 수 없습니다.

(3) 침해의 최소성

학교폭력을 행사한 사실이 없다고 주장하는 청구인은 피해를 입었다고 주장하는 학생에게 사과를 할 의사가 전혀 없습니다. 그럼에도 사과의 뜻이 없는 청구인으로 하여금 강제적으로 잘못을 시인하고 그 용서를 구하라는 취지의 명령은 1999년생에 불과한 중학교 2학년인 청구인에게 굴욕감을 주는 가혹한 처분이라 할 수 있습니다. 서면사과명령의 근거규정인 학폭법 제17조 제4항은 '가해학생에 대한 선도가 긴급하다고 인정할 경우'를 그 요건으로 하고 있는데, 이 사건의 경우 선도의 긴급성도 존재하지 않습니다.

학폭법 제17조 제1항은 가해학생의 선도·교육조치에 필요한 처분의 경중이 다른 9개의 종류가 있기 때문에 서면사과명령이 청구인과 피해학생간의 분쟁조정에 유일한 수단은 아닙니다. 즉, 서면사과명령 외에도 ① 피해학생에 대한 접촉, 협박 및 보복행위의 금지(제2호), ② 학교에서의 봉사 및 사회봉사(제3호, 제4호), ③ 학교폭력 예방을 위한 특별교육 이수 또는 심리치료(제5호), ④ 출석정지(제6호), ⑤ 학급교체(제7호) 등의 여러 방법이 있습니다. 이렇게 청구인의 기본권을 보다 덜 제한하는 다른 수단이 충분히 존재함에도 굳이 청구인으로 하여금 양심표명을 강제하는 사과명령은 기본권 제한규범이 지켜야 할 침해의 최소성 요건을 위반하고 있습니다.

(4) 법익의 균형성

학교폭력을 예방하여 피해학생을 보호하고, 가해학생을 선도·교육하여 피해학생과 가해학생 간의 분쟁조정을 할 수 있는 공익목적을 달성할 수 있는 다양한 수단이 존재하므로 가능한 법익침해가 적은 수단을 사용할 것이 요청됩니다. 그런데 폭력없는 교육환경과 학생지도라는 공익을 달성하는 과정에서 청구인에게 그 스스로가 감내할 수 없는 강제력을 가하는 것은 또 다른 학교폭력이라고 할 수 있습니다. 따라서 사과명령은 청구인의 헌법상 보호되는 기본권인 양심의 자유 및 인격권에 대한 매우 중대한 침해라 할 것이므로 법익균형성의 요건도 충족하지 못하고 있습니다.

다. 소   결

따라서 이 사건 사과명령조항은 기본권 제한 규범이 갖추어야 할 과잉금지의 원칙에 위반되어 헌법이 보장하는 양심의 자유 및 인격권을 침해하는 위헌규정에 해당됩니다.

3. 퇴학처분조항의 위헌성

가. 퇴학처분조항으로 제한되는 기본권

헌법 제31조 제 2 항은 '모든 국민은 그 보호하는 자녀에게 적어도 초등교육과 법률이 정하는 교육을 받게 할 의무를 진다'고 하며, 교육기본법 제 8 조 제 1 항은 '의무교육은 6년의 초등교육과 3년의 중등교육으로 한다'고 규정하고 있기 때문에 모든 국민은 의무교육을 받을 의무가 있습니다. 반면, 교육기본법 제 8 조 제 2 항은 '모든 국민은 의무교육을 받을 권리를 가진다'고 규정하여 의무교육을 받는 것이 단순한 의무가 아니라 권리라고 선언하고 있습니다.

따라서 퇴학처분조항이 헌법상의 의무교육조항(헌법 31②)에 위반되는지 여부와 청구인의 교육을 받을 권리 및 학부모의 자녀교육권을 침해하는지 여부가 문제됩니다.

나. 교육을 받을 권리 및 학부모의 자녀교육권의 침해 여부

(1) 퇴학처분조항의 법적 성격

(가) 헌법 제31조 제 1 항은 '모든 국민은 능력에 따라 균등하게 교육을 받을 권리를 가진다'고 규정하여 국민의 교육을 받을 권리(수학권, 修學權)를 보장하고 있습니다. 이 권리는 통상 국가에 의한 교육조건의 개선·정비와 교육기회의 균등한 보장을 적극적으로 요구할 수 있는 권리로 이해되고 있습니다. 수학권의 보장은 국민이 인간으로서 존엄과 가치를 가지며 행복을 추구하고(헌법 10 전문) 인간다운 생활을 영위하는데(헌법 34①) 필수적인 조건이자 대전제이기도 합니다(헌재 1992. 11. 12. 89헌마88).

(나) 특히 부모의 자녀에 대한 교육권은 비록 헌법에 명문으로 규정되어 있지 않지만 모든 인간이 누리는 불가침의 인권으로서, 혼인과 가족생활을 보장하는 헌법 제36조 제 1 항, 행복추구권을 보장하는 헌법 제10조 및 '국민의 자유와 권리는 헌법에 열거되지 아니한 이유로 경시되지 아니한다'고 규정하는 헌법 제37조 제 1 항에서 나오는 중요한 기본권인데, 이는 자녀의 행복이란 관점에서 자녀의 보호

와 인격발현을 위하여 부여되는 것입니다(헌재 2000. 4. 27. 98헌가16; 대법원 2007. 9. 20. 2005다25298).

㈐ 따라서 퇴학처분조항으로 위와 같은 기본권의 제한이 정당화되려면 헌법 제37조 제 2 항에 따른 과잉금지의 원칙에 따른 심사를 받아야 합니다.

⑵ **과잉금지의 원칙의 위반여부**

㈎ **목적의 정당성**

학폭법 제 1 조는 학교폭력의 예방과 대책으로 피해학생의 보호와 가해학생의 선도·교육 및 피해학생과 가해학생 간의 분쟁해결을 그 입법목적으로 하고 있습니다. 따라서 퇴학처분은 국가가 설립·경영하는 교육기관인 대한중학교의 교무를 통할하고 학생을 지도하는 지위에 있는 학교장이 교육목적 실현과 학교의 내부질서유지를 위하여 학칙 위반자인 청구인에게 징계권을 발동하여 학생으로서의 신분을 일방적으로 박탈하는 것이므로 그 목적의 정당성을 인정할 수 있습니다.

㈏ **수단의 적합성**

학교장은 학교폭력이 발생하면 피해학생에 대한 빠른 조치를 통해 그 피해를 구제하고 더 이상 학교폭력으로부터 피해를 당하지 않도록 필요한 조치를 하여야 하지만, 그에 못지않게 가해학생이 더 이상 폭력행위를 저지르지 않도록 선도하고 교육하여 신속히 교육현장으로 복귀하도록 하는 것 역시 중요합니다. 따라서 학교폭력에 대한 바람직한 처리 방향은 피해학생을 보호하고 위로하며 가해학생에 대해서는 가해행위에 대한 책임을 지고 반성하게 하되, 피해학생과 가해학생이 화해하고 모두가 학교생활을 원만히 할 수 있도록 하는 것이어야 합니다. 학교폭력 문제에 있어 신속한 해결과 신중한 판단의 문제를 어떻게 조화시킬 것인가는 입법자가 여러 가지 사정을 참작하여 정할 사안이지만, 어느 한쪽을 일방적으로 희생시키는 입법은 헌법상 용인될 수 없습니다(헌재 2013. 10. 24. 2012헌마832). 비록 학생에 대한 징계권의 발동이나 징계의 양정은 징계권자의 교육적 재량에 맡겨져 있다 할지라도(대법원 1991. 11. 22. 91누2144), 양심의 자유 등을 침해하는 서면사과명령을 청구인이 거부하였다는 이유로 학생선도의 최후 수단에 해당하는 퇴학처분을 할 수 있도록 하는 것은 수단의 적합성에도 위반됩니다.

㈐ **침해의 최소성**

학교장은 학교폭력이 발생했을 때 학교폭력을 둘러싼 갈등 상황을 조기에 종결하여 신속하게 피해를 구제하고, 빠른 시일 안에 정상적인 학교생활로 복귀할 수 있도록 피해학생과 가해학생에 대한 조치를 취해야 합니다. 그러나 학교폭력을 행사하였다고 지목된 청구인이 폭력을 행사한 사실이 없어 억울하다고 항변하고 있는 상황에서 내린 서면사과명령을 거부하였다는 이유로 학생신분을 박탈하는 퇴학처분을 할 수 있도록 하는 것은 피해학생과 가해학생을 배려하는 필요최소한의 수단이라 할 수 없습니다.

학폭법 제17조 제 1 항에는 ① 사회봉사(제 4 호), ② 출석정지(제 6 호) 등의 방법을 선택하여 청구인과 피해학생이 당분간 접촉하지 않도록 격리시킬 수 있는 수단이 존재합니다. 그럼에도 이와 같은 청구인의 기본권을 최소한으로 침해할 수 있는 여러 수단이 존재함에도 교육기회를 종국적으로 박탈하는 가장 무거운 퇴학처분을 할 수 있도록 하는 것은 침해의 최소성에도 위반되는 것이라 할 수 있습니다.

㈃ 법익의 균형성

퇴학처분조항은 피해학생의 보호, 가해학생의 선도·교육 및 피해학생과 가해학생 간의 분쟁조정을 통한 학교폭력의 예방 및 대책마련이라는 공익의 달성에 필요하지만, 퇴학처분조항으로 인하여 침해되는 헌법상 기본권인 교육을 받을 권리, 특히 국민 모두에게 주어진 의무교육을 받을 권리와 부모의 자녀교육권에 대한 중대한 침해를 고려할 때 법익의 균형성 요건도 충족하지 못하고 있습니다.

다. 의무교육조항의 위반여부

(1) 의무교육조항

'모든 국민은 그 보호하는 자녀에게 적어도 초등교육과 법률이 정하는 교육을 받게 할 의무를 진다'(헌법 31②)고 하며, '의무교육은 6년의 초등교육과 3년의 중등교육으로 한다. 모든 국민은 의무교육을 받을 권리를 가진다'(교육기본법 8①②)고 하여 모든 국민은 그 보호하는 자녀에게 교육을 받게 할 의무가 있으며, 또한 의무교육을 받을 권리가 있음을 밝히고 있습니다. 따라서 의무교육의 범위는 '초등교육과 법률이 정하는 교육'이며, 여기서 '법률이 정하는 교육'이란 '6년의 초등교육과 3년의 중등교육'을 의미합니다. 초·중등교육법 제 2 조는 초·중등교육을 실시하기 위하여 초등학교, 중학교, 고등학교 등을 두도록 하고 있습니다.

(2) 의무교육제도의 법적 성격

헌법재판소는 의무교육제도의 법적 성격에 관하여, '교육을 받을 권리는 우리헌법이

지향하는 문화국가·민주복지국가의 이념을 실현하는 방법의 기초이며, 다른 기본권의 기초가 되는 기본권이다. 교육을 받을 권리가 교육제도를 통하여 충분히 실현될 때에 비로소 모든 국민은 모든 영역에 있어서 각인의 기회를 균등히 하고 능력을 최고도로 발휘하게 되어 국민생활의 균등한 향상을 기할 수 있고, 인간으로서의 존엄과 가치를 가지며, 행복을 추구할 수 있기 때문이다. 국민의 교육을 받을 권리가 현실적으로 보장되기 위하여는 사회적·경제적 이유로 인한 차별을 받음이 없이 모든 사람에게 교육기관의 문호가 개방되어야 한다. 헌법은 이를 보장하기 위하여 국민에게는 그 보호하는 자녀를 초등교육과 법률이 정하는 교육에 취학시킬 의무를 부과하고 있으며 특히 오늘날 공교육제도를 수립하고 정비할 책임을 지고 있는 국가에 대하여는 의무교육의 무상실시와 시설확보의무를 부담시키고 있다'(헌재 1991. 2. 11. 90헌가27)라고 판시하고 있습니다.

(3) 이 사건의 경우

청구인은 중학교 2학년에 재학중인 학생으로 헌법과 교육기본법이 정하고 있는 의무교육과정 중에 있습니다. 헌법은 의무교육조항을 두어 인간이 교육을 통하여 인간으로서의 존엄과 가치를 가지며, 행복을 추구할 수 있는 기반을 갖도록 하고 있습니다. 그 때문에 의무교육을 무상으로 시행하도록 하여 부모의 경제력 여부에 따라 의무교육의 이수여부가 결정되지 않도록 하고 있습니다. 학력의 고하에 따라 취업과 임금과 승진 여부가 결정되는 사회풍조하에서 청구인이 중학교도 졸업하지 못하도록 하는 것은 어린 나이에 범한 일시적인 비행의 결과로서는 지나치게 가혹하여 청구인이 장차 사회공동체의 일원으로 건전하게 살아갈 수 있을 것인지 의심을 품게 합니다. 따라서 의무교육과정 중에 있는 학생에게는 퇴학처분이 허용되어서는 아니 될 것이므로,[2] 학폭법이 학교폭력의 가해학생으로 지목된 청구인에게 퇴학처분을 할 수 있도록 규정하고 있는 것은 의무교육조항에 위배되는 위헌규정이라 할 수 있습니다.

라. 명확성의 원칙 위반여부

(1) 명확성의 원칙의 의의

헌법재판소는 '명확성의 원칙은 기본권을 제한하는 법규범의 내용은 명확하여야 한

---

2) 학교폭력예방 및 대책에 관한 법률[법률 제11948호, 2013. 7. 30., 일부개정] 제17조(가해학생에 대한 조치) ① 자치위원회는 피해학생의 보호와 가해학생의 선도·교육을 위하여 가해학생에 대하여 다음 각 호의 어느 하나에 해당하는 조치(수 개의 조치를 병과하는 경우를 포함한다)를 할 것을 학교의 장에게 요청하여야 하며, 각 조치별 적용 기준은 대통령령으로 정한다. 다만, 퇴학처분은 <u>의무교육과정에 있는 가해학생에 대하여는 적용하지 아니한다.</u> 〈개정 2009. 5. 8, 2012. 1. 26, 2012. 3. 21〉

다는 헌법상의 원칙인바, 만일 법규범의 의미내용이 불확실하다면 법적 안정성과 예측 가능성을 확보할 수 없고 법집행 당국의 자의적인 법해석과 집행을 가능하게 할 것이기 때문이다. 다만 법규범의 문언은 어느 정도 일반적·규범적 개념을 사용하지 않을 수 없기 때문에 기본적으로 최대한이 아닌 최소한의 명확성을 요구하는 것으로서, 법문언이 법관의 보충적인 가치판단을 통해서 그 의미내용을 확인할 수 있고, 그러한 보충적 해석이 해석자의 개인적인 취향에 따라 좌우될 가능성이 없다면 명확성의 원칙에 반한다고 할 수 없다'(헌재 2005. 12. 22. 2004헌바45)고 판시하고 있습니다.

(2) 퇴학처분조항이 명확성의 원칙에 위배되는지 여부

이 사건 심판대상조항인 학폭법 제17조 제 7 항 단서 제 1 호는 '품행이 불량하여 개전의 가망이 없다고 인정된 자'를 퇴학처분의 요건으로 규정하고 있습니다. 그러나 '품행이 불량'하다고 할 때, '품행'은 학생이 지녀야 할 본분과 태도와 같은 넓은 개념으로 이해될 수 있지만, 품행이 '불량'하다는 것은 학생이 어느 정도 일탈행위를 하였을 때를 불량하다고 볼 것인지에 관한 기준설정이 어려워 판단자의 주관에 따라 자의적인 해석을 할 수밖에 없습니다. 또한 '개전의 가망이 없다'는 부분도 폭력학생의 어떤 태도가 이에 해당된다고 볼 것인지 알 수 없습니다. 대개는 가해학생이 자신의 잘못을 반성한다는 취지의 말과 태도를 보일 때, 이를 개전의 가망이 있다고 판단할 수 있습니다. 그러나 청구인과 같은 중학교 2학년 학생은 담임선생님이나 학교장과 같은 권위자에 대한 반항심이 많은 사춘기 시절이라서 공부에만 전념하는 이른바 모범생과 달리 자신의 혐의에 대하여 다투면서 다소 불손한 태도를 취할 수도 있는데도, 이런 외형적인 모습에 대해서도 개전의 가망이 없다고 인정할 가능성이 큽니다. 특히 대한중학교 학교폭력대책자치위원회의 회의록을 보면, 청구인과 그의 친권자 김갑동이 피해학생으로 인정된 조민우를 괴롭힌 사실이 없다고 항변하고 있는데, 오히려 이러한 청구인의 부모의 태도를 좋지 않게 본 위원 주성만은 청구인을 격리시키자는 취지의 퇴학처분 의견을 제시하고 있는 것을 보더라도 퇴학처분의 요건을 자의적으로 해석·적용하고 있음을 알 수 있습니다.

(3) 이 사건의 경우

따라서 퇴학처분조항은 보통의 상식을 가진 일반인이라도 그 의미를 충분히 해석하여 알기 어렵습니다. 그리고 사후적으로 법관의 보충적인 가치판단을 통해서 그 의미내용을 확인하기 쉽지 않을 뿐만 아니라 그러한 보충적 해석이 해석자의 개인적인 성향에 따라 좌우될 가능성이 몹시 크기 때문에 퇴학처분조항은 명확성의 원칙에 반하여 위헌이라고 할 수 있습니다.

4. 소   결

따라서 사과명령조항은 양심의 자유 및 인격권을 침해하고, 퇴학처분조항은 교육을 받을 권리 및 학부모의 자녀교육권 그리고 의무교육조항 및 명확성의 원칙에 반하여 모두 위헌규정이라 하겠습니다.

V. 결   론

청구인의 이 사건 심판청구는 적법요건을 모두 구비하였으며, 이 사건 서면사과명령조항 및 퇴학처분조항은 모두 위헌에 해당되므로 청구취지와 같은 결정을 하여 주시기를 바랍니다.

첨 부 서 류

1. 서면사과명령서   1부
1. 징계처분서   1부
1. 위헌제청신청기각결정문   1부
1. 주민등록표등본   1부
1. 대리인선임서   1부
1. 담당변호사지정서   1부

2014. 1. 3.

청구인의 대리인 법무법인 진리

담당변호사 김 정 의 (인)

헌 법 재 판 소 귀 중

청 구 취 지

1. 피고가 원고에 대하여 한

 가. 2013. 6. 21. 서면사과명령처분,

 나. 2013. 7. 5. 퇴학처분을

  모두 취소한다.[3]

2. 소송비용은 피고가 부담한다.

 라는 판결을 구합니다.

청 구 원 인

3. 이 사건 처분의 위법성

 가. 피고의 사실오인

 ⑴ 피고는 원고가 같은 반 급우 조민우를 2학년 초부터 지속적으로 괴롭혔다는 이유로 원고에 대하여 이 사건 서면사과명령을 하였으며, 원고가 이를 거부하고 반성을 하지 않으면서 수업시간에 면학분위기를 저해하고 있다는 이유로 이 사건 퇴학처분을 하였습니다.

 ⑵ 그러나 원고는 조민우를 2학년 들어서 처음으로 알게 된 후에 함께 귀가하면서 친하게 지내왔습니다. 원고는 어느 날 갑자기 돈이 필요해서 조민우에게 빌려 달라고 요청하였는데, 조민우는 이를 거절한 바 있습니다. 원고와 조민우는 그 때문에 두 번 정도 말다툼을 한 적은 있었지만, 조민우가 진술서에서 기술한 바와 같이 지속적으로 그를 때리거나 겁을 주는 등으로 괴롭힌 사실은 전혀 없습니다.

---

3) '피고가 원고에 대하여 한 2013. 6. 21. 서면사과명령처분, 2013. 7. 5. 퇴학처분을 모두 취소한다'라고 할 수도 있다.

(3) 그럼에도 피고는 오로지 조민우의 2013. 5. 31.자 진술서와 담임선생님이 조민우와 상담하는 과정에서 듣게 된 사실만으로 원고가 조민우를 지속적으로 괴롭혀왔다고 인정한 후 긴급선도 조치라는 서면사과명령을 하였습니다.

(4) 원고와 조민우는 중학교 2학년 학생으로 만 14세에 불과합니다. 그런데 원고가 조민우를 때린 적이 없다고 작성한 진술서는 중학교 2학년 수준의 문장과 형식으로 원고가 스스로 지난 일을 기억하여 작성한 것으로 보이는데 반하여, 조민우의 진술서는 중학교 2학년 학생이 작성하였다고는 도저히 볼 수 없는 단어와 문장 및 그 형식으로 되어 있습니다. 이는 조민우가 원고에게 불이익한 제재를 가하기 위해서 법률전문가의 도움을 얻어 작성했거나 이미 작성된 문서를 그대로 베껴서 제출하였다고 의심할 수밖에 없기 때문에 그 내용의 진실성도 신뢰하기가 어렵습니다.

(5) 피고는 서면사과명령을 받은 원고가 그 부모님과 함께 학교를 방문하여 조민우학생의 말만을 믿고 편파적인 조치를 하느냐고 서면사과명령에 불복하고 이의를 제기하였으므로, 과연 조민우의 말대로 원고가 폭력을 행사하는 등으로 조민우를 괴롭힌 사실이 있었는지 여부를 확인하기 위하여 2학년 3반 학생들을 상대로 두 학생의 평소의 성품과 다른 학우들과의 관계, 학업성적 및 조민우가 원고때문에 고통당하고 있다는 하소연을 한 적이 있었는지 여부와 조민우의 부모님을 면담하여 사실여부를 확인하는 과정을 거쳐야 했음에도 전혀 이러한 노력을한 적이 없습니다.

(6) 따라서 피고의 원고에 대한 이 사건 각 처분은 처분의 근거가 없는 가운데 행하여진 것이므로 위법함을 면할 수 없습니다.

나. 이유제시의무의 위반

(1) 이유제시의 법적 근거

학교폭력예방 및 대책에 관한 법률(이하 '학폭법'이라 한다) 제17조 제 8 항은 '학교의 장이 학폭법 제17조 제 4 항, 제 6 항, 제 7 항의 조치를 할 때에는 그 근거와 이유를 제시하여 가해학생과 그 보호자에게 통지하여야 한다'고 규정하고 있습니다. 따라서 피고는 원고에게 학폭법 제17조 제 4 항(피해학생에 대한 서면사과), 제 7 항(퇴학처분)의 조치를 하려는 경우에는 그 (처분)근거와 이유를 제시하여 원고와 그 보호자인 친권자에게 통지하여야 할 의무가 있습니다.

(2) 서면사과명령

피고의 원고에 대한 서면사과명령서에는 처분의 원인이 되는 사실관계에 관한 기재도 없고 처분근거법령과 그 이유도 제시되어 있지 않습니다.

(3) 퇴학처분

피고의 원고에 대한 퇴학처분에 관한 징계처분서에는 징계사유를 '품행 불량'으로만 추상적으로 기재하고 있을 뿐 처분근거법령과 그 이유가 제시되어 있지 않습니다.

다. 재량권의 일탈·남용(비례의 원칙 위반)

(1) 피고의 징계양정에서의 재량권과 그 한계

(가) 학폭법 제17조는 '가해학생에 대한 조치'로서 제 1 호 '피해학생에 대한 서면사과'에서부터 제 9 호 '퇴학처분'에 이르기까지 9가지 종류를 제시하여 학교의 장이 가해학생에 대한 가장 적당한 방법을 선택할 수 있는 재량을 부여하고 있습니다.

(나) 그러므로 피고는 피징계자인 원고의 평소의 소행, 학교생활과 성적, 과거 징계처분을 받은 전력, 가정형편 및 학부모의 원고에 대한 관심도, 피해학생과의 분쟁의 원인 및 그 학생의 의사 등 여러 교육적인 상황을 고려하여 가장 적합한 징계양정을 하여야 할 의무가 있습니다.

(다) 학생에 대한 징계권의 발동이나 징계의 양정이 징계권자의 교육적 재량에 맡겨져 있다 할지라도 법원이 심리한 결과 그 징계처분에 위법사유가 있다고 판단되는 경우에는 이를 취소할 수 있는 것이고, 징계처분이 교육적 재량행위라는 이유만으로 사법심사의 대상에서 당연히 제외되는 것은 아닙니다(대법원 1991. 11. 22. 91누2144).

(라) 따라서 피고의 원고에 대한 이 사건 각 처분이 여러 징계종류 중 원고에게 가혹한 조치를 선택한 것은 비례의 원칙을 위반한 재량행위의 한계를 벗어난 위법한 행위로서 취소되어야 합니다.

(2) 서면사과명령

(가) 학폭법 제17조 제 4 항은 학교의 장은 가해학생에 대한 선도가 긴급하다고 인정

할 경우 서면사과명령을 할 수 있다고 규정하고 있습니다.

(나) 피고는 원고가 가해사실을 부인하고 있어 보다 신중하게 과연 조민우의 주장처럼 폭행사실이 있었는지 여부를 확인하여야 함에도 이런 절차를 밟지 않고 오로지 조민우의 말만을 신뢰하고 학폭법 제17조 제4항에서 규정하는 가해학생에 대한 '선도의 긴급성' 요건이 충족되지 않았음에도 일단 원고가 조민우를 폭행하여 괴롭힌 가해학생으로 단정한 가운데 폭력사실을 시인하고 그 잘못을 인정하고 용서를 구하라는 취지의 서면사과명령을 하였습니다.

(다) 따라서 피고는 학교폭력의 예방과 피해학생의 보호라는 공익상의 필요를 달성하기 위해서라도 '선도의 긴급성' 요건이 결여된 상황에서는 원고에 대하여 '훈계나 경고'와 같은 원고의 경미한 비행에 비례될 수 있는 조치를 취해야 할 의무가 있습니다. 그런데 이와 달리 피고가 가해학생에 대한 조치를 하더라도 원고의 권리침해가 가장 적게 이루어지는 수단을 선택하여 행사하여야 한다는 비례의 원칙 중 최소침해의 원칙을 위반하여 내린 서면사과명령은 재량권을 일탈·남용한 위법한 처분으로 취소되어야 합니다.

(3) **퇴학처분**

(가) 피고는 원고에 대하여 '품행 불량'이라는 사유로 퇴학처분을 하였습니다. 그러나 원고는 결석을 단 한 번도 하지 않을 정도로 착실하게 학교생활을 하여온 성실한 학생이며, 원고가 저지른 잘못은 조민우와 사소한 문제로 말다툼을 몇 번 하였을 뿐으로 사회에서 문제되는 학교폭력과도 상관없는 경미한 사안에 불과합니다.

(나) 원고는 이 사건 발생 전에는 다른 학우와의 관계도 원만하였을 뿐만 아니라 성실하게 학업에 전념하여 왔으며, 원고의 부모 역시 유일한 자녀인 원고에 대하여 관심과 사랑을 쏟으며 양육하여 왔습니다. 아울러 원고와 조민우와의 이 사건 경위가 어찌되었든 앞으로 원고를 잘 선도하여 학교에 물의를 일으키지 않도록 할 것을 다짐하고 있습니다.

(다) 만약 원고가 피고의 서면사과명령을 이행하였더라면 퇴학처분을 당하지 않고 이 사건은 종결되었을 것입니다. 그런데 피고는 적법한 요건을 구비하지 못한 가운데 내려진 서면사과명령을 거부하였다는 이유로 이보다 훨씬 중한 퇴학처분까지 하게 되었습니다. 따라서 원고가 서면사과명령을 거부한 것이 퇴학처분의 사유

로 삼은 '품행 불량'에 해당될 수는 없습니다.

㈑ 그러므로 피고의 원고에 대한 퇴학처분은 급우 상호간의 경미한 다툼에 대하여 학생신분을 박탈하여 학교로부터 격리시키는 것이므로 적법한 징계양정에 관한 재량권을 일탈·남용한 위법한 처분으로 취소되어야 합니다.

라. 결   론

따라서 피고의 이 사건 처분은 사실오인으로 인하여 처분의 근거가 없는 가운데 행하여진 것이며, 처분의 이유제시를 하지 않은 하자가 있을 뿐만 아니라 비례의 원칙에 위반하는 재량권의 일탈·남용으로 위법하여 모두 취소되어야 합니다.

관리번호	시험과목명 공법	기 록 형	시험관리관 확 인	점 수	채점위원인

[문제 1]

헌 법 소 원 심 판 청 구 서

청 구 인   김 동 식

　　　　　　서울 서초구 잠원로 25

　　　　　　미성년자이므로 법정대리인 친권자 부 김갑동, 모 이순희

　　　　　　대리인 법무법인 진리

　　　　　　담당변호사 김정의

　　　　　　서울 서초구 서초중앙로 200 진리빌딩 2층

　　　　　　전화: 02-555-6789, 전송: 02-555-6790

청 구 취 지

"학교폭력예방 및 대책에 관한 법률(2012. 12. 28. 법률 제12345호로 전부개정된 것)
제17조 제4항 중 제1항 제1호 부분 및 제7항 본문 중 제9호 부분과 단서 제1호 부분은
헌법에 위반된다."라는 결정을 구합니다.

당 해 사 건

서울행정법원 2013구합246 퇴학처분등 취소

위헌이라고 해석되는 법률조항

학교폭력예방 및 대책에 관한 법률(2012. 12. 28. 법률 제12345호로 전부개정된 것)
제17조 제4항 중 제1항 제1호 부분 및 제7항 본문 중 제9호 부분과 단서 제1호 부분

청 구 이 유

I. 쟁점의 정리

　(1) 이 사건 심판청구는 헌법재판소법 제68조 제2항 '법률의 위헌여부 심판의 제청신청이
　　　기각된 때'에 하는 것이므로 위 규정상의 적법요건을 구비하였는지,

　(2) 이 사건 심판대상인 학교폭력예방 및 대책에 관한 법률(이하 '학폭법') 제17조
　　　제4항 중 제1항 제1호 부분(이하 '사과명령조항')이 양심의 자유 등을 침해하는지,

(3) 학폭법 제 7 항 본문 중 제 9 호 부분과 단서 제 1 호 부분(이하 '퇴학처분조항')이 헌법 제31조 제 2 항의 의무교육조항에 위반되는지 여부와 청구인의 교육을 받을 권리 및 학부모의 자녀교육권을 침해하는지 여부와 함께 퇴학처분조항이 명확성의 원칙에 위반되는지 여부를 살펴보아야 합니다.

Ⅱ. 적법요건의 구비 여부

1. 의 의

청구인은 학교장의 이 사건 서면사과명령 및 퇴학처분의 취소를 구하는 소송 제기 후 처분의 근거법률조항이 위헌이라며 위헌법률심판제청신청을 하였으나 기각당했습니다. 따라서 헌법재판소법 제68조 제 2 항에 따른 심판청구 적법요건을 검토해야 합니다.

2. 개별적 적법요건의 검토

가. 대상적격

법률이 헌법에 위반되는 여부가 재판의 전제가 된 경우에는 법원은 헌법재판소에 위헌 여부 심판을 제청하며(헌법재판소법 41①), 법률의 위헌 여부 심판의 제청신청이 기각된 때에는 헌법재판소에 헌법소원심판을 청구할 수 있으므로(헌법재판소법 68②), 이 사건 심판대상은 재판의 전제가 되는 법률인 '학폭법'이므로 대상적격이 있습니다.

나. 위헌법률심판제청신청에 대한 법원의 기각결정

청구인은 2013. 10. 31. 서울행정법원에 위헌법률심판제청신청을 하였지만, 서울행정법원은 2013. 11. 28. 위 신청을 기각하는 결정을 하였습니다.

다. 재판의 전제성

(1) 재판의 '전제성'의 개념 - ① 구체적인 사건이 법원에 계속 중이어야 하고, ② 위헌 여부가 문제되는 법률이 당해 소송사건의 재판에 적용되는 것이어야 하며, ③ 그 법률이 헌법에 위반되는지의 여부에 따라 당해 사건을 담당하는 법원이 다른 내용의 재판을 하게 되는 경우를 말합니다. 여기서 '다른 내용의 재판을 하게 되는 경우'는 원칙적으로 법원이 심리 중인 당해 사건의 재판의 결론이나 주문에 어떤 영향을 주는 경우뿐만 아니라 재판의 결론을 이끌어 내는 이유를 달리하는 데 관련되어 있거나 또는 재판의 내용과 효력에 관한 법률적 의미가 달라지는 경우를 포함합니다.

(2) 사안의 경우 - 심판대상 법률조항은 서울행정법원에 계속중인 2013구합246호 퇴학처분 등 취소소송에 적용되는 것으로 위 법률조항들이 위헌으로 결정되면 청구인에

대한 퇴학처분 등이 위헌인 법률에 근거한 처분이 되어 취소될 가능성이 있습니다. 따라서 이 사건 심판청구는 재판의 전제성 요건을 갖추고 있습니다.

라. 청구기간의 준수

청구인은 2013. 12. 6. 서울행정법원 2013아135호 위헌법률심판제청신청의 기각결정을 송달받고, 그로부터 30일 이내인 2014. 1. 3. 이 사건 심판청구를 하여 청구기간을 준수하였습니다(헌법재판소법 69②).

마. 변호사 강제주의

법무법인 진리를 대리인으로 선정하여 이 사건 심판청구를 하였으므로 변호사 강제주의를 준수하였습니다(헌법재판소법 25③).

3. 소 결

따라서 이 사건 심판청구는 헌법재판소법 제68조 제 2 항의 헌법소원의 적법 요건을 모두 구비하여 적법합니다.

Ⅲ. 위헌이라고 해석되는 이유

1. 미성년자의 기본권 주체성

헌법 제10조는 '모든 국민'의 기본권을 보장하고 있으므로 대한민국 국적을 가진 모든 자연인은 기본권의 주체가 되며, 대한민국 국적을 가진 모든 국민은 헌법소원을 청구할 수 있습니다(헌재 결정). 따라서 1999년생 미성년자인 청구인도 기본권의 주체로서 민법상 친권자를 통하여 헌법소원을 청구할 수 있습니다.

2. 사과명령조항의 위헌성

가. 사과명령조항으로 제한되는 기본권

(1) 사과명령조항인 학폭법 제17조 제 4 항 중 제 1 항 제 1 호 부분은 학교의 장은 가해학생에 대한 선도가 긴급하다고 인정할 경우 '피해학생에 대한 서면사과' 조치를 할 수 있도록 규정하여, 청구인의 양심에 반하는 서면사과를 강제하고 있습니다.

(2) 헌법 제19조는 '모든 국민은 양심의 자유를 가진다'고 하여 양심의 자유를 보장하고 있습니다. 여기서의 양심이란 세계관·인생관·주의·신조 등은 물론 이에 이르지 아니하여도 보다 널리 개인의 인격형성에 관계되는 내심에 있어서의 가치적·윤리적 판단도 포함됩니다.

(3) 사과명령조항은 학교폭력을 행한 사실이 없는 청구인에게 그 본심에 반하여 깊이 "사과한다"라고 표현케 하여 폭력을 자인하도록 하는 의미의 사죄의 의사표시를 강요하는 것에 해당됩니다. 이는 학교장의 긴급한 선도조치라는 권력작용을 통하여 청구인의 신념에 반하여 자기의 행위가 비행이며 죄가 된다는 윤리적 판단을 형성하기를 강요하여 외부에 표시하기를 명령하는 한편, 청구인의 의사와 감정과 맞지 않는 사과를 강제시키는 행위입니다.

(4) 따라서 이 사건 심판대상인 사과명령조항이 청구인의 의사에 반한 사과행위를 강제함으로써 양심의 자유를 제한하게 되는데, 이러한 제한이 그 목적과 방법 등에 있어서 헌법 제37조 제 2 항에 의한 헌법적 한계를 벗어나는지 여부를 검토해야 합니다.

나. 과잉금지의 원칙의 위반여부

(1) **목적의 정당성** - 사과명령은 학폭법 제 1 조에 따른 학교폭력의 예방과 대책을 위하여 피해학생의 보호, 가해학생의 선도 · 교육 및 피해학생과 가해학생 간의 분쟁조정을 위한 입법목적의 정당성은 인정됩니다.

(2) **수단의 적합성** - 가해학생이 반성의 표현으로 피해학생에게 사과하여 상처를 회복케 하고 향후 폭력발생을 예방할 수 있는 수단의 적정성이 있지만, 강요된 사과는 서로간의 감정악화로 새로운 분쟁을 야기할 수 있는 문제도 있습니다.

(3) **침해의 최소성** - 사과의사가 없는 청구인에게 강제적으로 잘못을 시인하고 용서를 구하라는 것은 만 14세의 중학생에게 굴욕감을 주는 가혹한 처분입니다. 학폭법 제17조는 기본권을 덜 침해하는 여러 방법을 규정하고 있는데도 양심표명을 강제하는 사과명령은 침해의 최소성 요건에도 위반됩니다.

(4) **법익의 균형성** - 폭력없는 교육환경과 학생보호라는 공익을 달성하는 과정에서 긴급선도조치라는 명목으로 청구인이 감내할 수 없는 정신적 강제력을 가하여 양심의 자유 등을 침해하는 것은 법익의 균형성도 충족하지 못하였습니다.

다. 소 결

따라서 이 사건 사과명령조항은 기본권 제한 규범이 갖추어야 할 과잉금지의 원칙에 위반되어 헌법이 보장하는 양심의 자유 및 인격권을 침해하는 위헌규정에 해당됩니다.

관리번호	시험과목명 공법	기 록 형	시험관리관 확 인	채점위원인	5쪽

3. 퇴학처분조항의 위헌성

가. 퇴학처분조항으로 제한되는 기본권

모든 국민은 그 보호하는 자녀에게 적어도 초등교육과 법률이 정하는 교육을 받게 할 헌법상 의무가 있습니다(헌법 31②. 의무교육은 6년의 초등교육과 3년의 중등교육으로 하며, 모든 국민은 의무교육을 받을 권리를 가진다(교육기본법 8①②)고 하여 의무교육은 의무와 권리로서의 성격을 갖고 있습니다.

따라서 의무교육기간 중의 퇴학처분은 헌법상 의무교육조항 및 청구인의 교육을 받을 권리와 학부모의 자녀교육권의 침해 여부가 문제됩니다.

나. 교육을 받을 권리 및 학부모의 자녀교육권의 침해 여부

(1) 퇴학처분조항의 법적 성격

모든 국민은 능력에 따라 균등하게 교육을 받을 권리(헌법 31①)인 수학권이 있습니다. 수학권의 보장은 국민이 인간으로서 존엄과 가치를 가지며 행복을 추구하고 (헌법 10 전문) 인간다운 생활을 영위하는데(헌법 34①) 필수적인 조건이자 대전제이기도 합니다(헌재 결정).

특히 부모의 자녀에 대한 교육권은 비록 헌법에 명문으로 규정되어 있지 않지만 모든 인간이 누리는 불가침의 인권으로서, 혼인과 가족생활을 보장하는 헌법 제 36조 제 1 항, 행복추구권을 보장하는 헌법 제10조 및 '국민의 자유와 권리는 헌법에 열거되지 아니한 이유로 경시되지 아니한다'고 규정하는 헌법 제37조 제 1 항에서 나오는 중요한 기본권인데, 이는 자녀의 행복이란 관점에서 자녀의 보호와 인격발현을 위하여 부여되는 것입니다(헌재 결정).

따라서 퇴학처분조항으로 위와 같은 기본권의 제한이 정당화되려면 헌법 제37조 제 2 항에 따른 과잉금지의 원칙에 따른 심사를 받아야 합니다.

(2) 과잉금지의 원칙의 위반여부

⑺ 목적의 정당성 - 학폭법 제 1 조는 학교폭력의 예방과 대책으로 피해학생의 보호와 가해학생의 선도 · 교육 등을 입법목적으로 하고 있어 퇴학처분은 학교장이 징계권을 발동하여 학생의 신분을 박탈하는 것으로 그 목적의 정당성이 인정됩니다.

⑻ 수단의 적합성 - 학생에 대한 징계권의 발동이나 징계의 양정은 징계권자의

교육적 재량에 맡겨져 있다 할지라도(판례), 양심의 자유 등을 침해하는 사과명령을 청구인이 거부하였다는 이유로 학생선도의 최후 수단에 해당하는 퇴학처분을 할 수 있도록 하는 것은 수단의 적합성에 위반됩니다.

㈐ 침해의 최소성 - 학폭법 제17조 제 1 항에는 사회봉사(제 4 호), 출석정지(제 6 호) 등의 방법을 선택하여 청구인과 피해학생이 당분간 접촉하지 않도록 격리시킬 수 있는 수단이 존재합니다. 그럼에도 청구인의 교육기회를 박탈하는 가장 무거운 퇴학처분을 할 수 있게 하는 것은 침해의 최소성에도 위반됩니다.

㈑ 법익의 균형성 - 퇴학처분으로 얻게 되는 학교폭력의 예방 및 대책마련 등의 법익보다 그로 인하여 침해되는 기본권인 의무교육을 받을 권리 및 부모의 자녀교육권 등에 대한 중대한 침해를 고려할 때 법익의 균형성에도 위반됩니다.

다. 의무교육조항의 위반여부

(1) 헌법상 의무교육의 범위는 '초등교육과 법률이 정하는 교육'이며(헌법 31②), 여기서 '법률이 정하는 교육'이란 '6년의 초등교육과 3년의 중등교육'을 의미합니다(교육기본법 8①).

(2) 교육을 받을 권리는 모든 국민이 모든 영역에 있어서 각인의 기회를 균등히 하고 능력을 최고도로 발휘하게 되어 국민생활의 균등한 향상을 기할 수 있고, 인간으로서의 존엄과 가치를 가지며, 행복을 추구할 수 있게 합니다(헌재 결정).

(3) 따라서 의무교육과정 중에 있는 학생을 퇴학처분할 수 있도록 하는 것은 의무교육조항에 위배되는 위헌규정이라 할 수 있습니다.

라. 명확성의 원칙 위반여부

(1) 명확성의 원칙은 기본권을 제한하는 법규범의 내용은 명확하여야 한다는 헌법상의 원칙으로 법적 안정성과 예측가능성의 확보를 위하여 인정되고 있습니다.

(2) 심판대상조항인 학폭법 제17조 제 7 항 단서 제 1 호는 '품행이 불량하여 개전의 가망이 없다고 인정된 자'를 퇴학처분의 요건으로 규정하고 있습니다.

(3) 그러나 퇴학요건인 '품행 불량' 또는 '개전의 가망'은 보통의 일반인이 그 의미를 알 수 없고, 사후적으로 법관의 보충적인 가치판단을 통해서 의미내용을 확인하기 어려우며, 해석자의 성향에 따라 달라질 수 있어 명확성의 원칙에 위반됩니다.

4. 소 결

따라서 사과명령조항은 양심의 자유 및 인격권을, 퇴학처분조항은 교육을 받을 권리 및 학부모의 자녀교육권 그리고 의무교육조항 및 명확성의 원칙에 반하는 위헌규정입니다.

Ⅳ. 결 론

청구인의 이 사건 심판청구는 적법요건을 모두 구비하였으며, 이 사건 서면사과명령조항 및 퇴학처분조항은 모두 위헌에 해당되므로 청구취지와 같은 결정을 내려주시기 바랍니다.

첨 부 서 류

1. 서면사과명령서	1부
1. 징계처분서	1부
1. 위헌제청신청기각결정문	1부
1. 주민등록표등본	1부
1. 대리인선임서 · 담당변호사지정서	각 1부

2014. 1. 3.

청구인의 대리인 법무법인 진리

담당변호사 김 정 의 (인)

헌 법 재 판 소 귀 중

[문제 2]

청 구 취 지

1. 피고가 원고에 대하여 한 2013. 6. 21. 서면사과명령처분, 2013. 7. 5. 퇴학처분을 모두 취소한다.

2. 소송비용은 피고가 부담한다.

라는 판결을 구합니다.

청 구 원 인

3. 이 사건 처분의 위법성

가. 피고의 사실오인

원고는 조민우를 2학년 들어서 처음으로 알게 된 후 친하게 지내던 중 어느 날 갑자기 돈이 필요하여 조민우에게 빌려 줄 것을 부탁하였으나 그는 거절하였습니다.

원고는 그 일로 조민우와 두 차례 말다툼 한 적은 있었지만, 그를 때리거나 겁주는 등으로 괴롭힌 사실이 전혀 없습니다.

그럼에도 피고는 원고에게 조민우의 주장과 담임선생님이 조민우를 상담 중에 듣게 된 말을 기초로 원고와 그 부모님이 정확한 사실관계를 확인해 줄 것을 요청하였음에도 이를 묵살한 채 긴급선도조치라는 명목으로 서면사과명령을 하였습니다.

나. 이유제시의무의 위반

학교폭력예방 및 대책에 관한 법률(이하 '학폭법') 제17조 제8항은, 학교의 장이 학폭법 제17조 제4항(서면사과), 제6항, 제7항(퇴학처분)의 조치를 할 때에는 그 근거와 이유를 제시하여 가해학생과 그 보호자에게 통지하도록 규정하고 있습니다.

(1) 피고의 원고에 대한 서면사과명령서에는 처분의 원인이 되는 사실관계에 관한 기재도 없고 처분근거와 그 이유도 제시되어 있지 않습니다.

(2) 피고의 원고에 대한 퇴학처분에 관한 징계처분서에는 징계사유가 '품행 불량'으로만 기재되어 있을 뿐 처분근거와 그 이유가 제시되어 있지 않습니다.

다. 재량권의 일탈·남용(비례의 원칙 위반)

(1) 피고의 징계양정에서의 재량권

학폭법 제17조는 '가해학생에 대한 조치'로서 '피해학생에 대한 서면사과'에서부터 '퇴학처분'에 이르기까지 9가지 종류를 규정하여 학교장이 가해학생에 대한 가장 적당한 조치를 선택할 수 있는 재량을 부여하고 있습니다.

(2) 서면사과명령

학교장은 가해학생에 대한 선도가 긴급하다고 인정할 경우에 서면사과명령을 할 수 있습니다. 그러나 피고는 원고가 가해사실을 부인하는 등 '선도의 긴급성' 요건이 결여되었음에도 최소침해의 원칙에 반하는 위법한 사과명령을 하였습니다.

(3) 퇴학처분

피고는 원고에 대하여 '품행 불량'이라는 사유로 퇴학처분을 하였습니다. 그러나 원고는 개근을 하며 성실한 생활을 하였으며, 그 부모가 잘 양육할 것을 다짐하고 있음에도 경미한 잘못보다 훨씬 무거운 학생신분을 박탈하여 학교로부터 격리시키는 것은 재량권을 일탈·남용한 위법한 처분에 해당됩니다.

라. 결 론

따라서 피고의 이 사건 처분은 사실오인으로 인하여 처분의 근거가 없는 가운데 행하여진 것이며, 처분의 이유제시를 하지 않은 하자가 있을 뿐만 아니라 비례의 원칙에 위반하는 재량권의 일탈·남용으로 위법하여 모두 취소되어야 합니다.

연습기록

제6장

— 공직선거법 제18조 위헌확인 —

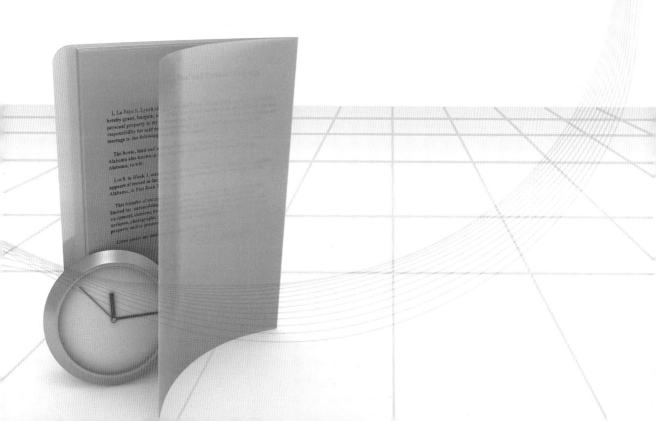

🞏 문   제

1. 의뢰인들을 위하여 변호사의 입장에서 <u>헌법소원심판청구서</u>를 작성하시오. 단, '청구이유' 중 헌법소원의 적법요건은 '청구기간과 권리보호이익'부분만 언급할 것.

🞏 작성요령 및 주의사항

1. 참고자료로 제시된 법령에 근거하여 작성할 것. 이와 다른 내용의 현행 법령이 있다면, 제시된 법령이 현행 법령에 우선하는 것으로 할 것.
2. 기록에 나타난 사실관계만을 기초로 하고, 그것이 사실임을 전제로 할 것.
3. 기록 내의 각종 서류에는 필요한 서명, 날인, 무인, 간인, 정정인이 있는 것으로 볼 것.
4. 송달이나 접수, 통지, 결재가 필요한 서류는 모두 적법한 절차를 거친 것으로 볼 것.
5. 헌법소원심판청구서의 작성일과 제출일은 2012. 7. 18.로 할 것.

국선수임번호 2012-515	법률상담일지		2012. 7. 9.
국선의뢰인	1. 김갑동 2. 홍길동	의뢰인 전화	1. ***-****-**** 2. ***-****-****
의뢰인의 주소	1. 서울 종로구 관철동 12-1 2. 서울남부교도소	의뢰인 전송	

상 담 내 용

1. 의뢰인 김갑동, 홍길동은 공직선거법상 금고 이상의 형의 선고를 받고 그 집행이 종료되지 아니하거나 그 집행을 받지 아니하기로 확정되지 아니한 자 등에 해당된다는 이유로 국회의원 선거권을 행사하지 못하였다.

2. 의뢰인들은 2012. 4. 12. 자신들의 선거권을 제한하고 있는 공직선거법이 위헌이라고 생각하고 헌법재판소에 헌법소원심판청구서를 제출한 후 그 무렵 국선대리인 선임신청을 하였고, 헌법재판소는 2012. 6. 26. 본 변호사를 국선대리인으로 선정하였다.

3. 의뢰인 김갑동은 2011. 9. 15. 서울동부지방법원에서 업무방해죄 등으로 징역 4월에 집행유예 2년을 선고받고 2011. 12. 2. 그 판결이 확정되었다. 김갑동은 2012. 4. 11. 실시된 제19대 국회의원선거 당시 공직선거법 제18조 제1항 제2호의 선거권이 없는 자에 해당한다는 이유로 투표할 수 없었다. 이에 김갑동은 공직선거법 제18조 제1항 제2호는 위헌이라고 주장하고 있다.

4. 의뢰인 홍길동은 2012. 2. 15. 서울중앙지방법원에서 병역법위반죄로 징역 1년 6월을 선고받고 2012. 2. 23. 그 형이 확정되었다. 홍길동은 형법 제43조 제2항, 제1항 제2호에 따라 2012. 4. 11. 실시된 제19대 국회의원선거 당시 선거권을 행사하지 못하였다. 이에 홍길동은 형법 제43조 제2항, 제1항 제2호가 양심의 자유 등의 기본권을 침해한다고 주장하고 있다.

5. 의뢰인 김갑동은 본인이 직접 법률사무소를 방문하였다. 의뢰인 홍길동은 복역 중인 관계로 그의 처가 홍길동의 위임을 받아 방문하였으며, 가까운 시간 내에 복역중인 서울남부교도소를 방문하여 홍길동을 접견해 줄 것을 요청하고 있다.

6. 의뢰인들 희망사항
   의뢰인 김갑동은 집행유예 기간 중이라는 이유로 선거권을 부여받지 못하였으며, 홍길동은 교도소에 복역중이라는 이유로 선거권을 제한하는 법률은 위헌임을 확인받을 수 있도록 해줄 것을 희망하고 있다.

법무법인 진실(담당변호사 김연구)
전화 02-555-4322, 전송 02-555-4323, 전자우편 law123@law.com
서울 서초구 서초동 100-5 강남빌딩 5층

법무법인 진실 회의록

일 시: 2012. 7. 10. 15 : 00 ~ 16 : 00
장 소: 법무법인 진실 소회의실
참석자: 이수길 변호사(송무팀장), 김연구 변호사

이 변호사: 김갑동, 홍길동 국선의뢰인 사건과 관련하여 몇 가지 논의할 사항이 있습니다. 김 변호사님! 의뢰인들이 모두 구속된 상태에서 재판을 받아 김갑동은 징역 4월에 집행유예 2년을 선고받고, 홍길동은 징역 1년 6월을 선고받은 것이 사실인가요?

김 변호사: 네, 제가 확인하여 보았더니 의뢰인 모두 그 같은 내용으로 재판을 받아 확정되었습니다. 특히 홍길동은 현역병 입영대상자로 2011. 7. 29. 춘천시 소재 102보충대에 2011. 8. 23.까지 입영하라는 서울지방병무청장의 현역입영통지서를 받았는데, 그는 평화주의의 종교적 신념에 기초하여 집총을 할 수 없다는 이유로 양심적 병역거부를 선언하고, 입영일부터 3일이 경과하기까지 입영하지 아니하였다는 범죄사실로 서울중앙지방법원에서 재판을 받고 현재 서울남부교도소에서 복역하고 있습니다.

이 변호사: 의뢰인 김갑동, 홍길동이 위와 같은 형을 선고받은 이유로 국회의원 선거권을 행사하지 못하였나요?

김 변호사: 그렇습니다. 현행 공직선거법상으로는 투표할 수 없습니다. 그래서 의뢰인 김갑동은 집행유예 기간 중이라는 이유로, 홍길동은 복역중이라는 이유로 투표하지 못하였습니다.

이 변호사: 의뢰인들이 먼저 자신들의 이름으로 헌법소원심판청구서를 제출하고, 국선대리인 선정신청을 하였던 것이지요?

김 변호사: 네. 이미 두 사람 명의로 헌법소원심판청구서가 제출되어 있습니다.

이 변호사: 좋습니다. 헌법소원 요건은 세심하게 검토하여 필요한 부분만 기재하고 본안에 관한 내용은 기존의 이 사건과 유사한 헌법재판소의 결정내용을 잘 참고하여 헌법소원심판 청구서를 작성해 보시지요.

김 변호사: 네, 잘 알겠습니다.

이 변호사: 그럼, 이상으로 회의를 마치겠습니다. 끝.

헌법소원심판청구서

청구인   김갑동
　　　　　서울 종로구 관철동 12-1

청 구 취 지

공직선거법 제18조 제 1 항 제 2 호는 헌법에 위반된다.

위헌이라고 해석되는 법률조항

공직선거법 제18조 제 1 항 제 2 호

청 구 이 유

1. 사건의 개요

가. 장애인 인권단체의 간부로 일하고 있는 청구인은 2010. 6.경 여러 장애인 단체가 단결하여 보건복지부의 중증 장애인에 대한 장애등급 재심사정책의 시행으로 장애인 활동 보조 서비스가 축소되는 점에 항의하기 위하여 장애등급제 폐지와 사회서비스 권리확보를 위한 공동대책위원회'를 구성하여 대응하는 과정에서 중증장애인들과 공동하여 장애등급심사센터에 침입하여 위력으로 위 센터의 업무를 방해하였다는 범죄사실로 기소되어 서울동부지방법원에서 2011. 9. 15. 징역 4월에 집행유예 1년을 선고 받고 항소하였으나 항소기각 되어 2011. 12. 2.경 위 형이 확정되었습니다.

나. 그 후 청구인은 2012. 4. 11.에 실시된 제19대 국회의원 선거에서 투표하고자 했으나 청구인이 금고 이상의 형의 선고를 받고 집행을 받지 않기로 확정되지 않았다는 이유로, 공직선거법 제18조 제 1 항 제 2 호에 의해 제19대 국회의원 선거에서 투표하지 못하였습니다.

2. 심판대상조항

공직선거법 제18조 제1항 제2호

3. 심판 대상 조항의 위헌성

심판 대상 조문은 수형자와 집행유예를 선고 받아 집행유예 기간이 경과하지 않은 자들이 향유하여야 하는 헌법상 기본권을 과도하게 제한하여 위헌일 뿐 아니라 평등권, 행복추구권 역시 침해하는 조항으로 위헌입니다.

4. 결 론

그러므로 심판대상조항은 청구인의 헌법상 기본권을 침해하고 있으므로 위헌결정을 내려 주시기를 바랍니다.

2012. 4. 12.

청구인 김갑동(인)

헌 법 재 판 소 귀 중

헌법소원심판청구서

청구인 홍길동
　　　　　서울 구로구 금오로 867(천왕동) 서울남부교도소

청 구 취 지

형법 제43조 제2항은 헌법에 위반된다.

위헌이라고 해석되는 법률조항

형법 제43조 제2항

청 구 이 유

1. 사건의 개요

가. 청구인은 현역병 입영대상자로 2011. 7. 29.경 병무청장으로부터 "2011. 8. 23. 102보충대에 입
　　영하라"는 현역입영통지서를 수령하였으나, 평화주의 신념에 따라 집총을 할 수 없다는 '양
　　심적 병역거부'를 이유로 소집기일로부터 3일이 경과하도록 입영하지 아니함으로써 병역
　　법 제88조 제1항 제1호 위반으로 기소되어, 서울중앙지방법원에서 징역 1년 6월의 형을
　　선고받고 같은 날 상소를 포기하여 위 형이 확정되었으며, 현재 서울남부교도소에서 복역중
　　입니다.

나. 청구인은 위 형의 복역 중 2012. 4. 11.에 실시된 제19대 국회의원 선거에서 투표하고자 했으
　　나 청구인이 금고 이상의 형의 선고를 받고 집행을 받지 않기로 확정되지 않았다는 이유로
　　국회의원 선거에서 투표할 수 없었습니다.

2. 심판대상조항

형법 제43조 제 2 항

3. 심판 대상 조항의 위헌성

심판 대상 조문은 청구인의 양심적 집총거부를 인정하지 않고 있어 헌법 제10조의 행복추구권과 헌법상 양심의 자유를 침해할 뿐만 아니라 선거를 할 수 없게 하여 국가기관 구성에 관한 국민주권의 원리를 구현하는 국민투표할 수 있는 권리를 침해하는 위헌조항에 해당됩니다.

4. 결   론

그러므로 심판대상조항은 청구인의 헌법상 기본권을 침해하고 있으므로 위헌결정을 내려 주시기를 바랍니다.

2012.   4.   12.

청구인   홍길동 (인)

헌 법 재 판 소   귀 중

헌 법 재 판 소

제 1 지정재판부

결   정

사   건   2012헌사470 국선대리인선임신청

(2012헌마409 공직선거법 제18조 제1항 제2호 위헌확인)

신 청 인   김갑동

주   문

법무법인 진실 소속 변호사 김연구를 신청인의 국선대리인으로 선정한다.

이   유

이 사건 신청은 헌법재판소법 제70조 제1항에서 정한 국선대리인 선임요건에 해당하므로 주문과 같이 결정한다.

2012.   6.   26.

재판장 이 ○ ○
재판관 목 ○ ○
재판관 박 ○ ○

헌 법 재 판 소

제 1 지정재판부

결 정

사　　건　　2012헌사475　국선대리인선임신청
　　　　　　　(2012헌마510　형법 제43조 제 2 항 등 위헌확인)

신 청 인　　홍길동

주 문

법무법인 진실 소속 변호사 김연구를 신청인의 국선대리인으로 선정한다.

이 유

이 사건 신청은 헌법재판소법 제70조 제 1 항에서 정한 국선대리인 선임요건에 해당되므로 주문과 같이 결정한다.

2012. 6. 26.

재판장 이 ○ ○
재판관 목 ○ ○
재판관 박 ○ ○

헌 법 재 판 소

결   정

사   건 2012헌마409 공직선거법 제18조 제 1 항 제 2 호 위헌확인

청 구 인 김 갑 동

주   문 이 사건에 2012헌마510 형법 제43조 제 2 항 등 위헌확인 사건을 병합한다.

2012.   7.   10.

재판장 재판관 ○ ○ ○
재판관 ○ ○ ○
재판관 ○ ○ ○
재판관 ○ ○ ○
재판관 ○ ○
재판관 ○ ○ ○
재판관 ○ ○ ○
재판관 ○ ○ ○
재판관 ○ ○ ○

"깨끗한 선거 대한민국의 얼굴입니다"

중 앙 선 거 관 리 위 원 회

수신자   헌법재판소사무처장(심판사무1과장)

(경 유)

제 목   헌법소원에 대한 의견제출

2012헌마409「공직선거법」제18조 제 1 항 제 2 호 위헌소원 사건과 관련하여 우리 위원회는 "의견 없음"을 회신합니다. 끝.

중앙선거관리위원회위원장

전결 05/22

★주무관 조○○　　행정사무관 조○○　　법제과장 박○○

협조자

시행 법제과-1469 (20120725.)　　　　　　　　　접수 1439 (2012. 05. 22.)
우 427-727 경기도 과천시 중앙동 2-3(홍촌말길 44)　　　/http://
전화 02)503-1796　　　전송 02)503-2481　　　　　　　/이메일주소　　　/공개

헌 법 재 판 소

제 1 지정재판부

수신자 　　검찰총장

(경 유)

제 목 　　사실조회

사 　건	2012헌마409 공직선거법 제18조 제1항 제2호 위헌확인
청 구 인	김갑동
	대리인 변호사 김연구

위 사건의 심리에 필요하여 아래 사항을 조회하오니 2013. 8. 27.(화)까지 회보하여 주시기 바랍니다.

아 　래

1. 2010. 6. 2. 제5회 지방선거, 2012. 4. 11. 제19대 국회의원선거, 2012. 12. 19. 제18대 대통령선거 의 선거일 당시 집행유예기간 중인 19세 이상의 자 및 수형자의 현황.

2. 김갑동(주민등록번호: ******-*******)이 2011. 12. 2. 서울동부지방법원에서 업무방해죄 등으로 징역 4월, 집행유예 2년의 판결이 확정되었는지 및 2012. 4. 11. 제19대 국회의원선거 당시 집행유예자였는지 여부

3. 홍길동(주민등록번호: ******-*******)이 2012. 2. 23. 서울중앙지방법원에서 병역법위반죄로 징역 1년 6월의 판결이 확정되었는지 및 2012. 4. 11. 제19대 국회의원선거 당시 수형자였는지 여부.

붙임 심판청구서 부본 1부. 끝.

재판장 재판관 　박　　○　　○

08/19

행정사무관 현○○ 　　재판관 강○○ 　　재판관 박한철

협조자
시행 심판사무-9020 (2013. 08. 19.) 　　　　　　　　　　접수
우 110-250 서울 종로구 북촌로 15(재동 83) 　　　　　/http://www.ccourt.go.kr
전화 02)708-3474 　　전송 02)708-3596 　　　　　　　/　　/공개

대 검 찰 청

수신자   헌법재판소사무처장(심판사무1과장)

(경 유)

제 목   사실조회에 대한 회신(2012헌마409관련)

헌법재판소 심판사무-9020(2013. 8. 19.)과 관련하여 귀 기관에서 요청한 사실조회에 대해 붙임과 같이 회신자료를 송부하니 업무에 참고하시기 바랍니다.

- 요청 자료 -

1. 2010. 6. 2. 제5회 지방선거, 2012. 4. 11. 제19대 국회의원선거, 2012. 12. 19. 제18대 대통령선거의 선거일 당시 집행유예기간 중인 19세 이상의 자의 현황

2. 김갑동(******-*******), 홍길동(******-*******)에 대한 전과관련 사실은 사실조회 신청 내용과 같음

붙임: 사실조회 회신자료(파일 비밀번호는 담당자 직접 전달) 1부. 끝.

검 찰 총 장

전결 08/29

검찰서기 김○○   검찰사무관 이○○   공판송무과장 이○○

협조자

시행 공판송무과-15138 (20130829.)   접수 심판행정과-1272 (2013. 08. 29. 16:04)
우 137-730 서울 서초구 반포대로 157   /www.spo.go.kr
전화 532-3459   전송 3480-2819   / /비공개(4,6)

참고자료 1

공직선거법
(2005. 8. 4. 법률 제7681호로 개정된 것)

제18조(선거권이 없는 자)

① 선거일 현재 다음 각 호의 어느 하나에 해당하는 자는 선거권이 없다.

1. 금치산선고를 받은 자

2. 금고 이상의 형의 선고를 받고 그 집행이 종료되지 아니하거나 그 집행을 받지 아니하기로 확정되지 아니한 자

3. 선거범, 「정치자금법」 제45조(정치자금부정수수죄) 및 제49조(선거비용관련 위반행위에 관한 벌칙)에 규정된 죄를 범한 자 또는 대통령·국회의원·지방의회의원·지방자치단체의 장으로서 그 재임 중의 직무와 관련하여 「형법」(「특정범죄가중처벌 등에 관한 법률」 제 2 조에 의하여 가중처벌되는 경우를 포함한다) 제129조(수뢰, 사전수뢰) 내지 제132조(알선수뢰)·「특정범죄가중처벌 등에 관한 법률」 제 3 조(알선수재)에 규정된 죄를 범한 자로서, 100만 원 이상의 벌금형의 선고를 받고 그 형이 확정된 후 5년 또는 형의 집행유예의 선고를 받고 그 형이 확정된 후 10년을 경과하지 아니하거나 징역형의 선고를 받고 그 집행을 받지 아니하기로 확정된 후 또는 그 형의 집행이 종료되거나 면제된 후 10년을 경과하지 아니한 자(형이 실효된 자도 포함한다)

4. 법원의 판결 또는 다른 법률에 의하여 선거권이 정지 또는 상실된 자

② 제 1 항 제 3 호에서 "선거범"이라 함은 제16장 벌칙에 규정된 죄와 「국민투표법」 위반의 죄를 범한 자를 말한다.

참고자료 2

형 법
(1953. 9. 18. 법률 제293호로 제정된 것)

제43조(형의 선고와 자격상실, 자격정지)

① 사형, 무기징역 또는 무기금고의 판결을 받은 자는 다음에 기재한 자격을 상실한다.

1. 공무원이 되는 자격

2. 공법상의 선거권과 피선거권

3. 법률로 요건을 정한 공법상의 업무에 관한 자격

4. 법인의 이사, 감사 또는 지배인 기타 법인의 업무에 관한 검사역이나 재산관리인이 되는 자격

② 유기징역 또는 유기금고의 판결을 받은 자는 그 형의 집행이 종료하거나 면제될 때까지 전항 제1호 내지 제3호에 기재된 자격이 정지된다.

Memo

해답

헌법소원심판청구서

사　　건	2012헌마409　공직선거법 제18조 제 1 항 제 2 호 위헌확인
	2012헌마510(병합)　형법 제43조 제 2 항 등 위헌확인

청 구 인　1. 김 갑 동

　　　　　　서울 종로구 관철동 12-1

　　　　　2. 홍 길 동

　　　　　　서울 구로구 금오로 867 (천왕동) 서울남부교도소

　　　　　청구인들의 국선대리인 법무법인 진실

　　　　　담당변호사 김　연　구

　　　　　서울 서초구 서초동 100-5 강남빌딩 5층

　　　　　전화: 02-555-4322, 전송 02-555-4323

청 구 취 지

　"공직선거법(2005. 8. 4. 법률 제7681호로 개정된 것) 제18조 제 1 항 제 2 호, 형법(1953. 9. 18. 법률 제293호로 제정된 것) 제43조 제 2 항, 제 1 항 중 제 2 호는 헌법에 위반된다." 라는 결정을 구합니다.

침해된 권리

헌법 제11조 평등권, 헌법 제24조 선거권

침해의 원인

공직선거법(2005. 8. 4. 법률 제7681호로 개정된 것) 제18조 제 1 항 제 2 호, 형법(1953. 9. 18. 법률 제293호로 제정된 것) 제43조 제 2 항, 제 1 항 중 제 2 호.

<h1 style="text-align:center">청 구 이 유</h1>

1. 사건의 개요

청구인 김갑동은 2011. 9. 15. 서울동부지방법원에서 업무방해죄 등으로 징역 4월에 집행유예 2년을 선고받고 2011. 12. 2. 그 판결이 확정되었으며(2012헌마409 사건), 청구인 홍길동은 2012. 2. 25. 서울중앙지방법원에서 병역법위반죄로 징역 1년 6월을 선고받고 2012. 2. 23. 그 형이 확정되었습니다(2012헌마510 사건).

그 결과 청구인들은 2012. 4. 11. 실시된 제19대 국회의원선거 당시 공직선거법 제18조 제 1 항 제 2 호, 형법 제43조 제 2 항, 제 1 항 제 2 호에 따라 2012. 4. 11. 실시된 제19대 국회의원선거 선거권을 행사하지 못하였습니다.

2. 쟁점의 정리

가. 적법요건에 관하여

⑴ 청구인들의 이 사건 심판청구는 헌법재판소법 제68조 제 1 항에 의한 법령에 대한 헌법소원의 청구이므로 그 청구기간에 관하여 청구인들에 대한 기본권의 침해가 징역형의 확정과 동시에 발생하였다고 할 것인지, 아니면 위 법률조항으로 인한 선거권 등 기본권의 침해는 그 시행 후 청구인들에게 해당되는 사유가 발생하였을 때로 보아야 할 것인지 문제됩니다.

⑵ 그리고 헌법소원심판청구가 적법하려면 심판청구 당시는 물론 결정 당시에도 권리보호이익이 있어야 함이 원칙인데, 청구인들이 참여하고자 하였던 국회의원선거는 이 사건 심판청구 이전에 이미 종료하였기 때문에 권리보호이익이 있는지도 문제됩니다.

나. 본안에 관하여

청구인 김갑동은 집행유예자라는 이유로, 청구인 홍길동은 수형자라는 이유로 모두 선거권을 행사하지 못하였으므로 그 법적 근거가 되는 공직선거법 제18조 제1항 제2호, 형법 제43조 제2항, 제1항 중 제2호(이하 '이 사건 법률조항들'이라 함)가 헌법 제24조에서 보장하는 선거권을 침해하는 위헌법률인지, 보통선거에서의 평등의 원칙에 반하는지 여부도 문제됩니다.

3. 이 사건 헌법소원의 적법성

가. 청구기간

(1) 헌법재판소법 제69조 제1항에 의하면, 법령에 대한 헌법소원의 청구기간은 그 법령의 시행과 동시에 기본권의 침해를 받게 되는 경우에는 그 법령이 시행된 사실을 안 날로부터 90일 이내에, 법령이 시행된 날로부터 1년 이내에 헌법소원심판을 청구하여야 하고, 법령이 시행된 뒤에 비로소 그 법령에 해당되는 사유가 발생하여 기본권의 침해를 받게 되는 경우에는 그 사유가 발생하였음을 안 날로부터 90일 이내에, 그 사유가 발생한 날로부터 1년 이내에 헌법소원심판을 청구하여야 합니다.

(2) 공직선거법 제18조 제1항 제2호는 선거일 현재 '금고 이상의 형의 선고를 받고 그 집행이 종료되지 아니하거나 그 집행을 받지 아니하기로 확정되지 아니한 자'는 선거권이 없다고 하고 있으며, 형법 제43조 제2항, 제1항 중 제2호는 '유기징역 또는 유기금고의 판결을 받은 자는 그 형의 집행이 종료하거나 면제될 때까지 공법상의 선거권의 자격이 정지된다'고 규정하여 모두 위 요건에 해당할 때 당해 선거에서의 선거권을 제한하고 있습니다. 따라서 이 사건 법률조항들로 인한 선거권 등 기본권의 침해는 그 시행 후 청구인들에게 이에 해당되는 사유가 발생하였을 때 비로소 이루어지는 경우라 할 것이고, 구체적인 사유 발생일은 선거일이라 할 것입니다(헌재 2009. 10. 29. 2007헌마1462의 위헌의견).

(3) 따라서 청구인 김갑동은 2012. 4. 11. 실시된 제19대 국회의원선거 당시 집행유예 기간 중이었고, 청구인 홍길동은 서울남부교도소에서 복역중인 수형자였기에 이

사건 법률조항들로 인한 선거권제한 사유에 해당하게 되었습니다. 그러므로 그 때 선거권 등 기본권침해 사유가 발생하였으며, 청구인들이 이를 알게 된 것도 그 무렵이라 할 것이고, 청구인들은 그 때로부터 역수상 90일 이내인 2012. 4. 12. 이 사건 헌법소원심판청구를 하였습니다. 그리고 청구인들은 그 무렵 국선대리인 선임신청을 하였으며, 국선대리인으로 선정된 본 대리인이 선정된 날부터 60일 이내에 이 사건 심판청구를 하여 청구기간을 준수하였습니다.

나. 권리보호이익

(1) 헌법소원은 국민의 기본권침해를 구제하는 제도이므로 헌법소원심판청구가 적법하려면 심판청구 당시는 물론 결정 당시에도 권리보호이익이 있어야 함이 원칙입니다. 그런데 청구인들이 참여하고자 하였던 국회의원선거는 이 사건 심판청구 이전인 2012. 4. 11. 이미 종료하였고, 청구인 김갑동은 2년의 집행유예기간이 도과하게 되고, 청구인 홍길동은 형기만료로 출소하게 될 예정이라 그 후부터는 선거권의 행사가 가능하게 되므로, 이 사건 심판청구가 인용되더라도 청구인들의 주관적 권리구제는 불가능하게 되기 때문에 권리보호의 이익이 없다고 볼 수도 있습니다.

(2) 그러나 헌법재판은 객관적 헌법질서의 보장 기능도 겸하고 있으므로 심판 계속 중 발생한 사정변경으로 인하여 주관적인 권리보호이익이 소멸된 경우라도 그러한 기본권침해 행위가 장차 반복될 위험이 있거나 당해 분쟁의 해결이 헌법질서의 유지·수호를 위하여 긴요한 사항이어서 헌법적으로 그 해명이 중대한 의미를 지니고 있는 때에는 예외적으로 심판청구의 이익을 인정할 수 있습니다(헌재 1995. 5. 25. 91헌마44).

(3) 이 사건 법률조항들의 위헌 여부에 관하여는 헌법재판소가 2004. 3. 25. 2002헌마411 결정에서 이미 해명한 바 있습니다.[1] 그러나 위 결정 이후 그 판단의 기초

---

1) 청구인에 대한 형집행지휘서에 의하면 청구인은 2001. 12. 18. 서울고등법원에서 강도상해등죄로 징역 3년 6월을 선고받고 상고하였으나 대법원에서 2002. 2. 26. 상고가 기각되어 위 판결이 확정되었음을 알 수 있다. 따라서 청구인의 경우 이 사건 법률조항에 의하여 선거권을 행사할 수 없게 되었고 실제로 지난 2002. 6. 13. 지방선거에 선거권을 행사하지 못했으므로, 청구인은 이 심판청구에서 자기관련성·현재성·직접성을 갖추었다. 또한, 청구인이 투표하려 하였던 위 6·13 지방선거는 이 사건 헌법소원심판청구 이전에 이미 종료하였기 때문에 이 심판청구가 권리보호이익이 없는 것은 사실이다. 그러나 2004년의 국회의원 총선거에 청구인의 투표참여 문제가 다시 제기될 때 이 사건 법률조항이 여전히 청구인의 기본권인 선거권을 박탈하게 될 것이므로, 이 사건 법률조항의 위헌 여부에 대하여는 헌법적 해명의 필

가 된 '수형자의 교정시설 내에서의 지위에 관한 법적 규율'에 변화가 생겼을 뿐만 아니라 이에 따라 수형자에 대한 선거권 제한의 위헌성에 관한 의문이 지속적으로 제기되고 있습니다. 따라서 이 사건 법률조항들의 위헌 여부에 대한 판단은 헌법질서의 수호·유지를 위하여 긴요한 사항으로서 헌법적으로 재차 이를 해명할 필요성이 있다 할 것이므로, 예외적으로 이 사건 심판청구의 이익을 인정함이 상당하다 할 것입니다.

다. 소　결

위에서 살펴본 내용 이외에 청구인들의 심판청구는 자기관련성·현재성·직접성 등의 요건을 모두 갖추어 다른 적법요건의 흠결은 존재하지 않으므로 이 사건 심판청구는 적법합니다.

4. 이 사건 법률조항들의 위헌성

가. 집행유예자와 수형자의 선거권 제한

(1) 심판대상인 이 사건 법률조항들은 공직선거법(2005. 8. 4. 법률 제7681호로 개정된 것) 제18조 제1항 제2호는 금고 이상의 형의 선고를 받고 그 집행이 종료되지 아니하거나 그 집행을 받지 아니하기로 확정되지 아니한 자는 선거권이 없으며, 형법(1953. 9. 18. 법률 제293호로 제정된 것) 제43조 제2항, 제1항 중 제2호는 유기징역 또는 유기금고의 판결을 받은 자는 그 형의 집행이 종료하거나 면제될 때까지 공법상의 선거권과 피선거권이 없다고 규정하고 있습니다.

(2) 이로 인하여 청구인 김갑동과 같이 집행유예기간 중에 있는 자와 청구인 홍길동과 같이 징역형의 집행 중에 있는 수형자는 선거권과 피선거권을 행사할 수 없습니다. 실제로 청구인들은 2012. 4. 11. 실시된 제19대 국회의원선거에서 모두 선거권을 행사하지 못하는 기본권의 침해를 받게 되었습니다.

나. '수형자'의 선거권 제한에 관한 헌법재판소의 종전 결정

(1) 수형자의 선거권 제한에 관하여 헌법재판소는 구 공직선거 및 선거부정방지법
(1994. 3. 16. 법률 제4739호로 제정되고 2005. 8. 4. 법률 제7681호로 개정되기 전의 것) 제

요성이 존재한다(헌재 2004. 3. 25. 2002헌마411).

18조 제 1 항 제 2 호 전단(선거일 현재 금고 이상의 형의 선고를 받고 그 집행이 종료
되지 아니한 자) 부분은 헌법에 위반되지 않는다고 결정하였습니다(헌재 2004. 3.
25. 2002헌마411).

(2) 그 후 헌법재판소는 공직선거법(2005. 8. 4. 법률 제7681호로 개정된 것) 제18조 제 1
항 중 제 2 호 전단(선거일 현재 금고 이상의 형의 선고를 받고 그 집행이 종료되지 아
니한 자) 부분에 대하여 재판관 5인이 위헌의견을, 재판관 3인이 기각의견을, 재
판관 1인이 각하의견을 표시하여 헌법에 위반된다는 의견이 다수이기는 하였으
나, 위헌정족수에 이르지 못하여 심판청구를 기각한 바 있습니다(헌재 2009. 10.
29. 2007헌마1462).

다. 선거권 제한의 한계

⑴ 선거권의 의의와 선거권 제한의 한계

⑺ 헌법 제 1 조 제 2 항은 "대한민국의 주권은 국민에게 있고, 모든 권력은 국민으로
부터 나온다"고 규정함으로써 국민주권의 원리를 천명하고 있습니다. 민주국가
에서 국민주권의 원리는 무엇보다도 대의기관의 선출을 의미하는 선거와 필요한
경우 국민의 직접적 결정을 의미하는 국민투표에 의하여 실현됩니다. 선거는 대
의민주주의에서 국민이 주권을 행사할 수 있는 가장 중요한 방법입니다. 이처럼
국가의 의사결정에 참여할 수 있는 권리인 참정권은 원칙적으로 모든 국민이 균
등하게 선거에 참여할 수 있는 보통·평등선거를 원칙으로 합니다. 이는 국민의
자기지배를 의미하는 국민주권의 원리에 입각한 민주국가를 실현하기 위한 필수
적 요건이기도 합니다(헌재 1999. 5. 27. 98헌마214).

⑻ 그런데 헌법 제24조는 모든 국민은 '법률이 정하는 바에 의하여' 선거권을 가진
다고 규정함으로써 법률유보의 형식을 취하고 있습니다. 이는 국민의 선거권이
'법률이 정하는 바에 따라서만 인정될 수 있다'는 포괄적인 입법권의 유보 아래
있음을 뜻하는 것은 아니고, 국민의 기본권을 법률로 구체화하라는 뜻이며, 선거
권을 법률을 통해 구체적으로 실현하라는 의미입니다. 그러므로 선거권의 내용
과 절차를 법률로 규정하는 경우에도 국민주권을 선언하고 있는 헌법 제 1 조,
평등권에 관한 헌법 제11조, 국회의원선거와 대통령선거에 있어서 보통·평등·
직접·비밀선거를 보장하는 헌법 제41조 및 제67조의 취지에 부합하도록 하여야

합니다. 따라서 입법자는 선거권을 최대한 보장하는 방향으로 입법을 하여야 하며, 또한 선거권을 제한하는 법률의 합헌성을 심사하는 경우에는 그 심사의 강도도 엄격하여야 할 필요가 있습니다.

(다) 위와 같은 이유로 선거권을 제한하는 입법은 헌법 제24조에 따라 곧바로 정당화될 수는 없습니다. 기본권제한의 일반원칙인 과잉금지의 원칙으로서의 헌법 제37조 제 2 항의 규정에 따라 국가안전보장·질서유지 또는 공공복리를 위하여 필요하고 불가피한 예외적인 경우에만 그 제한이 정당화될 수 있으며, 그 경우에도 선거권의 본질적인 내용을 침해할 수 없습니다. 더욱이 보통선거의 원칙에 반하는 선거권 제한의 입법을 하기 위해서는 헌법 제37조 제 2 항의 규정에 따른 한계가 한층 엄격히 지켜져야 합니다(헌재 2007. 6. 28. 2004헌마644).

(2) 범죄자에 대한 선거권 제한의 한계

청구인들의 선거권을 제한하는 이 사건 공직선거법 및 형법과 같은 입법은 선거의 결과로 선출된 입법자들이 스스로 자신들을 선출하는 주권자의 범위를 제한하는 것이므로 지극히 신중해야 합니다. 부득이 범죄자에게 형벌의 내용으로 선거권을 제한하는 경우에도 선거권 제한 여부 및 적용범위의 타당성에 관하여 보통선거원칙에 입각한 선거권 보장과 그 제한의 관점에서 헌법 제37조 제 2 항에 따라 엄격한 비례심사를 거쳐서 이 사건 법률조항들이 청구인들의 기본권을 과도하게 침해하여 위헌인지 여부를 판단하여야 합니다.

라. 이 사건 법률조항들의 위헌 여부

(1) 목적의 정당성

선거권 행사는 국민주권과 대의제 민주주의를 실현하는 통로로서 국가권력의 조직과 운영에 직·간접적으로 참여하는 중요한 행위입니다. 국민은 국가 및 사회의 구성원으로서 공동체의 유지와 다른 구성원들의 생명, 신체 등 권익을 존중하기 위하여 특히 국가가 범죄로 규정하여 금지하고 있는 행위를 하지 말아야 할 의무를 부담하고 있습니다. 그런데 수형자는 범죄를 저지른 대가로 형을 선고받고 그 형의 집행이 종료되지 아니한 자들로서 국가 및 사회, 그리고 공동체의 다른 구성원에 대하여 현실적으로 작지 아니한 위해를 가하여 사회질서를 파괴하고 공동체의 안전에 해를 끼친 사람들이라 할 수 있습니다(헌재 2009. 10. 29. 2007헌마1462의 위헌의견).

이 사건 법률조항들은 공동체 구성원으로서 반드시 지켜야 할 기본적 의무를 저버린 범죄자에게까지 그 공동체의 운용을 주도하는 통치조직의 구성에 참여하도록 하는 것은 바람직하지 않다는 기본적 인식과 이러한 반사회적 행위에 대한 사회적 제재의 의미를 가지고 있습니다(헌재 2004. 3. 25. 2002헌마411). 따라서 이 사건 법률조항들이 집행유예자와 수형자에 대하여 그가 선고받은 자유형과는 별도로 선거권을 박탈하는 것은 집행유예자 또는 수형자 자신을 포함하여 일반국민으로 하여금 시민으로서의 책임성을 함양하고 법치주의에 대한 존중의식을 제고하는 데도 기여할 수 있다는 점에서 입법목적은 정당합니다.

(2) 수단의 적합성

그러므로 이 사건 법률조항들이 담고 있는 집행유예자 또는 수형자의 선거권 제한은 위와 같은 입법목적을 달성하기 위한 효과적이고 적절한 방법의 하나라 할 것이므로, 이 사건 법률조항들은 수단의 적합성원칙을 위반한 것이라 할 수 없습니다.

(3) 침해의 최소성

보통선거원칙 및 그에 기초한 선거권을 법률로써 제한하는 것은 필요 최소한에 그쳐야 합니다. 따라서 집행유예자와 수형자의 선거권 제한은 범죄자가 범죄의 대가로 선고받은 자유형의 본질에서 당연히 도출되는 것이 아니므로, 범죄자의 선거권 제한 역시 보통선거원칙에 기초하여 필요 최소한의 정도에 그쳐야 합니다(헌재 2009. 10. 29. 2007헌마1462의 위헌의견).

그런데 이 사건 법률조항들은 집행유예자와 수형자에 대하여 전면적·획일적으로 선거권을 제한하고 있으며, 이 사건 법률조항들의 적용대상은 상대적으로 가벼운 범죄를 저지른 사람에서부터 매우 심각한 중범죄를 저지른 사람에 이르기까지 아주 다양하고, 과실범과 고의범 등 범죄의 종류를 불문하며, 범죄로 인하여 침해된 법익이 국가적 법익인지, 사회적 법익인지, 개인적 법익인지 그 내용 또한 불문하고 있습니다.

이 사건 법률조항들의 입법목적에 비추어 보더라도, 구체적인 범죄의 종류나 내용 및 불법성의 정도 등과 관계없이 이와 같이 일률적으로 선거권을 제한하여야 할 필요성이 있다고 보기도 어렵습니다. 보통선거의 원칙과 선거권 보장의 중요성을 감안할 때 선거권의 제한은 필요 최소한의 범위에서 엄격한 기준에 따라 이루어져야 하며, 범죄자의 선거권을 제한할 필요가 있다 하더라도 그가 저지른 범죄의 경중을 전혀 고려하지 않고 수형자와 집행유예자 모두의 선거권을 제한하는 것은 침해의 최소성 원칙에 어긋

난다고 볼 수 있습니다.

특히 집행유예자는 그 형의 집행을 유예받아 사회의 구성원으로 생활하고 있으며, 집행유예 선고가 실효되거나 취소되지 않는 한 집행유예자는 교정시설에 구금되지 않고 일반인과 동일한 사회생활을 하고 있으므로, 그들의 선거권을 제한해야 할 필요성이 크지 않습니다.

또한 집행유예자는 1년 이상 5년 이하의 기간 형의 집행을 유예받을 수 있어 형벌에 따른 선거권 제한이 범죄에 대한 책임과 비례하지 않을 가능성이 큽니다. 예컨대 징역 4월에 집행유예 2년을 선고받은 청구인 김갑동은 징역 1년 6월의 실형을 선고받은 청구인 홍길동보다 선고형이 가벼운데도 불구하고 더 긴 시간(2년) 동안 선거권을 제한받게 되는 모순도 있습니다. 그러므로 이 사건 법률조항들은 기본권 침해의 최소성 원칙에 위반하였다 할 것입니다.

(4) 법익의 균형성

선거권은 그 기본권 주체가 정치적 의사를 실현할 수 있는 수단으로서 국민 개개인의 권리라 할 것입니다. 나아가 보통선거의 원칙에 따른 선거권의 최대한의 보장은 우리 헌법의 기본질서인 '국민주권에 바탕을 둔 대의제 민주주의'를 실현하기 위한 핵심적 요소로서 선거를 통하여 구성된 국가권력의 민주적 정당성을 최대한 확보하고자 하는 공익적 가치를 갖고 있습니다. 따라서 선거권의 자의적인 제한은 기본권 주체의 사익뿐만 아니라 위 공익을 함께 침해하는 것입니다(헌재 2009. 10. 29. 2007헌마1462의 위헌의견).

이와 같이 이 사건 법률조항들에 의하여 집행유예자와 수형자의 선거권을 제한하는 것은 지나치게 광범위할 뿐만 아니라 범죄의 성격과 선거권 제한과의 직접적 연관성을 찾기 어려운 부분도 포함하고 있습니다. 따라서 이로써 달성하고자 하는 '중대한 범죄자에 대한 제재나 일반 시민의 법치주의에 대한 존중의식 제고' 등의 공익보다 이로 인하여 침해되는 '집행유예자와 수형자 개인의 사익 또는 민주적 선거제도의 공익적 가치'가 더 크다고 할 수 있습니다. 그렇다면 이 사건 법률조항들은 기본권 제한에 있어 서로 대립하는 법익간의 균형성을 상실하였다 할 것입니다.

(5) 소 결

이 사건 법률조항들은 입법목적의 정당성과 수단의 적합성은 인정할 수 있지만 침해의 최소성과 법익의 균형성이 인정되지 않으므로, 헌법 제37조 제2항에 위반하여 청구인들의 선거권을 침해하고, 헌법 제41조 제1항 및 제67조 제1항이 규정한 보통선거원칙에 위반하여 집행유예자와 수형자를 차별 취급하는 것이므로 평등권도 침해한다고 할 수 있습니다.

마. 수형자에 대한 헌법불합치 결정의 필요성

(1) 수형자에 관한 부분의 위헌성과 입법형성재량

이 사건 법률조항들 중 집행유예자에 관한 부분은 위헌선언을 통하여 선거권에 대한 침해를 제거함으로써 합헌성을 회복할 수 있습니다. 하지만 이 사건 법률조항들 중 수형자에 관한 부분의 위헌성은 지나치게 전면적·획일적으로 수형자의 선거권을 제한한다는 데 있는데, 그 위헌성을 제거하고 수형자에게 헌법합치적으로 선거권을 부여하는 것은 입법자의 형성재량에 해당합니다.

(2) 개선입법의무

일반적으로 선거권이 제한되는 수형자의 범위를 정함에 있어서는, 선고형이 중대한 범죄를 나누는 합리적인 기준이 될 수 있습니다. 선고형에는 범인의 연령, 성행, 지능과 환경, 피해자에 대한 관계, 범행의 동기, 수단과 결과, 범행 후의 정황 등의 양형조건이 참작됩니다. 또한 단기 자유형을 선고받은 사람을 선거권 제한 범위에서 제외하면, 불법성의 정도가 약한 가벼운 범죄를 저지른 사람들은 선거권을 행사할 수 있게 될 것입니다. 따라서 입법자는 범죄의 중대성과 선고형의 관계, 선거의 주기 등을 종합적으로 고려하여 선거권 제한의 기준이 되는 선고형을 정하고, 일정한 형기 이상의 실형을 선고받아 그 형의 집행 중에 있는 수형자의 경우에만 선거권을 제한하는 방식으로 입법하는 것이 바람직합니다. 이와 같이 수형자에게 선거권을 부여하는 구체적인 방안은 입법자의 입법형성의 범위 내에 있어 헌법불합치 결정의 필요성도 존재한다고 할 수 있습니다.

5. 결   론

그렇다면 이 사건 법률조항들은 집행유예자 및 수형자에 관하여 선거권을 부여하지 않고 있어 헌법에 위반되므로 청구취지와 같은 결정을 내려주시기를 바랍니다.

첨 부 서 류

1. 판결(김갑동, 홍길동)   2부
2. 수용증명원(홍길동)   1부
3. 국선대리인 선임결정서   2부

2012.   7.   18.

청구인들의 국선대리인
법무법인 진실
담당변호사 김연구

헌 법 재 판 소   귀 중

관리번호	시험과목명 공법	기 록 형	시험관리관 확 인	점 수	채점위원인

헌법소원심판청구서

사   건   2012헌마409   공직선거법 제18조 제 1 항 제 2 호 위헌확인

2012헌마510(병합)   형법 제43조 제 2 항 등 위헌확인

청 구 인   1. 김 갑 동

서울 종로구 관철동 12-1

2. 홍 길 동

서울 구로구 금오로 867 (천왕동) 서울남부교도소

청구인들의 국선대리인 법무법인 진실

담당변호사 김 연 구

서울 서초구 서초동 100-5 강남빌딩 5층

청 구 취 지

"공직선거법(2005. 8. 4. 법률 제7681호로 개정된 것) 제18조 제 1 항 제 2 호, 형법(1953. 9. 18.

법률 제293호로 제정된 것) 제43조 제 2 항, 제 1 항 중 제 2 호는 헌법에 위반된다."

라는 결정을 구합니다.

침 해 된 권 리

헌법 제11조 평등권, 헌법 제24조 선거권

침 해 의 원 인

공직선거법(2005. 8. 4. 법률 제7681호로 개정된 것) 제18조 제 1 항 제 2 호, 형법(1953. 9. 18.

법률 제293호로 제정된 것) 제43조 제 2 항, 제 1 항 중 제 2 호.

청 구 이 유

1. 사건의 개요

청구인 김갑동은 2011. 9. 15. 서울동부지방법원에서 업무방해죄 등으로 징역 4월에 집행

유예 2년을 선고받고 2011. 12. 2. 그 판결이 확정되었으며(2012헌마409 사건), 청구인 홍

길동은 2012. 2. 25. 서울중앙지방법원에서 병역법위반죄로 징역 1년 6월을 선고받고 2012. 2. 23. 그 형이 확정되었습니다(2012헌마510 사건). 그 결과 청구인들은 2012. 4. 11. 실시된 제19대 국회의원선거 당시 공직선거법 제18조 제 1 항 제 2 호, 형법 제43조 제 2 항, 제 1 항 제 2 호에 따라 선거권을 행사하지 못하였습니다.

2. 쟁점의 정리

가. 청구인들의 이 사건 심판청구는 헌법재판소법 제68조 제 1 항에 의한 법령에 대한 헌법소원의 청구이므로 그 청구기간이 형의 확정과 동시에 기산되는지, 선거일부터인지 문제됩니다. 헌법소원심판청구는 권리보호이익이 있어야 하는데 청구인들이 참여하지 못한 국회의원선거는 이 심판청구 이전에 이미 종료하였기 때문에 권리보호이익이 있는지도 문제됩니다.

나. 청구인 김갑동은 집행유예자라는 이유로, 청구인 홍길동은 수형자라는 이유로 모두 선거권을 행사하지 못하였으므로 그 법적 근거가 되는 공직선거법 제18조 제 1 항 제 2 호, 형법 제43조 제 2 항, 제 1 항 중 제 2 호(이하 '이 사건 법률조항들'이라 함)가 헌법 제24조에서 보장하는 선거권을 침해하는지 및 보통선거에서의 평등의 원칙에 반하는지 여부도 문제됩니다.

3. 이 사건 헌법소원의 적법성

가. 청구기간

법령에 대한 헌법소원의 청구기간은 헌법재판소법 제69조 제 1 항에 의하게 됩니다. 이 사건 법률조항들로 인한 선거권 등 기본권의 침해는 그 시행 후 청구인들에게 해당되는 사유가 발생하였을 때 비로소 이루어지는 경우라 할 것이고, 구체적인 사유발생일은 선거일입니다. 따라서 청구인들은 국회의원선거일 바로 다음 날 헌법소원심판청구를 한 후 국선대리인 선임 신청을 하고, 국선대리인으로 선정된 본 대리인이 60일 이내에 제기한 심판청구는 적법합니다.

나. 권리보호이익

헌법소원은 국민의 기본권침해를 구제하는 제도이므로 권리보호이익이 있어야 합니다. 그런데 국회의원선거는 이 사건 심판청구 이전인 2012. 4. 11. 이미 종료하였고, 청구인들은 집행유예기간 또는 복역기간이 종료하면 선거권행사가 가능하므로 권리보호이익이 없어 보입니다.

그러나 헌법재판은 객관적 헌법질서의 보장 기능도 겸하고 있으므로 심판 계속 중 발생한 사정변경으로 인하여 주관적인 권리보호이익이 소멸된 경우라도 그러한 기본권침해 행위가 장차 반복될 위험이 있거나 당해 분쟁의 해결이 헌법질서의 유지·수호를 위하여 긴요한 사항이어서 헌법적으로 그 해명이 중대한 의미를 지니고 있는 때에는 예외적으로 심판청구의 이익을 인정할 수 있으므로(헌재 결정), 이 사건 심판청구의 이익을 인정함이 상당합니다.

4. 이 사건 법률조항들의 위헌성

가. 집행유예자와 수형자의 선거권 제한

이 사건 법률조항들은 청구인 김갑동과 같은 집행유예자 또는 청구인 홍길동과 같은 수형자에게 선거권과 피선거권의 행사를 금하고 있습니다. 실제로 청구인들은 2012. 4. 11. 실시된 제19대 국회의원선거에서 모두 선거권을 행사하지 못하는 기본권의 침해를 받게 되었습니다.

나. '수형자'의 선거권 제한에 관한 헌법재판소의 종전 결정

헌법재판소는 구 공직선거 및 선거부정방지법상 수형자의 선거권 제한은 합헌이라고 결정한 적이 있으며, 이 사건 법률조항과 같은 공직선거법상 수형자의 선거권 제한 역시 위헌정족수에 이르지 못하여 심판청구를 기각한 바 있습니다.

다. 선거권 제한의 한계

(1) 선거권의 의의와 선거권 제한의 한계

헌법 제1조 제2항이 천명하고 있는 국민주권의 원리는 대의기관의 선출을 의미하는 선거와 필요한 경우 국민의 직접적 결정을 의미하는 국민투표에 의하여 실현됩니다.

선거는 대의민주주의에서 국민이 주권을 행사할 수 있는 가장 중요한 방법이며, 국가의사 결정에 참여할 수 있는 참정권은 원칙적으로 보통·평등선거를 원칙으로 합니다.

그런데 헌법 제24조는 모든 국민은 '법률이 정하는 바에 의하여' 선거권을 가진다는 법률유보의 형식을 취하고 있습니다. 이는 그 기본권을 법률로 구체화하라는 뜻이며, 선거권을 법률을 통해 구체적으로 실현하라는 의미입니다.

그러므로 선거권의 내용과 절차를 법률로 규정하는 경우에도 국민주권을 선언하고 있는 헌법 제1조, 평등권에 관한 헌법 제11조, 국회의원선거와 대통령선거에 있어서 보통·평등·직접·비밀선거를 보장하는 헌법 제41조 및 제67조의 취지에 부합하도록 하여야 합니다.

위와 같은 이유로 선거권을 제한하는 입법은 헌법 제24조에 따라 곧바로 정당화될 수는 없습니다. 기본권제한의 일반원칙인 과잉금지의 원칙으로서의 헌법 제37조 제2항에 따라야 하며, 그 경우에도 선거권의 본질적인 내용을 침해할 수 없습니다. 특히 보통선거의 원칙에 반하는 선거권 제한의 입법을 하기 위해서는 헌법 제37조 제2항에 따른 한계가 한층 엄격히 지켜져야 합니다(헌재 결정).

(2) 범죄자에 대한 선거권 제한의 한계

청구인들의 선거권을 제한하는 이 사건 공직선거법 및 형법과 같은 입법은 선거의 결과로 선출된 입법자들이 스스로 자신들을 선출하는 주권자의 범위를 제한하는 것이므로 지극히 신중해야 합니다. 부득이 범죄자에게 형벌의 내용으로 선거권을 제한하는 경우에도 선거권 제한 여부 및 적용범위의 타당성에 관하여 보통선거원칙에 입각한 선거권 보장과 그 제한의 관점에서 헌법 제37조 제2항에 따라 엄격한 비례심사를 거쳐 위헌여부를 판단해야 합니다.

라. 이 사건 법률조항들의 위헌 여부

(1) 목적의 정당성

선거권 행사는 국민주권과 대의제 민주주의를 실현하는 통로로서 국가권력의 조직과 운영에 직·간접적으로 참여하는 중요한 행위입니다. 국민은 국가 및 사회의 구성원으로서 공동체의 유지와 다른 구성원들의 생명, 신체 등 권익을 존중하기 위하여 특히 국가가 범죄로 규정하여 금지하고 있는 행위를 하지 말아야 할 의무가 있습니다.

그런데 수형자는 범죄를 저지른 대가로 형을 선고받고 그 형의 집행이 종료되지 아니한 자들로서 국가 및 사회, 그리고 공동체의 다른 구성원에 대하여 현실적으로 작지 아니한 위해를 가하여 사회질서를 파괴하고 공동체의 안전에 해를 끼친 사람들이라 할 수 있습니다.

이 사건 법률조항들은 공동체 구성원으로서 반드시 지켜야 할 기본적 의무를 저버린 범죄자에게까지 그 공동체의 운용을 주도하는 통치조직의 구성에 참여하도록 하는 것은 바람직하지 않다는 기본적 인식과 이러한 반사회적 행위에 대한 사회적 제재의 의미를 가지고 있습니다(헌재 결정).

따라서 이 사건 법률조항들이 청구인들이 선고받은 자유형과는 별도로 선거권을 박탈하는 것은 집행유예자 또는 수형자 자신을 포함하여 일반국민으로 하여금 시민으로서의 책임성을 함양하고 법치주의에 대한 존중의식을 제고하는 데도 기여할 수 있다는 점에서 입법목적은 정당합니다.

(2) 수단의 적합성

그러므로 이 사건 법률조항들이 담고 있는 집행유예자 또는 수형자의 선거권 제한은 위와 같은 목적을 달성하기 위한 효과적이고 적절한 방법의 하나라 할 것이므로, 이 사건 법률조항들은 수단의 적합성원칙을 위반한 것이라 할 수 없습니다.

(3) 침해의 최소성

보통선거원칙 및 그에 기초한 선거권을 법률로써 제한하는 것은 필요 최소한에 그쳐야 합니다. 따라서 집행유예자와 수형자의 선거권 제한은 범죄자가 범죄의 대가로 선고받은 자유형의 본질에서 당연히 도출되는 것이 아니므로, 범죄자의 선거권 제한 역시 보통선거원칙에 기초하여 필요 최소한의 정도에 그쳐야 합니다(헌재 결정).

그런데 이 사건 법률조항들은 집행유예자와 수형자에 대하여 전면적·획일적으로 선거권을 제한하고 있으며, 이 사건 법률조항들의 적용대상은 상대적으로 가벼운 범죄를 저지른 사람에서부터 매우 심각한 중범죄를 저지른 사람에 이르기까지 아주 다양하고, 과실범과 고의범 등 범죄의 종류를 불문하며, 범죄로 인하여 침해된 법익이 국가적 법익인지, 사회적 법익인지, 개인적 법익인지 그 내용 또한 불문하고 있습니다.

이 사건 법률조항들의 입법목적에 비추어 보더라도, 구체적인 범죄의 종류나 내용 및 불법성의 정도 등과 관계없이 이와 같이 일률적으로 선거권을 제한하여야 할 필요성이 있다고 보기도 어렵습니다. 보통선거의 원칙과 선거권 보장의 중요성을 감안할 때 선거권의 제한은 필요 최소한의 범위에서 엄격한 기준에 따라 이루어져야 하며, 범죄자의 선거권을 제한할 필요가 있다 하더라도 그가 저지른 범죄의 경중을 전혀 고려하지 않고 집행유예자와 수형자 모두의 선거권을 제한하는 것은 침해의 최소성 원칙에 어긋난다고 볼 수 있습니다.

특히 집행유예자는 1년 이상 5년 이하의 기간 형의 집행을 유예받을 수 있어 형벌에 따른 선거권 제한이 범죄에 대한 책임과 비례하지 않을 가능성이 큽니다. 예컨대 징역 4월에 집행유예 2년을 선고받은 청구인 김갑동은 징역 1년 6월의 실형을 선고받은 청구인 홍길동보다 선고형이 가벼운데도 불구하고 더 긴 시간(2년) 동안 선거권을 제한받게 되는 모순도 있습니다. 그러므로 이 사건 법률조항들은 기본권 침해의 최소성 원칙에 위반하였다 할 것입니다.

(4) 법익의 균형성

선거권은 그 기본권 주체가 정치적 의사를 실현할 수 있는 수단으로서 국민 개개인의 권리라 할 것입니다. 나아가 보통선거의 원칙에 따른 선거권의 최대한의 보장은 우리 헌법의 기본질서인 '국민주권에 바탕을 둔 대의제 민주주의'를 실현하기 위한 핵심적 요소로서 선거를 통하여 구성된 국가권력의 민주적 정당성을 최대한 확보하고자 하는 공익적 가치를 갖고 있습니다.

따라서 선거권의 자의적인 제한은 기본권 주체의 사익뿐만 아니라 위 공익을 함께 침해하는 것입니다(헌재 결정).

이 같이 이 사건 법률조항들에 의하여 집행유예자와 수형자의 선거권을 제한하는 것은 지나치게 광범위할 뿐만 아니라 범죄의 성격과 선거권 제한과의 직접적 연관성을 찾기 어려운 부분도 포함하고 있습니다.

따라서 이로써 달성하고자 하는 '중대한 범죄자에 대한 제재나 일반 시민의 법치주의에 대한 존중의식 제고' 등의 공익보다 이로 인하여 침해되는 '집행유예자와 수형자 개인의 사익 또는 민주적 선거제도의 공익적 가치'가 더 크다고 할 수 있습니다.

그렇다면 이 사건 법률조항들은 기본권 제한에 있어 서로 대립하는 법익간의 균형성을 상실하였다 할 것입니다.

(5) 소 결

따라서 이 사건 법률조항들은 입법목적의 정당성과 수단의 적합성은 인정할 수 있지만 침해의 최소성과 법익의 균형성이 인정되지 않으므로, 헌법 제37조 제2항에 위반하여 청구인들의 선거권을 침해하였습니다.

뿐만 아니라 헌법 제41조 제1항 및 제67조 제1항이 규정한 보통선거원칙에 위반하여 집행유예자와 수형자를 차별 취급하는 것이므로 청구인들의 평등권도 침해하고 있습니다.

마. 보 론(수형자에 대한 헌법불합치 결정의 필요성)

(1) 수형자에 관한 부분의 위헌성과 입법형성재량

이 사건 법률조항들 중 집행유예자에 관한 부분은 위헌선언을 통하여 선거권에 대한 침해를 제거함으로써 합헌성을 회복할 수 있습니다. 하지만 수형자에 관한 부분의 위헌성은 지나치게 전면적·획일적으로 수형자의 선거권을 제한한다는 데 있는데, 그 위헌성을 제거하고 수형자에게 헌법합치적으로 선거권을 부여하는 것은 입법자의 형성재량에 해당합니다.

(2) 개선입법의무

일반적으로 선거권이 제한되는 수형자의 범위를 정함에 있어서는, 선고형이 중대한 범죄를 나누는 합리적인 기준이 될 수 있습니다. 선고형에는 범인의 연령, 성행, 지능과 환경, 피해자에 대한 관계, 범행의 동기, 수단과 결과, 범행 후의 정황 등의 양형조건이 참작됩니다.

따라서 입법자는 범죄의 중대성과 선고형의 관계, 선거의 주기 등을 종합적으로 고려하여 선거권 제한의 기준이 되는 선고형을 정하고, 일정한 형기 이상의 실형을 선고받아 그 형의 집행 중에 있는 수형자의 경우에만 선거권을 제한하는 방식으로 입법하는 것이 바람직합니다.

이와 같이 수형자에게 선거권을 부여하는 구체적인 방안은 입법자의 입법형성의 범위 내에 있어 입법개선의무를 부과하는 헌법불합치 결정의 필요성도 존재하는 사안이라 하겠습니다.

5. 결 론

그렇다면 이 사건 법률조항들은 집행유예자 및 수형자에 관하여 선거권을 부여하지 않고 있어 헌법에 위반되므로 청구취지와 같은 결정을 내려주시기를 바랍니다.

첨 부 서 류

1. 판결(김갑동, 홍길동)	2부
2. 수용증명원(홍길동)	1부
3. 국선대리인 선임결정서	2부

2012. 7. 18.

청구인들의 국선대리인
법무법인 진실
담당변호사 김연구

헌 법 재 판 소   귀 중

[참고자료]

공직선거법 제18조 제 1 항 제 2 호 위헌확인
(2009. 10. 29. 2007헌마1462 전원재판부)

【판시사항】

1. 선거일 현재 금고 이상의 형의 선고를 받고 그 집행이 종료되지 아니한 자(이하 '수형자'라 한다)는 선거권이 없다고 규정하고 있는 공직선거법 제18조 제 1 항 중 제 2 호 전단 부분(이하 '이 사건 법률조항'이라 한다)이 과잉금지원칙에 위반함으로써 수형자인 청구인의 선거권 등 기본권을 침해하여 위헌인지 여부(소극)

2. 위헌의견에 찬성한 재판관이 5인이어서 다수이나 헌법소원에 관한 위헌결정을 위한 심판정족수에 이르지 못한다는 이유로 청구기각결정을 한 사례

【결정요지】

1. 가. 재판관 김희옥, 재판관 김종대, 재판관 민형기, 재판관 목영준, 재판관 송두환의 위헌의견

(1) 청구기간

이 사건 법률조항은 '금고 이상의 형을 선고받고 선거일 현재 그 집행이 종료되지 아니한 자'에 해당할 때 당해 선거에서의 선거권을 제한하는 규정이므로, 이 사건 법률조항으로 인한 선거권 등 기본권의 침해는 그 시행 후 청구인이 이에 해당되는 사유가 발생하였을 때 비로소 이루어지는 경우라 할 것이고, 구체적인 사유발생일은 선거일이라 할 것이다.

(2) 과잉금지원칙 등의 위반 여부

(심사의 강도)

민주국가에서 국민주권과 대의제 민주주의를 실현하는 핵심적인 수단으로서 선거권이 갖는 중요성에 비추어 볼 때, 형벌의 내용이 선거권 제한이라고 한다면, 그 자체 및 적용범위의 정당성에 관하여도 보통선거의 원칙에 입각한 선거권 보장과 그 제한의 관점에서 헌법 제37조 제 2 항의 규정에 따라 엄격한 비례심사를 함이 타당하다.

(목적의 정당성 및 수단의 적합성)

이 사건 법률조항에 의한 선거권의 박탈은 범죄자에 대해 가해지는 형사적 제재의 연장으로서 범죄에 대한 응보적 기능을 갖는다 할 것이고, 나아가 이 사건 법률조항이 수형자에 대하여 그가

선고받은 생명형이나 자유형과는 별도로 선거권을 박탈하는 것은 수형자 자신을 포함하여 일반국민으로 하여금 시민으로서의 책임성을 함양하고 법치주의에 대한 존중의식을 제고하는 데도 기여할 수 있다. 이 사건 법률조항이 담고 있는 이러한 목적은 정당하고, 수형자의 선거권 제한은 이를 달성하기 위한 효과적이고 적절한 방법의 하나라 할 것이다.

(기본권침해의 최소성)

이 사건 법률조항은 '금고 이상의 형을 선고받고 그 집행이 종료되지 아니한 자'에 대하여 전면적·획일적으로 선거권을 제한하여 선거권 제한의 대상에, 국가 공동체의 법질서를 해친다는 인식이나 의도가 없는 과실범, 일정한 형기를 경과한 후 가석방심사위원회로부터 범죄의 동기·재범의 위험성 등 제반사정에 관한 충분한 심사를 받고 형기 만료에 앞서 사회에 복귀함으로써 주된 형벌인 '교정시설에의 수용'을 면한 가석방자 등을 포함하고 있다. 나아가 이 사건 법률조항이 민주주의 등 헌법질서를 부정하는 반국가적 성격의 범죄와 무관한 경미한 범죄로 단기 자유형을 받은 자에게까지 폭넓게 선거권을 제한하는 것은 세계관의 다원주의를 전제로 다양한 사상이나 전력을 갖는 사람들이 자유롭게 선거에 참여하여 공동체의 질서를 형성하고자 하는 자유민주주의 국가의 선거제도에 부합하지 아니한 측면이 있다. 이러한 사정을 종합해 볼 때, 입법자는 선거권의 중요성을 고려하여 그 제한을 엄격히 하여야 함에도, 범죄자의 선거권을 제한함에 있어 '개개 범죄의 종류나 내용, 불법성의 정도 등이 선거권 제한과 어떤 직접적인 연관성을 갖는지'에 관하여 세심히 살피지 아니한 채 이 사건 법률조항으로써 단지 '금고 이상의 형을 선고받은 자로서 그 형의 집행을 마치지 아니한 자'라는 기준을 설정하여 쉽사리 그리고 일률적으로 수형자의 선거권을 제한하였다고 볼 수 있으므로, 이 사건 법률조항은 기본권 침해의 최소성의 원칙에 위반하였다 할 것이다.

(법익의 균형성)

이 사건 법률조항으로 인한 수형자의 선거권 제한은 앞서 본 바와 같이 지나치게 광범위할 뿐만 아니라 범죄의 성격과 선거권 제한과의 직접적 연관성도 찾기 어려운 부분도 포함하고 있으므로, 이로써 달성하고자 하는 '중대한 범죄자에 대한 제재나 일반 시민들의 법치주의에 대한 존중의식 제고' 등의 공익보다 이로 인하여 침해되는 '수형자 개인의 사익 또는 민주적 선거제도의 공익적 가치'가 더 크다 할 것이다. 따라서 이 사건 법률조항은 기본권 제한에 있어 서로 대립하는 법익간의 균형성을 상실하였다 할 것이다.

(3) 결   론

이 사건 법률조항은 헌법 제37조 제2항에 위반하여 수형자의 선거권을 침해하고, 헌법 제41조 제1항 및 제67조 제1항이 규정한 보통선거원칙에도 위반되어 수형자의 평등권을 침해한다 할 것이므로, 이 사건 심판청구를 인용하여 이 사건 법률조항이 헌법에 위반된다고 선언하여야 한다.

[참고자료]

헌 법 재 판 소

결 정

사 건   2012헌마409 공직선거법 제18조 제1항 제2호 위헌확인

2012헌마510(병합) 공직선거법 제18조 제1항 제2호 위헌확인

2013헌마167(병합) 형법 제43조 제2항 등 위헌확인

청 구 인   1. 구○현(2012헌마409)

2. 홍○석(2012헌마409)

3. 전○수(2012헌마409)

청구인 1 내지 3의 대리인 변호사 ○○○

4. 서○훈(2012헌마510)

국선대리인 변호사 ○○○

5. 곽○철(2013헌마167)

국선대리인 변호사 ○○○

선 고 일   2014. 1. 28.

주 문

1. 공직선거법(2005. 8. 4. 법률 제7681호로 개정된 것) 제18조 제1항 제2호 중 '유기징역 또는 유기금고의 선고를 받고 그 집행유예기간 중인 자'에 관한 부분, 형법(1953. 9. 18. 법률 제293호로 제정된 것) 제43조 제2항 중 유기징역 또는 유기금고의 판결을 받아 그 형의 집행유예기간 중인 자의 '공법상의 선거권'에 관한 부분은 헌법에 위반된다.

2. 공직선거법 제18조 제1항 제2호 중 '유기징역 또는 유기금고의 선고를 받고 그 집행이 종료되지 아니한 자'에 관한 부분, 형법(1953. 9. 18. 법률 제293호로 제정된 것) 제43조 제2항 중 유기징역 또는 유기금고의 판결을 받아 그 형의 집행이 종료되지 아니한 자의 '공법상의 선거권'에 관한 부분은 헌법에 합치되지 아니한다.

위 각 법률조항 부분은 2015. 12. 31.을 시한으로 입법자가 개정할 때까지 계속 적용된다.

이 유

1. 사건개요
- 생 략

2. 심판대상

청구인 구○현은 집행유예를 선고받았다는 이유로 선거권이 제한되었고, 나머지 청구인들은 유기징역의 실형을 선고받았다는 이유로 선거권이 제한되었으므로, 심판대상을 청구인들과 관련된 부분으로 한정한다. 따라서 이 사건 심판대상은 ① 공직선거법(2005. 8. 4. 법률 제7681호로 개정된 것) 제18조 제1항 제2호 중 '유기징역 또는 유기금고의 선고를 받고 그 집행이 종료되지 아니한 자'에 관한 부분(이를 편의상 '수형자'라고 하고, 수형자는 유기징역 또는 유기금고의 형의 집행 중에 있는 사람, 가석방된 사람으로서 잔형기가 경과되지 아니한 사람을 포함한다)과 '유기징역 또는 유기금고의 선고를 받고 그 집행유예기간 중인 자'에 관한 부분(이를 편의상 '집행유예자'라 한다. 다만, 공직선거법 제18조 제1항 제3호에 따라 선거권이 제한되는 집행유예자는 제외한다) 및 ② 형법(1953. 9. 18. 법률 제293호로 제정된 것) 제43조 제2항 중 수형자와 집행유예자의 '공법상의 선거권'에 관한 부분이 청구인들의 기본권을 침해하는지 여부이며, 심판대상조항 및 관련조항의 내용은 다음과 같다.

【심판대상조항】
○ 공직선거법(2005. 8. 4. 법률 제7681호로 개정된 것)
제18조(선거권이 없는 자)
① 선거일 현재 다음 각 호의 어느 하나에 해당하는 자는 선거권이 없다.
2. 금고 이상의 형의 선고를 받고 그 집행이 종료되지 아니하거나 그 집행을 받지 아니하기로 확정되지 아니한 자
○ 형법(1953. 9. 18. 법률 제293호로 제정된 것)

제43조(형의 선고와 자격상실, 자격정지)
② 유기징역 또는 유기금고의 판결을 받은 자는 그 형의 집행이 종료하거나 면제될 때까지 전항 제1호 내지 제3호에 기재된 자격이 정지된다.

저자약력

정형근(鄭亨根)

경희대 법대·동 대학원(법학박사, 행정법)
제34회 사법시험 합격(사법연수원 24기)
변호사
제52회 사법시험 2차 출제위원(행정법)
지방직 공무원시험 출제위원(행정법)
중앙행정심판위원회 위원
제2회 법조윤리시험 출제위원
법무부 변호사제도개선위원회 위원
서울북부지방검찰청 정보공개심의회 위원
제54회 사법시험 3차 위원
제4회 법조윤리시험 출제위원
법조윤리협의회 자문위원
제3회 변호사시험 출제위원(공법)
경희대학교 법학전문대학원 교수

주요저서

행정법, 피앤씨미디어(제2판, 2014)
공법선택형강의, 박영사(초판, 2013)
법조윤리강의, 박영사(제4판, 2013)
공법기록형 공법소송실무, 박영사(제3판, 2013)
실전답안 행정법연습, 동방문화사(초판, 2012)

공법기록형 기출문제·실전답안

초판인쇄	2014년 4월 10일
초판발행	2014년 4월 20일
지은이	정형근
펴낸이	안종만
편 집	김선민·배우리
기획/마케팅	조성호
표지디자인	홍실비아
제 작	우인도·고철민
펴낸곳	(주) 박영사
	서울특별시 종로구 평동 13-31번지
	등록 1959. 3. 11. 제300-1959-1호(倫)
전 화	02)733-6771
f a x	02)736-4818
e-mail	pys@pybook.co.kr
homepage	www.pybook.co.kr
ISBN	979-11-303-2586-6 93360

정 가   29,000원